ARTES Y HUMANIDADES · 09

cuadernos para la docencia

Historia Moderna de la Corona Hispana

Juan Manuel Santana Pérez

ULPGC
Universidad de
Las Palmas de
Gran Canaria

Servicio de
Publicaciones y
Difusión Científica

2024

COLECCIÓN: CUADERNOS PARA LA DOCENCIA
RAMA DE CONOCIMIENTO: ARTES Y HUMANIDADES · 09
HISTORIA MODERNA DE LA CORONA HISPANA

SANTANA PÉREZ, Juan Manuel
  Historia moderna de la corona hispana / Juan Manuel Santana Pérez. -- Las Palmas de Gran
Canaria : Universidad de Las Palmas de Gran Canaria, Servicio de Publicaciones y Difusión
Científica, 2024
  252 p.; 24 cm. -- (Cuadernos para la docencia. Artes y Humanidades; 9)
  ISBN 978-84-9042-519-0
  1. España-Historia-1516-1700 (Casa de Austria) 2. España-Historia-1700-2000 (Borbones) I.
Universidad de Las Palmas de Gran Canaria, ed. II. Título III. Serie
  94(460)"1516/1868"
  Thema: 3M-ES-A; JB; NHB; 3MD; 3MG

La publicación de esta obra ha sido aprobada, tras recibir dictamen favorable
en un proceso de evaluación interno, por el Consejo Editorial del
Servicio de Publicaciones y Difusión Científica de la ULPGC

© del texto:
Juan Manuel Santana Pérez

© de la edición:
Universidad de Las Palmas de Gran Canaria
Servicio de Publicaciones y Difusión Científica
https://spdc.ulpgc.es/
serpubli@ulpgc.es

Primera edición. Las Palmas de Gran Canaria, 2024

ISBN: 978-84-9042-519-0
Depósito Legal: GC 32-2024

Impresión:
Gráficas Atlanta, S.L.

Producido en España. *Produced in Spain*

ÍNDICE

INTRODUCCIÓN

Presentamos un manual de Historia Moderna adaptado al grado de Historia de las universidades españolas; en la mayor parte, como en la universidad de Las Palmas de Gran Canaria, se trata de una asignatura obligatoria. Mostramos los rasgos generales en nuestra concepción de la historia del Antiguo Régimen en la Corona española.

El término Historia Moderna es heredado de la tradición historiográfica francesa que sería el periodo que va desde la edad Media a la Contemporánea. El concepto fue adoptado por los propios coetáneos de ese periodo, ellos se autodenominaron modernos y les interesaba la Antigüedad como ejemplo, así que los siglos que quedaron en medio fueron denominados Edad Media.

El final venía establecido por la Revolución francesa, en 1789, lo que no puede ser traslado de manera exacta a España. En general, hay una serie de características comunes entre los siglos XVI, XVII y XVIII, sin que empiece necesariamente en 1501 ni acabe en 1789, ni siquiera en 1800, sino que debemos tomar las fechas de forma laxa. Por esto, preferimos el concepto Antiguo Régimen para diferenciarlo del sistema político liberal-burgués.

Debemos añadir que en el mundo anglosajón tiene peor encaje, porque en Inglaterra la Modern History empieza con la Revolución Gloriosa en 1688, también llamada Incruenta, con el derrocamiento de Jacobo II, y al periodo que transcurre desde el final de la Edad Media hasta 1688 la denominan Early Modern History.

Nuestro marco cronológico viene determinado por la formación del Estado Moderno con los Reyes Católicos en el último cuarto del siglo XV, hasta la invasión francesa de la Península Ibérica en 1808, final del reinado de Carlos IV e inicios de un periodo liberal que fue revertido entre 1814-1820 y de nuevo en 1823-1833 hasta la muerte de Fernando VII, último monarca absolutista.

En cuanto al espacio a estudiar es la Corona hispana que fue creando su Estado moderno en estos tres siglos. Es más correcto hablar siempre de Corona porque el concepto España puede dar lugar a equívocos anacrónicos si lo asimilamos con nación, porque aún estamos lejos de su aparición, existía la palabra "nación" pero era para referirse a un territorio. En cualquier caso, lo que unifica a todo este espacio es que es "propiedad" de un monarca y las personas son súbitos, no hay tampoco el concepto de ciudadanía.

Los tres instrumentos básicos del Estado Moderno son el Ejército centralizado en el rey, los impuestos y la burocracia. Los ejércitos eran máquinas construidas para las batallas, los conflictos internacionales armados fueron constantes, las paces eran muy breves y excepcionales. Los monarcas gravaron, sobre todo, a los pobres y el paso de las prestaciones de trabajo a las rentas en dinero fue por medio de impuestos reales para financiar las guerras; los señores exigían a sus hombres el dinero de la "ayuda" que ellos tenían la obligación de prestar a su soberano. Además, hubo una transición hacia la administración legal racional en contraste con las dependencias particularistas de la Baja Edad Media; sin embargo, la burocracia fue tratada como una propiedad vendible a individuos privados.

Creemos que la clave de esta nueva etapa de la historia como en todas, está en las relaciones sociales de producción, más que en la circulación económica, por eso en el libro ponemos los esfuerzos en ver cómo evolucionan ambos aspectos en la monarquía hispana.

Frente al historicismo del siglo XIX, que creía que la Historia era incomprensible en sí misma y que los periodos históricos son inexplicables por sí, ni por comparación, nosotros compartimos los intentos de historiar las estructuras, que constituyó un rasgo distintivo de los seguidores de Annales para poder comparar culturas y sistemas económicos dispares en su tentativa por elaborar una Historia de aspiraciones globalizadoras.

El libro está dividido en tres grandes bloques que casi son coincidentes con los tres siglos del Antiguo Régimen:

En primer lugar, el último cuarto del siglo XV y el siglo XVI hasta 1598, que, de modo general, se caracteriza por la recuperación con respecto a las crisis de finales de la Edad Media seguido de una fase de desarrollo y expansión. Este bloque contiene 5 temas.

De entrada, tenemos las bases de ese nuevo Estado moderno en el reinado de los Reyes Católicos. Ponemos énfasis en la organización política con sus problemas sucesorios y la unión de los cinco reinos que existían en la Península Ibérica en 1492: Castilla, Aragón (a su vez con cuatro entidades autónomas, Cataluña, Valencia, Baleares y Aragón), Portugal, Navarra y el reino nazarí de Granada. Seguimos con los aspectos económicos y sociales y las relaciones con la Iglesia, para acabar con la política exterior expansiva a través de conquistas militares y pactos matrimoniales.

Dedicamos un tema a la economía del siglo XVI con la preponderancia del sector primario, lo que hubo de producción en el secundario y el mundo comercio, con especial importancia del mercado americano.

La sociedad de esta centuria, planteando el debate conceptual para focalizarnos en los tres estamentos y los aspectos de la otredad y la Inquisición como instrumento de uniformización religiosa y culturales.

Otro capítulo es el sistema gubernamental en torno a la burocracia, el ejército y, la hacienda y los problemas de los dos únicos reinados del siglo: Carlos I y Felipe II, con especial fijación en las tensiones sociales.

Acabamos con la hegemonía hispana en las relaciones internacionales europeas: en torno al Mediterráneo y al Atlántico, con la oposición de Francia, Inglaterra y el Imperio Otomano. Además de la unión con Portugal a partir de 1580. La monarquía hispana fue la primera gran potencia de Europa moderna, aquí el alcance del absolutismo fue desmesurado.

Por otro lado, en el siglo XVI se produjo un proceso de periferización de la Corona de Aragón y de la hegemonía de Castilla.

El bloque segundo abarca el siglo XVII, dialogamos acerca de esa supuesta crisis que no fue generalizada en esta centuria. Lo exponemos en 4 temas, el primero la economía y la sociedad que cambia con respecto al periodo anterior y los otros, correspondiente a los tres reinados, de este modo, utilizamos como variable diferenciadora la política con cada uno de los monarcas y dentro de estas etapas cronológicas incluimos los aspectos sociales, económicos, culturales... Con esto finaliza la dinastía de los Habsburgo en la Corona española.

El último bloque abarca el siglo XVIII y su prolongación hasta 1808, caracterizado de forma general por el crecimiento.

Comenzamos por la economía como motor del cambio que sigue arrastrando problemas en la propiedad de la tierra y el mundo agrario, pero que, a pesar de estructuras propias del Antiguo Régimen mostrará un relativo desarrollo industrial, comercial y financiero.

El tema 11 lo dedicamos a la guerra de Sucesión y el reinado de Felipe V; el 12 nos sirve para adentrarnos en un nuevo pensamiento, que es la culminación de la filosofía moderna y el gobierno que cada vez está más centralizado y despótico; en el capítulo 13 mostramos el apogeo del reformismo en los reinados de Fernando VI y Carlos III y acabamos con un tema sobre el principio del fin del Antiguo Régimen durante el reinado de Carlos IV y las guerras en las que se vio envuelta la monarquía contra las dos grandes potencias del momento Inglaterra y Francia. Concretamente en estos 5 últimos temas, más específicamente el 12 y el 14, lo hemos plasmado de investigaciones propias que hemos publicado, anteriormente, con el formato exigido en revistas de impacto, por eso reproducimos algunos párrafos literalmente de esos trabajos anteriores de nuestra exclusiva autoría.

Esperamos estimular cuestiones de la historia modernas que vayan avanzando en el conocimiento de una historia integral de la Corona hispana.

Hemos pretendido mostrar una concepción globalizadora de la Historia, desde lo que se tradujo como Historia Total, interpretando l'histoire a part entière de Febvre, y que, nosotros preferimos traducir como Historia Integral. En palabras de Hobsbawn se trata de una historia como una tela indivisible donde se interconectan todas las actividades humanas. Debemos contemplar los diferentes elementos constitutivos de la monarquía española y su articulación, como los mecanismos mediante los cuales la sociedad modifica permanentemente su fisonomía y estructuras, dando lugar a una sucesión temporal de formas diversas de organización.

Estas páginas insisten en la importancia de la historia, que la hacen los sujetos, los seres humanos, porque como señaló Marx "los hombres hacen su propia historia" pero en circunstancias heredadas del pasado, o en palabras del antropólogo Fernando Estévez: "la tradición de nuestros antepasados muertos oprime como una pesadilla el cerebro de los vivos".

TEMA 1

LAS BASES DEL ESTADO MODERNO: LOS REYES CATÓLICOS

TEMA 1: LAS BASES DEL ESTADO MODERNO: LOS REYES CATÓLICOS

1. La unión de los territorios y los problemas en la sucesión de Castilla

Había 5 Estados en la Península Ibérica durante la Baja Edad Media, hasta 1492.

Isabel I era hija de Juan II y de su segunda esposa Isabel de Portugal. A éste le sucede el hermano de Isabel la Católica, Enrique IV de Castilla, quien no logró conquistar Granada. Se extendió la idea de que su esposa le era infiel con don Beltrán de la Cueva, de cuya relación era la hija, Juana, apodada la Beltraneja. Enrique IV fue depuesto en 1465, el reino fue entregado a su hermano menor, el príncipe Alfonso. La línea sucesoria establecía que la Corona debía recaer en su hija Juana "la Beltraneja", pero la consideración de ilegítima la apartaba del trono, es decir, que, al aceptar la sucesión de su hermano, implicaba el reconocimiento que Juana no era su hija biológica; sin embargo, Enrique IV contaba con apoyos aristocráticos importantes como el marqués de Villena, el arzobispo Carrillo, el marqués de Cádiz y el duque de Arévalo. Tras la misteriosa muerte del infante Alfonso, en 1468 (la versión oficial es que murió de peste), sus partidarios ofrecieron la Corona a Isabel.

Enrique IV reconoció a la infanta Isabel como princesa de Asturias por el pacto de los Toros de Guisando (1468), lo que venía a confirmar que su hija Juana no tenía su sangre.

Para que pudiera celebrarse el matrimonio con Fernando de Aragón fue necesaria una bula papal porque eran primos segundos. Este enlace molestó a Enrique IV, que quería casarla con don Alfonso rey de Portugal. Por eso, revocó su decisión y volvió a nombrar princesa de Asturias a doña Juana (1470). Enrique IV murió en 1474 e Isabel se proclamó reina.

En 1475 estalló una guerra civil, se enfrentaron doña Juana (apoyada por Portugal) a Isabel (apoyada por Aragón), que venció en Toro (1476) y Albuera (1479) y se firmó el Tratado de Alcaçovas con Portugal. Isabel triunfó por la ayuda de algunos nobles: los Álvares de Toledo a los que dio el título de duque de Alba y los Mendoza a los que dio el título de duque del Infantado.

En Aragón Juan II, padre de Fernando II el católico tuvo que luchar contra la Generalitat de Cataluña, propició el matrimonio con Isabel de Castilla porque así veía fortalecida su posición, maltrecha por la rebelión de Cataluña y la oposición francesa. Es decir, los procesos para coronar a Isabel en Castilla y a Fernando en Aragón, las dinastías que detentaron la corona fueron resultado de una guerra civil contra parte de la nobleza. Sin embargo, los propagandistas insistieron en la imagen de pacificadores.

Hubo una unión de los territorios con problemas en la sucesión de Castilla. No fue la unión de dos pueblos sino Unión de dos casas reales, una Unión dinástica.

Castilla y Aragón tenían una base muy diferente. Castilla era tierra de una aristocracia con enormes posesiones y poderosas órdenes militares; tenía un importante número de ciudades.

La nobleza castellana había tomado de la monarquía grandes extensiones de propiedad agraria durante las guerras civiles de fines de la Edad Media. Más de la mitad del suelo era propiedad de pocas familias que estaban por encima de una numerosa pequeña nobleza de hidalgos.

En esas grandes propiedades, la agricultura cerealista cedía terreno a la cría de ovejas. La expansión de la lana proporcionó las bases para fortunas de tantas casas aristocráticas, estimuló el crecimiento urbano y el comercio exterior. Las ciudades castellanas y la marina cántabra se beneficiaron de esa economía pastoril ligada a la industria textil de Flandes.

Las manufacturas laneras de Flandes generaron el alza de los precios de la lana. Como afirma Marx en El capital, el dinero era la potencia de las potencias, por eso se enarboló como bandera la transformación de tierras de labor en terrenos de pastos para ovejas.

El perfil económico y demográfico de Castilla dentro de la unión era ventajoso y poseía un comercio importante con Europa del norte. Pero políticamente era inestable.

Castilla-León fue de los primeros reinos de Europa que desarrolló un sistema de Estados desde el siglo XIII.

Las Cortes fueron una asamblea ocasional e indefinida; al desplazarse hacia el sur, nunca había desarrollado una institucionalización sólida y fija. La convocatoria como la composición de las Cortes quedaba sujeta a la decisión de la monarquía. Las Cortes carecían de poderes para iniciar una legislatura; pero la nobleza y el clero tenían inmunidad fiscal. Los impuestos votados por las Cortes solo lo pagaban las ciudades que recaían sobre las masas.

El corporativismo aristocrático encontró expresión en las órdenes militares creadas en las cruzadas, había tres importantes: Calatrava, Alcántara y Santiago.

Por su parte, el reino de Aragón era la unión de tres principados: Aragón, Cataluña y Valencia.

El alto Aragón tenía el sistema señorial más represivo de la península ibérica; la aristocracia local estaba investida con poderes feudales sobre un campo estéril en el que sobrevivía la servidumbre y donde un campesinado morisco esclavizado trabajaba penosamente.

Cataluña había sido el centro de un imperio mercantil en el Mediterráneo: Barcelona era la mayor ciudad de la península en la Edad Media y su patriciado urbano, la clase social más rica. La prosperidad catalana había sufrido la larga depresión feudal. Las epidemias del siglo XIV golpearon al principado con violencia. Las bancarrotas comerciales se mezclaron con la competencia de genoveses en el Mediterráneo, mientras que pequeños comerciantes y gremios artesanos se rebelaban contra los patricios en las ciudades. Los campesinos se levantaron para desterrar los "malos usos" y tomar tierras desiertas, en las rebeliones de los remensas (pago que debían dar los campesinos al señor en las Edad Media para abandonar las tierras) del siglo XV. Una guerra civil entre la monarquía y la nobleza arrastró a los demás grupos y debilitó más a la economía catalana, pero sus bases exteriores en Italia permanecieron intactas. En Valencia la nobleza explotaba el trabajo morisco; durante el siglo XV se expandió una comunidad mercantil.

Cataluña, Valencia y Aragón tenían las Cortes independientes, cada una disponía de instituciones especiales de control jurídico y administración económica derivadas de las Cortes. Cada una de las Cortes debía ser convocada estatutariamente a intervalos regulares y su funcionamiento estaba sujeto a la regla de la unanimidad, único en toda Europa occidental. Las Cortes aragonesas tenían un sistema de cuatro curias que representaban a los potentados, la pequeña aristocracia, el clero y los burgueses.

En Aragón había obstáculos políticos para establecer un Estado centralizado. El constitucionalismo aragonés se expresaba en un juramento que decía: "Nos, que valemos tanto como vos, juramos ante vos, que no valéis más que nos, aceptamos como rey y soberano señor, con tal de que observéis todas nuestras libertades y derechos; y si no, no".

Fernando e Isabel establecieron un poder real en Castilla, porque las condiciones eran más apropiadas para eso. Las órdenes militares fueron decapitadas y sus tierras y rentas anexionadas. La autonomía municipal de las ciudades quedó suprimida por la implantación de corregidores para administrarlas. Las Cortes fueron domesticadas por la omisión de la nobleza y el clero a sus asambleas desde 1480 y como el principal propósito de su convocatoria era recaudar impuestos para gastos militares, especialmente para las guerras de Granada y de Italia, exento los estamentos privilegiados, no mostraban interés por negarse a esos impuestos. El Consejo Real estuvo compuesto por burócratas-juristas. Los secretarios trabajaban bajo control directo de los reyes. La máquina del Estado castellana fue racionalizada y modernizada. Las altas posiciones militares y diplomáticas quedaron reservadas para los potentados que conservaron sus virreinatos y gobernadurías, mientras la baja nobleza llenaba los cargos de corregidores. Los dominios reales usurpados fueron recobrados por la monarquía.

Se concedieron grandes privilegios a intereses pastoriles de la Mesta en el campo, dominado por latifundistas del sur, así medidas contra cultivos de cereales acabaron fijando los precios del grano. En las ciudades se impuso por la fuerza un estrecho sistema de gremios sobre la industria urbana y la persecución religiosa contra los conversos condujo a la huida del capital judío.

En el reino de Aragón a los campesinos de remensas se les dio la remisión de sus obligaciones en 1486 y así disminuyeron el malestar rural. Las decisiones de Fernando confirmaron la identidad específica del reino oriental. Reconocieron las libertades catalanas en la Observança de 1481. Fernando residió pocas veces en su país de origen, instaló en las tres provincias virreyes que ejercían una autoridad delegada y creó el Consejo de Aragón. Aquí incluso los grandes intereses laneros no consiguieron una sanción legal para atravesar con sus ovejas las tierras destinadas a la agricultura.

Es decir, cada reino conservaba sus instituciones y su modo de vida propios. No hubo cambios en la estructura ni en la forma de gobierno. Nunca se planteó si quiera una posible fusión administrativa entre Aragón y Castilla, ni tampoco una moneda única. Solamente fueron acuñadas tres monedas de oro de valor equivalente en Castilla, Aragón y Cataluña. La única institución uñitaria entre los dos reinos fue el Santo Oficio de la Inquisición.

2. Las bases de la reorganización política

La clave está en la formación del Estado Moderno con sus instrumentos indispensables: Burocracia, Ejército, Impuestos.

La nobleza territorial fue rápidamente sometida, los Reyes Católicos acabaron con la ambición de poder de los nobles, los castillos quedaron reducidos a simples moradas palaciegas, aunque respetaron sus grandes riquezas patrimoniales. La nobleza más importante fue transformada en cortesana.

Los Reyes Católicos persiguieron el robustecimiento del poder real. Limitaron los privilegios de la nobleza y restablecieron la Santa Hermandad en Castilla (1476), mediante la cual unieron los municipios a la Corona. Las ciudades castellanas habían formado alianzas contra el poder y desmanes de la nobleza.

La concesión del título de "Católicos" fue dada por el papa Alejandro VI a través de una bula en 1496.

Las Hermandades fueron revolucionarias en algunos lugares, como Galicia, los irmandinhos (1467-69). La Hermandad General en Castilla era antinobiliaria, los reyes se apoyaron en ella para luchar contra la nobleza. Luego la utilizaron en la guerra de Granada y la redujeron a una especie de policía rural.

Los monarcas aumentaron su control mediante el nombramiento de un Corregidor al frente de las principales ciudades. Presidía el municipio, administraba justicia en nombre del rey y tenía atribuciones fiscales y militares.

El lema "Tanto monta", se debe a Antonio de Nebrija (en 1492 publicó una gramática castellana, la primera de lengua europea moderna) que toma de Alejandro Magno este emblema "Tanto monta, claro es, cortar que desatar".

Las dos coronas no están en plano de igualdad. La superioridad de Castilla es debida a su mayor pujanza económica y demográfica (su población es al menos 5 o 6 veces la de Aragón, Castilla tenía entre 5 y 7 millones de habitantes, mientras que las tres provincias aragonesas sumaban alrededor de un millón. El territorio era 3 veces superior, Castilla es 2 tercios de la Península, con la mayor población en el centro y no en la periferia), además, aquí hubo menor resistencia política a la unión y, ocupa una posición geográfica central.

Esa superioridad también quedó plasmada en el predominio lingüístico, el castellano se convirtió en la lengua del Imperio.

Castilla concentra el 80 % de la población de la Península, Aragón carece de unidad, consta de 3 reinos: Aragón, Valencia y Mallorca, además de un Principado, Cataluña (al que van unidos los condados de Rosellón y Cerdeña). Cada territorio tiene su propia organización política, administrativa, judicial, fiscal y económica, sus instituciones y sus Cortes, aunque en algunas ocasiones podían ser convocadas en la misma ciudad y mantener sesiones conjuntas bajo presidencia del monarca.

El imperio catalano-aragonés era un imperio comercial basado en exportación de textiles. Barcelona era el corazón, tenía cónsules en los principales puertos mediterráneos y los mercaderes catalanes eran conocidos en el este y norte de África, Alejandría y Bugía. El éxito de ese sistema ayudó a consolidar el poder de los patriciados urbanos.

Desde las Cortes de 1480 la Corona fue reorganizando el Consejo Real, se fue perfilando la figura del secretario como auxiliar de gobierno y constituyendo una pequeña burocracia especializada. Se designaron Veedores con la misión de visitar las provincias e informar del estado de la administración local.

La expulsión de los judíos se decretó el 31 de marzo de 1492. Desde la 1ª mitad del s. XIV se sucedieron ataques a las juderías valencianas que en algunos casos se extendió a las morerías. Durante 4 meses se fijó el plazo para la salida, en ese periodo se produjeron muchas conversiones, sobre todo, dentro de la elite hebrea.

Había 3 órdenes militares creadas en el S. XII que combinaban ideales religiosos y militares: Alcántara, Calatrava y Santiago. A ellas se incorporaron los Maestrazgos que era el dominio territorial del Maestre de las órdenes militares. A finales del siglo XV Fernando el Católico consiguió neutralizarlas políticamente al obtener la concesión papal de la unificación en su persona del cargo de Gran Maestre de todas ellas, cargo que, a partir de Carlos V se concedería a sus herederos.

Unida a Aragón en regresión, Castilla tuvo las manos libres para edificar la monarquía del s. XVI. Pero la libertad estaba limitada por la naturaleza de la unión, Aragón estaba protegida por sus leyes, así los aragonenses restringían la autoridad del rey de la Corona española.

Isabel la católica muere en 1504 y abre una dura etapa para la unidad de la monarquía, con la posibilidad de separación. Los derechos de sucesión pasaron a la hija mayor que se llamaba Isabel, casada con Don Manuel de Portugal. Tuvieron un hijo, Miguel quien fue reconocido por las cortes de Castilla y de Aragón, pero la princesa castellana falleció en el parto y su hijo en 1500, así la sucesión pasaba a la segunda hija de los Reyes Católicos, Juana, casada con Felipe, archiduque de Austria y príncipe de los Países Bajos. La muerte de su madre precipita el viaje a Castilla donde es proclamada reina.

El testamento de Isabel la católica declaraba a Juana, reina propietaria de Castilla, pero en caso de ausencia o incapacidad se confiaba la regencia a Fernando hasta que el príncipe Carlos, nacido en 1500, cumpliera 20 años. Obviamente, Fernando el católico seguía siendo rey de Aragón, los dos reinos nunca habían estado unidos.

Había muchos grupos en la Península que no apoyaban la opción carolina, por las influencias de la corte flamenca, incluso trataron de pasar la Corona al hermano, el infante don Fernando, segundo hijo de Juana I y Felipe I el hermoso, que había sido educado en Castilla, sin embargo, hubo muchas presiones para que no se modificase la línea sucesoria.

3. Innovaciones económicas y sociales

En el Sur de la Península hubo grandes haciendas y pequeño número de ciudades como Córdoba y Sevilla. Las alianzas matrimoniales entre grandes familias castellanas contribuyeron a poner enormes extensiones de tierras en manos de unos pocos.

La "Reconquista" contribuyó a asegurar a Castilla el triunfo de una economía pastoril. En una época de algaradas, la ganadería era más segura que la agricultura y la ocupación de Extremadura y Andalucía abrió nuevas posibilidades a la ganadería lanar trashumante. Hacia 1300 entra en Andalucía procedente del norte de África la oveja merina, coincide con un incremento en la demanda de lana hispana. En 1273 a una organización de asociaciones de ganaderos le habían conferido privilegios a cambio de contribuciones económicas: La Mesta.

El bandolerismo era un mal endémico que imposibilitaba la actividad económica, para acabar con ese problema recurrieron a la Santa Hermandad con su poderosa organización.

Se reformaron juros y mercedes y abolieron diversos impuestos y derechos de tránsito.

Castilla adquiere mayor importancia en el comercio internacional como queda reflejado en el aumento de categorías de las ferias de Medina del Campo que a mediados del s. XV, actuaba como un imán sobre los comerciantes europeos.

Además del fomento de la ganadería, se simplificaron las monedas, los pesos y las medidas.

Concluida la conquista de Granada, los Reyes Católicos orientaron su política expansiva en nuevas direcciones de forma exitosa, con territorios extra-peninsulares vinculados jurídicamente de forma diversa a la Monarquía Hispánica.

A partir de este reinado, Castilla se interesó de forma decidida en la expansión Atlántica, empezando por el norte de África y Canarias.

Castilla y Portugal, se repartieron el mundo primero en Alcaçovas 1479 y luego por el tratado de Tordesillas 1494.

João II de Portugal reclamó según el Tratado de Alcaçovas las tierras descubiertas por Colón, ya que se hallaban al sur del paralelo de Canarias. La firma del Tratado de Tordesillas terminó con los litigios entre las dos Coronas. Fue el primer acuerdo oceánico.

La política económica de los Reyes Católicos fue mercantilista. Dictaron algunas disposiciones para favorecer los intereses de la Mesta, la trashumancia beneficiaba a ganaderos, mercaderes y navieros y formaba el nervio del comercio internacional, además de suponer ingresos fiscales.

Los Reyes Católicos trataron de fomentar la industria textil y la flota frente a embarcaciones extranjeras en el mercado de fletes. Igualmente, establecieron la tasa de trigo para garantizar un bien indispensable.

También se creó un sistema monetario castellano para más de un siglo: una pragmática dictada en 1497 instauraba el excelente de Granada (del que derivaría el ducado castellano) como nueva moneda de oro más adaptada al patrón europeo, al tiempo que se imponía un control real sobre la acuñación y señalaban las cecas autorizadas para la fabricación de monedas.

Es decir, siguió una política mercantilista elemental, con sus rasgos característicos de control, uniformización y proteccionismo.

4. La conquista de Granada y la anexión de Navarra

Tras superar las luchas internas, Castilla pudo afrontar la guerra contra los nazaríes. Isabel y Fernando exigieron al sultán de Granada el pago de las parias. La negativa desencadenó la guerra de Granada, que supuso el final de la presencia del Estado musulmán en la península Ibérica.

La conquista de Granada fue planteada como una guerra santa contra el Islam. El clero gozaba de una posición privilegiada, con mucha influencia.

La guerra fue más dura y larga de lo esperado. La contienda se resolvió mediante asedios a las plazas fuertes, sin que apenas se librasen grandes batallas a campo abierto. De las más importantes fue la de Lucena (1483) donde cayó prisionero Boabdil, el Rey Chico, que disputaba el trono con su padre. Boabdil prestó vasallaje a los Reyes Católicos, que lo apoyaron en sus pretensiones. Los Reyes Católicos alentaban la guerra civil entre los nazaríes. Tras la rendición de Málaga (1487), después de un duro y largo asedio, fue tomada Almería (1489). Surgió una ciudad del campamento cristiano durante el sitio de Granada, a poca distancia de la capital: Santa Fe. A partir de 1490 asediaron Granada, que se entregó mediante capitulaciones firmadas en noviembre de 1491 y permitió la entrada de los cristianos los primeros días de 1492.

Según las capitulaciones, a los musulmanes se les respetaría su religión, formas de vida y propiedades. A Boabdil se le concedía un señorío en la Alpujarra y se permitió la salida hacia el norte de África a quienes optasen por marcharse. Fueron pocos los que emigraron al norte de África, la mayoría se quedó, dando a Granada un perfil de ciudad musulmana. Los almuédanos llamaban a la oración, mientras el sonar de las campanas apenas tenía incidencia, porque los cristianos solamente eran las autoridades, los miembros de la maquinaria administrativa y las tropas.

Estas condiciones estuvieron en vigor solo una década, una pragmática de 1502 puso a los musulmanes en la tesitura de bautizarse o abandonar el reino. La conversión de los mudéjares dio lugar a los moriscos que conservaban sus costumbres y formas de vida. El bautismo forzoso de los mudéjares no cambió sustancialmente la situación, los moriscos continuaron con sus costumbres, la mayoría solo eran cristianos en apariencia.

Andalucía quedó dividida en cuatro reinos: Sevilla, Córdoba, Jaén y Granada, donde en 1505 establecieron una de las dos chancillerías, como órganos supremos de justicia en la Corona de Castilla.

En 1494 Francia invadió Italia y ocupó Nápoles, enfrentándose al papado y a Fernando el católico. Desencadenadas las hostilidades entre Francia y España, Navarra fue escenario de operaciones en un segundo frente.

Francia fue derrotada por los tercios de Gonzalo de Córdoba, el Gran Capitán.

Los reyes de Navarra tuvieron la colaboración de César Borgia que había caído preso por el Gran Capitán y logró escapar.

Luis XII de Francia no se contentaba con reclamar el Milanesado y otras posesiones italianas, sino que cuestionaba la autoridad teológica de Julio II, apoyando las tesis según las cuales, las decisiones de un concilio estaban por encima del papa. En 1511 se creó la Santa Liga, en la que junto con Julio II, participaban el Dux de Venecia, Fernando el católico y Enrique VIII. Teóricamente se había formado para defender a la Iglesia, pero en la práctica sirvió para frenar el expansionismo francés.

Fernando el católico declaró la guerra a Francia en 1512 y denunció a los reyes navarros por apoyar el cisma, solicitando al papa bulas que le autorizaran a ocupar Navarra en nombre de la religión.

En abril de 1512 murió el aspirante al trono navarro, Gastón de Foix, sin descendencia, hermano de Germana de Foix, segunda esposa de Fernando el católico, quien pidió que reconocieran los derechos a su esposa.

Fernando el católico no esperó a las bulas: el 19 de julio de 1512 el duque de Alba se dirigió con 7.000 soldados de infantería, 2.500 de caballería y 20 cañones hacia Pamplona. El 24 estaba en las puertas de la ciudad y la familia real navarra se retiraba a sus posesiones del Bearne, al otro lado de los Pirineos. La rendición fue paulatina, durante agosto cayeron todas las plazas destacadas. Tudela fue la última ciudad importante en rendirse.

Fernando el católico se fue comprometiendo a salvaguardar fueros y privilegios y ordenó levantar un nuevo castillo para controlar Pamplona.

Las Cortes de Burgos de 1515 incorporaron el reino de Navarra al de Castilla respetando sus fueros y añadía que había sido una unión de dos reinos en plano de igualdad. En 1516 se produjo un intento de reconquista. En 1521, aprovechando las comunidades en Castilla, un ejército formado por franceses, navarros y mercenarios permitió a André de Foix recuperar el reino, llegando a las puertas de Logroño. Pero en la batalla librada, el ejército navarro quedó deshecho. Los últimos navarros se entregaron en Fuenterrabía el 29 de febrero de 1524, y Carlos V otorgó un perdón general; la independencia de Navarra desapareció para siempre.

5. La Iglesia y los intentos reformistas de la Corona

Los Reyes Católicos establecieron la unidad religiosa. Con la colaboración del cardenal Cisneros acometieron la dignificación del clero. El resultado fue la revitalización de muchas órdenes religiosas.

Debido a su riqueza y poder, los grandes prelados tenían fuerza política de primer orden. El más poderoso era el arzobispo de Toledo, Alonso Carrillo, que tuvo un marcado protagonismo político y militar durante el reinado de Enrique IV y después lucho contra los Reyes Católicos.

En 1478 comenzó la Inquisición, que había sido establecida en el s. XIII, pero había sido una inquisición pontificia, ahora era nombrada y tutelada por los reyes.

Lo primero fue renovar las penalidades contra las barraganas de los clérigos (1480), procurando la rígida selección del clero secular.

Cisneros comenzó por reformas de la propia orden de los frailes franciscanos y después le tocó a agustinos, carmelitas y dominicos. Se restauraron las reglas en los conventos de monjas y restablecieron la moral y el orden.

Los documentos y facultades concedidos por los Papas a los reyes para la reforma fueron tantos y tan extensos que se podrían considerar como un verdadero Vicariato Regio para la reforma en sus reinos; es decir, una delegación y potestad vicaria para conseguir la reforma en la Iglesia hispánica.

Se facultó a los reyes para actuar como vicarios del Papa para nombrar obispos, para la elevación del clero, para el gobierno moral del pueblo, para la dedicación de los religiosos a su carisma y a la evangelización, y para convertir los monasterios de monjas en casas ejemplares.

El hecho religioso se antepuso a los demás, fue un elemento destacado.

Fue reformado el episcopado castellano: sus archidiócesis de Toledo, Santiago de Compostela, Sevilla y poco más tarde, Granada, cada una con sus obispados y diócesis sufragáneas. Algunos, como los de Burgos, León y Oviedo figuraban como sometidos inmediatamente al Papa, sin depender de ningún metropolitano.

La reforma del clero comenzó por la fisonomía externa, pero siguió por la moral, sobre todo por la continencia, fue favorecida por los obispos que los reyes iban elevando a las mitras, inculcándoles no ordenar sacerdotes más que a hombres convencidos y comprometidos, elevando la curia pastoral mediante las reuniones del clero y exigiendo cultura.

Los reyes fueron quienes le concedieron oficialidad, crearon organismos aptos y los dotaron de medios y recursos para llevarla a cabo. Es cierto que no lo consiguieron todo por decreto, sino que se trató de un proceso lento y planificado.

6. La política exterior: Italia y Francia

La campaña de Italia fue para el rey de Francia un paseo militar. Entró en Florencia y se alojó en Roma hasta que se le atravesaron en Velletri los embajadores hispanos con un ultimátum que acabaría por encender la guerra.

Fernando el Católico alegando que Nápoles era feudo de la Santa Sede, pedía respeto a la integridad de sus fronteras. Pero Carlos VIII no se dejó intimidar y los embajadores rompieron el tratado delante de él.

En 1495 la Liga Santa contra Francia consiguió inmovilizar a esta potencia al rodearla de enemigos: entraron el papa Alejandro VI, Maximiliano emperador de Alemania, Felipe de Habsburgo, soberano de los Países Bajos; Ludovico Sforza duque de Milán y de la República de Venecia. La Liga Santa en manos de los Reyes Católicos acabó convirtiéndose en una alianza triangular entre Toledo, Bruselas y Viena; la extendieron hasta Londres incrementando su fuerza y dimensiones.

Gonzalo de Córdoba, el gran capitán, llega a Sicilia en 1495 al mando de un cuerpo expedicionario hispano e inicia la campaña de liberación. Logró entrar victorioso en la capital y hacer prisionero a la mayor parte del ejército francés y así restauraba en el trono a Fernando II.

Luis XII propuso a Fernando el Católico como prueba de amistad y reconciliación, repartirse Nápoles, lo que fue aceptado por el tratado secreto de Granada de 1500, el norte quedó en manos francesas y el sur para los hispanos.

Una vez ocupado el territorio por ambos ejércitos, surgieron desavenencias por cuestiones fronterizas y problemas tributarios que acabaron por encender una nueva guerra en la que Gonzalo de Córdoba batió a los franceses en 1503. De este modo, el reino de Nápoles quedó anexionado a la Corona de Aragón y el Gran Capitán designado virrey donde gobernó 4 años.

7. Las alianzas matrimoniales como base de las relaciones internacionales

Las alianzas matrimoniales fueron base de las relaciones internacionales, las necesidades de su política internacional hicieron que se abrieran a nuevas alianzas europeas que fortalecieran las líneas estratégicas de la política internacional del nuevo Estado.

Para que pudiera celebrarse el matrimonio con Fernando de Aragón fue necesaria una bula papal porque eran primos segundos. Este enlace molestó a Enrique IV, que quería casarla con don Alfonso rey de Portugal. Por eso, revocó su decisión y volvió a nombrar princesa de Asturias a doña Juana (1470).

En 1496 se produjo el doble enlace del príncipe de Asturias, don Juan con Margarita de Austria y de su hermano Felipe I de Habsburgo, duque de Borgoña y archiduque de Austria, con la infanta Juana. En 1497 tras la adhesión a la Liga Santa de Enrique VII se concertó el matrimonio de Catalina de Aragón con el príncipe de Gales, Arturo.

El matrimonio de los dos hijos mayores de los Reyes Católicos, los más cercanos a la sucesión, fue un asunto de Estado importante, se buscó que reforzaran una alianza o solucionaran un problema; pasaron por diversas fases, había razones que sopesar, las alianzas políticas, las necesidades económicas, etc. Aunque hubo varias negociaciones y alternativas, podemos decir que la temprana boda napolitana, nunca llegó a producirse, no fue sino un ardid de los monarcas para recibir dinero de forma rápida y sufragar los gastos de la guerra civil, nunca se pensó en cumplir los compromisos, aunque se mantuvieron vigentes durante muchos años. La doble boda portuguesa unido al tratado de Alcaçovas, se hizo a regañadientes de la reina, al menos en la parte que afectaba al Príncipe Juan y cuando se rompió dicha cláusula, el matrimonio de la Infanta quedó en segundo término dada la escasa edad de los novios, e incluso se dudaba de su validez.

Con la tranquilidad económica y política conseguida en el interior y encauzadas las relaciones exteriores, se presentó la posibilidad de aliarse con Inglaterra, no obstante, se priorizó más cerrar acuerdos comerciales que sellar una alianza matrimonial, aunque dejaron abiertas todas las opciones, pero en estos años el matrimonio más deseado para el Príncipe fue la boda con la heredera de Navarra, con ello se conseguiría atraer a Navarra al campo hispano de forma pacífica, pero el frontal rechazo del rey francés provocó no sólo la imposibilidad de un compromiso bien visto por la mayoría de los navarros y sus cortes, sino que a la larga, provocaría el enfrentamiento con dicho reino y su anexión militar.

La segunda mitad de los años 80 vio de nuevo un intento de acercamiento de los napolitanos, otra vez en vano, el rey deseaba controlar dicho territorio de forma directa, se consideraba su legítimo poseedor, y aunque apoyara a sus monarcas frente a sus enemigos, no estaba dispuestos a darles esa victoria política, en especial, cuando vislumbraba la opción de una intervención directa, pero en estas negociaciones aprovechó para conseguir del papa la ruptura del juramento del compromiso matrimonial de 1476 y, además, las bulas de dispensa para que sus hijos pudieran casarse con parientes en grado prohibido, teniendo las manos libres para cerrar los compromisos, que dada la edad de sus hijos ya iba siendo necesario. Al casarse Carlos VIII de Francia con la duquesa Ana rompió su promesa con Margarita de Austria, que a la postre sería la esposa del Príncipe Juan.

A principios de los años 90 se terminó de cerrar el compromiso de la Infanta Isabel con el Príncipe Alfonso de Portugal, que serviría para normalizar las relaciones entre ambos reinos e iniciar una nueva etapa de colaboración, sin embargo, duró poco, pero las relaciones se mantuvieron buenas, mientras tanto se cerraba el doble matrimonio con los hijos de Maximiliano de Austria y María de Borgoña, que junto a la alianza inglesa con la boda de Catalina con el heredero de Enrique VII Tudor, hacía revivir la Gran Alianza Occidental cuyo propósito era cercar a Francia. Poco después el nuevo monarca luso, Manuel I, se esforzó por casarse con la infanta Isabel, que poco después se convirtió en heredera de Castilla tras morir su hermano, y en madre del príncipe Miguel, heredero de Castilla, Portugal y Aragón. Su muerte debido al parto hizo que los reyes casaran a su última hija, María, con el rey de Portugal, para mantener esta alianza estratégica que en estos momentos parecían llevar a la Unión de las Coronas en el Príncipe Miguel, pero se truncó con la muerte del niño.

TEMA 2

LA ECONOMÍA ESPAÑOLA DEL QUINIENTOS

TEMA 2: LA ECONOMÍA ESPAÑOLA DEL QUINIENTOS

1. El mundo rural

Las zonas agrarias se caracterizaron por: tener gran proporción destinada al autoconsumo, débil circulación monetaria y dependencia respecto a factores meteorológicos. El ritmo de la producción agrícola siempre estuvo determinado por los factores climáticos.

Las producciones agrícolas principales fueron: cereales (trigo y cebada, algo de centeno), aceite y vino.

Las poblaciones urbanas estaban interesadas directamente en el estado de las cosechas, de las que dependía el cobro de rentas y diezmos, las demandas de artículos a los artesanos y el alimento de la plebe.

La economía agro-pastoril era la básica, ocupaba a las tres cuartas partes de la población, era la que proporcionaba consideración social, la que acababa absorbiendo las ganancias obtenidas en los negocios.

El impulso demográfico del siglo XVI incrementó la demanda y elevó los precios de los productos del campo.

Había un marcado contraste entre la España húmeda y la seca: Extremadura se caracterizaba por el encinar, las estepas aragonesas y murcianas eran secas y desoladas y la Sagra toledana y la Tierra de Campos eran extensiones trigueras. El área de cultivos era reducida, a modo de islotes separados por amplias zonas de bosques. El regadío estaba poco extendido. En las costas mediterráneas había pocos cultivos con poca y apiñada población.

La insuficiencia de medios de transporte y almacenamiento no permitía que se atenuaran los contrastes entre años de buenas y malas cosechas. Y las condiciones meteorológicas desfavorables generaban hambre y carestía, que iba sucedida de epidemias que encontraban presa fácil en poblaciones desnutridas.

Los estudios de Paleoclimatología apuntan que hubo una tendencia al empeoramiento a partir de mediados de la centuria que culmina en el definitivo cambio del siglo XVII que duró hasta mediados del XIX. Además, las cosechas no se perdían solo por la sequía, sino también por las lluvias excesivas o extemporáneas. Tenemos documentados problemas climáticos en toda la segunda mitad del siglo XVI, aunque, en la última década hubo exportaciones a Portugal, pero fueron debidas a los altos precios que allí obtenían, no porque hubiese abundancia en Castilla.

Sin embargo, no debemos atribuir al clima la baja producción agrícola, hay otros factores que influyeron más, por ejemplo, la tasa de cereales que fue una medida impuesta heredada de la época de los Reyes Católicos, más tarde, Felipe II elevó la tasa del trigo a 14 reales y la de la cebada a 6. Es dudoso que la tasa representara una ventaja para nadie. En tiempos de escasez nadie la guardaba, salvo los eclesiásticos. Si el año era abundante los labradores tenían que vender el grano muy por debajo de la tasa. Fue una de las razones que impulsaron a mucha gente a dejar el cultivo del trigo y sustituirlo por el viñedo.

La hacienda pública y la de los municipios no estaba en condiciones de sufragar grandes obras de riego que hubiesen atenuado la irregularidad de las cosechas. Abundaban las pequeñas presas, las acequias de tierra que dejaban perder mucha agua, las norias y otros medios primitivos.

Con todo, la productividad se mantuvo constante, es decir, que a duras penas conseguían los agricultores sostener una limitada cúspide de privilegiados y ociosos.

Sorprende una productividad tan baja porque las tierras, con rotación bi o trienal, estaban descansadas.

Los trabajos someros eran frecuentes en toda el área mediterránea, que mantenía el arado romano y no había conocido la revolución agrícola que en el siglo XII se produjo en la agricultura nórdica gracias a los pesados arados de ruedas. Se agravó en el siglo XVI con la sustitución del buey por la mula como animal de tiro, hecho que fue muy lamentado por los contemporáneos y que tuvo largas consecuencias, porque el arado tirado por mulas no solo significó surcos menos profundos, por lo que fue necesario destinar parte del área triguera a la siembra de cebada, mientras el buey se alimentaba en las dehesas y barbechos. La principal ventaja que encontraban los labradores era la rapidez y, además, servía para transporte rápido y era más barato,

El incremento del viñedo es otro de los aspectos de la evolución agrícola de los siglos XVI y XVII; en gran parte se hizo a costa de la superficie triguera. El viñedo, además de más productivo, es más seguro, da cosecha todos los años, exige menos mano de obra y no depende tanto de la coyuntura climática. También hubo una transformación en los hábitos alimenticios, tal vez debido al aumento del nivel de vida, especialmente en las ciudades, pero también en los campos. Se consideraba al vino como alimento productor de calorías, más que como lujo o vicio.

La única forma de hacer frente al incremento de población y a la reducción de superficie causada por la extensión del viñedo y de la cebada era proceder a nuevas roturaciones, esta fue otra constante del siglo XVI. Fueron importantes en la Meseta y en Andalucía desde el segundo tercio del siglo, es decir, cuando al parecer se inició la expansión demográfica. La resistencia de los interesados fue dura, pero los constantes apuros de la Hacienda impulsaban a vender licencias a los pueblos para transformar los bosques y pastos de propiedad de los municipios (bienes de Propios) en tierras labradas. En la Edad Moderna ya se hacía guerra al árbol, aunque muchos de los mejores bosques eran inutilizables por falta de vías de comunicación.

En Galicia y Cantabria se practicaba una agricultura de subsistencia, era una economía muy cerrada, con poca circulación monetaria. En Galicia el millo empezó a cultivarse en las rías bajas y de allí subió lentamente hacia el norte, esta planta, procedente de América, garantizó en adelante la subsistencia de la población.

La zona desde el País Vasco hasta Asturias presentaba un hábitat diseminado por el predominio de la ganadería y las peculiaridades de su agricultura poco o nada triguera. Junto al millo y centeno había algunas huertas. Castaños y manzanos eran la base de la alimentación. Concretamente, los rasgos económicos de Asturias eran todavía arcaicos a causa de su aislamiento. Aquí llegó la revolución del millo y se extendieron las plantaciones de manzanos; se fue abandonando el trigo, que, contra toda lógica, se esforzaban en cultivar.

La Corona de Aragón tenía caracteres propios de la España seca, con algunos rasgos diferenciales, como la relativa importancia del regadío y la enorme extensión del régimen señorial.

Los problemas agrarios de Valencia eran más complicados. Había una gran masa de moriscos, más abundantes en el secano que en el regadío. La agricultura valenciana era mucho más diversificada que la castellana y más comercial que la catalana.

En Mallorca el déficit de trigo era casi permanente. Las incidencias climatológicas se extendían a gran parte o incluso a todo el territorio. Pocas eran las comarcas que vivían en una economía natural, pero muy pocas también las que tenían una agricultura comercializada; los tipos mixtos, intermedios, predominaban. Aunque fuera muy grande la tendencia al autoconsumo y la autosuficiencia, los intercambios eran más abundantes de lo que suele creerse.

En general, en el campo ibérico hubo escasez de moneda y donde escaseaban los cereales, se utilizaban otros productos como medios de pago.

El resultado de esta situación fue, por un lado, la intensificación de una agricultura de mercado, en la que el viñedo ocupó el puesto central; de otra parte, una concentración creciente de la propiedad rural y la consecuencia fue la despoblación de los núcleos rurales pequeños.

2. La evolución de la propiedad de la tierra en la España del siglo XVI

En Castilla podemos distinguir tres tipos de gran propiedad:

1. La de la Iglesia y la de la antigua aristocracia, que es una propiedad extensa y de la que no sacaban gran rendimiento.
2. La de la alta burguesía urbana con múltiples finalidades como hacer una inversión segura, adquirir respetabilidad social y preparar el acceso a situaciones más elevadas.
3. La de campesinos enriquecidos que eran los que mejor podrían aprovechar las ocasiones de ampliar sus tierras a costa de sus convecinos menos afortunados.

De la unión de los nuevos propietarios rurales, con frecuencia asentistas, y los labradores enriquecidos por la coyuntura, se forma la clase de los que en la documentación llaman "los poderosos", quienes acapararon los cargos municipales y continuaron enriqueciéndose.

El régimen señorial se consolidó, se transformó y se incrementó en el siglo XVI con la aparición de nuevos señoríos.

En Cataluña y Valencia la extensión del régimen señorial se compaginaba con la mayor extensión de la enfiteusis. Los nobles conservaban sobre sus vasallos el ejercicio de la justicia criminal, a veces con posibilidad teórica de condenar a muerte. Los señores tenían cedidas muchas tierras por ese sistema de enfiteusis mediante el pago de cánones moderados. El campesinado soportaba mal el cobro de los derechos sobre transmisión del domino.

Aunque la mayoría de la superficie cultivada de Castilla perteneciera a los señores y a los monasterios, una gran parte estaba dada a muy largos plazos de arrendamiento y con rentas bajas, gracias a lo cual los arrendatarios disfrutaban de unas condiciones económicas y de una seguridad superior a las de muchos pequeños propietarios, siempre expuestos a perder la tierra. Los nuevos propietarios trataban de sacar más provecho de la tierra mediante arriendos a medio plazo. En Galicia había superpoblación y una pésima distribución de la propiedad, casi toda en manos de nobles y conventos, aunque los monasterios daban sus tierras a foro, es decir, una especie de censo enfitéutico de duración indefinida que solo obligaba a pagar una renta módica. Esa mala distribución de la propiedad y la inadecuada explotación del suelo era causa de frecuentes hambrunas.

Las ciudades eran concentraciones de propietarios y rentistas individuales o colectivos, había diversas instituciones urbanas que poseían grandes cantidades de tierras, juros y censos como iglesias, universidades, hospitales, conventos y otras.

La propiedad de la tierra estaba dividida por medio de diferentes sistemas de explotación que vinculaban a campesinos y señores. La fórmula más frecuente en la Península fue la del arrendamiento, pero en la Corona de

Aragón fue usual la enfiteusis. Para ayudar a la repoblación de las tierras arrebatadas a los musulmanes, se aplicó ese modelo en el Reino de Valencia, Cataluña y Mallorca.

No fue extraño que el campesino tuviese que pagar al señor una parte de la cosecha. También cabía la posibilidad de que el señor recibiese el diezmo, destinado en principio al mantenimiento eclesiástico. Podían quedar también reminiscencias de la condición servil abolida jurídicamente en 1486: se conservaban prestaciones obligatorias de siembra, trilla o poda en señoríos catalanes concretos. Todo esto suponía motivos de fricción entre señores y campesinos, porque los señores procuraban actualizar los derechos.

En la Baja Andalucía, los grandes señoríos se ampliaban con la adquisición de tierras particulares, por parte de los aristócratas y por su control sobre las tierras realengas o baldíos. La señorialización y las ventas de tierras baldías por parte de la Corona, tuvo en Andalucía mayor incidencia. Sobre todo, en las actuales provincias de Córdoba, Jaén y Málaga. El alza de los precios agrícolas aumentó el interés por la tierra por parte de privilegiados, burguesía urbana y campesinado acomodado, produciéndose una concentración de la propiedad. La inflación motivó que los dueños de la tierra prefiriesen arrendamientos cortos y recibir sus rentas, sobre todo en trigo.

En el reino de Granada no se habían realizado grandes repartimientos de tierras. Los moriscos, relegados a las montañas, disponían de pequeñas propiedades bien cultivadas. Tras el destierro hacia Castilla en 1570, como castigo por la rebelión de las Alpujarras, donde nombraron como rey a Fernando de Valor y Córdoba que tomó el nombre de Abén Humeya, la Corona se convirtió en dueña de sus tierras y las cedió a nuevos cultivadores cristianos que debían pagar un canon.

3. La ganadería: la Mesta y sus privilegios

La agricultura era más importante que la ganadería, además, el número de cabezas de ganado estante era superior al de la Mesta que, en su época más importante, el reinado de Carlos V, no sobrepasó los 3 millones de cabezas.

El ganado ha tenido y tiene interés para el campesinado por las siguientes razones:

a) La producción para el mercado de queso, manteca, mantequilla, leche, carne, cueros y lana.

b) El propio autoconsumo en estos mismos productos.

c) La fuerza como tracción animal del ganado mayor: caballos, mulos, burros, camellos, bueyes, vacas, que puede ser empleado en labores agrícolas o como medio de transporte.

d) La producción de estiércol, utilizado como abono que aumentará el rendimiento de los campos.

Los ganados: ovino, vacuno y porcino, pastan, generalmente, en lugares cercados, dedicados exclusivamente a este cometido en los municipios (dehesas boyales) o en terrenos comunales o en los barbechos y campos cultivados, después de recogidas las mieses, esto es el derecho de derrota de mieses. En las zonas de dehesas o baldíos (topónimos frecuentes en Canarias) las superficies aprovechables en los montes de propios, servían para el ganado de labor, por lo que en la mayoría de las dehesas estaba prohibida o restringida la entrada de ganado menor.

Sin embargo, la ganadería más importante es la trashumante, fue muy poderosa y generó conflictos con los campesinos, dada su importancia y privilegios, alcanzó un auge extraordinario los primeros años del reinado de Carlos I.

El Honrado Consejo de la Mesta se originó en el siglo XIII, era una agrupación colectiva formada por el conjunto de propietarios de rebaños trashumantes. Había propietarios de todas clases, pero los grandes tenían una influencia determinante.

La Mesta se organizó y estructuró de forma eficaz, tenía sus propios funcionarios encargados de conservar en buen estado las cañadas, proteger a los pastores contra abusos y defender sus privilegios. Ovejas y carneros producen lana de excelente calidad. El ganado debía recorrer grandes extensiones en busca de pastos y abrevaderos acondicionados para ello. La trashumancia propia de estas actividades quedaría reglamentada, codificadas en las ordenanzas de 1492, revisadas en 1511.

Los privilegios provocaron pleitos con los campesinos, quienes la mayor parte de las ocasiones salían perdiendo; los mesteños contaban con influencia de su poderosa organización y con la protección de la Corona, interesada en una institución que constituía una doble fuente de ingresos, porque la lana de los merinos se vendía ventajosamente en el mercado internacional y los rebaños trashumantes pagaban, además, un derecho, el de montazgo, que era de las rentas más saneadas del Estado.

El reinado de Carlos V fue para la Mesta un periodo de prosperidad, en 1512 poseía 2,5 millones de cabezas, pero en 1526 llegó a poseer 3,5 millones. La media de la centuria estuvo en 2 millones, aunque en el último tercio del siglo notamos la tendencia decreciente.

Los ganaderos se repartían entre cuatro cabañas principales: Soria, Segovia, Cuenca y León. Los rebaños tenían caminos especiales, las cañadas, por las que caminaban desde los montes del norte hasta los "extremos", es decir, los invernaderos de Extremadura, la Mancha y las dehesas de la Orden de Calatrava.

No hay que atribuir solo a los carboneros y a los agricultores la destrucción de tanta masa arbórea: los pastores también deforestaban, provocaban incendios para que creciese la hierba y cuando se hacía la repoblación se empleaba coníferas de menor valor.

La ganadería vacuna se había desarrollado menos que la porcina, quizás porque los intrincados bosques aún no habían cedido terreno ante el avance de los prados.

Lo que más preocupaciones suscitaba no era la disminución del bosque, sino la de pastos, por su repercusión en el abastecimiento de carne. La carne se fue haciendo paulatinamente más rara, más inasequible a un proletariado rural y urbano cuyo nivel de vida se degradaba.

No parece que se produjese una disminución sustancial de la ganadería en el siglo XVII, aunque sí debió influir en una reducción del consumo por la política fiscal, es decir, los impuestos sobre la carne.

4. Las manufacturas: la pañería castellana

El sector secundario se había desarrollado para satisfacer las necesidades de un sector de alto consumo. Una industria en el sentido actual no existía, la Península ibérica quedó rezagada respecto al noroeste de Europa. Hubo múltiples razones para eso, tal vez la principal fue la falta del espíritu empresarial y falta de inversiones, quienes poseían capital preferían invertir en bienes raíces y aquellos dispuestos a correr mayores riesgos para obtener más beneficios, se dedicaban al comercio o a las finanzas.

Es más llamativo este fracaso de industrialización teniendo en cuenta que en el siglo XVI hubo una serie de factores favorables: mercado suficiente, aportación de capitales americanos, mano de obra hábil y gran riqueza en materias primas. La Corona hispana tenía todos los productos y no precisaba de los extranjeros. Las peticiones de las Cortes y los escritos de los arbitristas insistían en la conveniencia de prohibir exportaciones de materias primas para no favorecer la competencia extranjera.

Una quinta parte de la producción europea de hierro era de Vizcaya, además, producía azufre en Hellín, plomo en Linares, mercurio en Almadén y alumbre en la costa murciana. Había deficiencias en cobre, muy importante para las monedas fraccionarias (vellones) y para los cañones.

Las empresas guerreras impulsaron el desarrollo de actividades industriales de cierta envergadura. En la Península Ibérica, la fabricación de armas blancas decayó, incluso en Toledo. En cambio, se incrementaron las armas de fuego del País Vasco y, más tarde, de Sevilla. Además, en Sevilla, Puerto de Santa María, Cádiz y Málaga se desarrollaron industrias relacionadas con el comercio americano y la defensa naval: hornos de bizcocho, molinos de pólvora, fábricas de velamen y talleres de construcción y reparación de barcos. En este último ramo los astilleros del norte tenían más fama que los del sur, seguramente porque sus maderas eran de mayor calidad. Sevilla no fabricó buques de gran tonelaje, por las limitaciones del Guadalquivir, pero en Cádiz hubo gran desenvolvimiento en las faenas de carenar las naves.

En esta industria hubo características propias del capitalismo: trabajo intermitente, con alternativas de actividad febril y paros prolongados; exigencia de altos salarios en las coyunturas de salidas de las flotas; intentos de huelga y amenazas de represión.

Nos encontramos con la artesanía sometida a una estructura gremial (maestro, oficiales, aprendices).

En áreas rurales hubo actividades artesanales libres que se dedicaban a suministrar a los campesinos artículos corrientes: alpargatas, alfarería, etc. En las ciudades la artesanía estuvo sometida a una estructura gremial que vigilaba todo lo concerniente a la fabricación y comercialización.

Otras industrias que motivaron cierta concentración de tipo capitalista fueron las grandes fábricas de jabón, como las de Sevilla, que pertenecían al duque de Medinaceli, con el monopolio para todo el Reino. Además, molinos de papel y fábrica de cristales instaladas tardíamente puesto que el cristal en este momento era un lujo.

También escapaban al marco gremial las esparcidas artesanías rurales, limitadas a cubrir las necesidades más perentorias.

En ciudades de alguna importancia la institución gremial se desarrolló en toda su pureza. El encuadramiento del artesanado dentro de un marco institucional suponía el reconocimiento de su personalidad dentro de la ciudad, a la vez que un órgano de diálogo con el Poder. Robustecía el sentimiento de dignidad del trabajador, necesario en aquella época en que las artes mecánicas estaban desconsideradas.

El sistema gremial era una organización jerárquica, aunque abierta. Eliminaba el intrusismo y la competencia desleal y suplía la inexistencia de un régimen estatal de Previsión Social. Casi todos los gremios tenían, además, una cofradía que daba culto a su santo patrón. Los más poderosos tenían su propio hospital y casa gremial, en ocasiones, actuaban como cooperativas para la compra y distribución de materias primas a los agremiados. El proceso de agremiación, aunque de origen medieval, alcanzó su apogeo en la Edad Moderna. Solo quedaban fuera de la posibilidad de agremiarse las consideradas profesiones viles como mesoneros, carniceros, pregoneros y comediantes. Desde el siglo XVI se generalizó la costumbre de no admitir como aprendices a negros, mulatos, descendientes de esclavos, de judíos o de penitenciados por la inquisición, pero debido a la dificultad de probar estas circunstancias no fue muy eficaz en la práctica real.

Una vez aprendido el oficio el aprendiz pasaba a oficial, aunque a veces fueron mantenidos por los maestros, lo más frecuente es que hiciesen vida independiente, comportándose como obreros asalariados. Su número fue escaso, muchos maestros trabajan solos o ayudados de un aprendiz. Esos maestros tuvieron todo el apoyo de las autoridades municipales, el poder más temible que tenía el municipio con respeto a ellos era la facultad de tasar los productos de su trabajo.

Generalmente, los maestros vivían en casas de dos plantas: en la parte alta, su vivienda y en la baja el taller que servía para la exposición y venta. Las diversas profesiones solían agruparse en calles específicas.

La industria más importante hacia finales del siglo XVI era la del vestido, empieza a aparecer el concepto de moda como dinamizador de la actividad; aún eran modas de evolución lenta, porque la minuciosa reglamentación de las manufacturas hispanas mataba el estímulo, la inventiva y la fantasía.

5. Comercio, mercados y transportes

Tanto el comercio interior como el exterior eran de gran volumen.

El pequeño comercio chocaba con muchas trabas legales. La rígida reglamentación municipal no dejaba más que un margen estrecho de ganancia a los que intervenían en la compraventa de productos de primera necesidad y era notable el rigor con que se castigaba a los regatones (los que vendían al por menor) por vender en lugares no autorizados, incluso llegó al extremo del fallecimiento de una mujer a causa de los azotes. Las tabernas eran locales míseros con precios tasados y generalmente, el vendedor era un criado del productor que trabajaba por un salario ínfimo.

Los medios de comunicación y transporte solo experimentaron pequeñas mejoras a lo largo de la Edad Moderna, se hicieron progresos en relación con los caminos de la Edad Media.

La geografía de la península impone un predominio absoluto del transporte terrestre. La única vía fluvial digna era el último tramo del Guadalquivir, desde Sevilla al mar.

El estado de los caminos era pésimo, los puentes se obligaban a construir a los pueblos situados en un radio de 5 o 10 leguas y se autorizaba la imposición de sisas de las que nadie podía eximirse. Lo cierto es que se repararon y se construyeron bastantes puentes. Sin embargo, llama la atención que una ciudad tan importante como Sevilla solo contó con un puente de barcas en la Edad Moderna.

Los caminos rara vez estaban pavimentados, por eso los carros usaban las ruedas ferradas, cuyas cabezas de clavos se agarraban mejor al suelo, pero destrozaban los pocos caminos con pavimentos. Había una distinción entre caminos carreteros y caminos de herraduras. Los primeros eran más comunes en zonas llanas como la Mancha y muy pocos en las montañas, eran más anchos y evitaban las pendientes demasiado fuertes. Los de herradura eran poco más que pistas, pero tenían la ventaja de acortar distancias. Un avance del siglo XVI fue la introducción de literas y coches.

Hubo algunos proyectos de navegación por algunos ríos, el del Tajo fue el único que se trató seriamente durante el reinado de Felipe II. Se necesitaban obras costosas, se llevó a efecto un pequeño tramo desde Talavera hasta Lisboa, pero era poco y difícil.

Las aduanas interiores perduraron durante siglos, separaban a Castilla de Navarra y Aragón, incluso los países de la Corona de Aragón entre sí.

En contraste con la escasez de burguesía hubo mucha especulación con los granos por parte de grandes propietarios.

Capitales puramente económicas había pocas y eran más bien comerciales que industriales, como Bilbao o Medina del Campo. Lo más usual era que la función económica se desarrollara a la sombra de las funciones de mando político, social o religioso.

Se exportaban naranjas y limones a Inglaterra de Galicia y Cantabria hasta que fueron sustituidas en el siglo XVII por las exportaciones andaluzas.

Solamente hubo una burguesía mercantil en unas pocas ciudades, casi siempre ligada al comercio internacional.

La burguesía mercantil castellana tuvo su actividad principal ligada a las relaciones con Francia, Flandes, Inglaterra y la Hansa. Las continuas guerras en que estuvo envuelta la monarquía en los decenios centrales del siglo XVI señalaron la culminación de esa modesta prosperidad. Son los años de apogeo de las ferias de Medina del Campo, Medina de Rioseco y los mercados intermediarios entre el interior de Castilla y la costa galaico-cantábrica en Villalón, Benavente y Astorga. Fueron los años finales de la prosperidad de Burgos. Pero esa burguesía mercantil castellana estuvo subordinada frente al capitalismo cosmopolita, representado sobre todo por genoveses.

La situación cambió en 1566 cuando los asentistas extranjeros lograron que se les autorizase a sacar plata y oro de España. Desde entonces se desinteresaron por el comercio de productos hispánicos y se dedicaron casi exclusivamente a las finanzas. Esto generó las quiebras de 1566 y 1567.

El núcleo precapitalista más poderoso estaba en la Baja Andalucía: Sevilla y la bahía de Cádiz. El núcleo mercantil sevillano fue el más abigarrado del mundo, donde había vascos, castellanos, extranjeros de muchos lugares y en menor medida, andaluces. La oportunidad y el ejemplo convencieron a muchos andaluces de que ellos podrían también dedicarse al gran comercio sin decaer de su nobleza.

Los préstamos financieros y la presión fiscal crecieron de forma equivalente a los gastos de las guerras. Los ingresos se habían triplicado para 1556, año de la abdicación, pero las deudas reales eran tan grandes que, al año siguiente, Felipe II tuvo que declarar formalmente la bancarrota del Estado.

La Corona dependía fundamentalmente de capitalistas privados, el arrendamiento de impuestos era práctica general, o el concierto con grupos de contribuyentes (clero, ciudades) que pagaban una cantidad fija. El monarca estipulaba un contrato o asiento en virtud del cual unos personajes, los asentistas, se comprometían a colocar determinadas sumas a disposición del soberano en lugar y fecha determinados, A cambio el rey se obligaba al pago de una cantidad señalando la renta.

Los asentistas llamados banqueros eran hombres de negocios internacionales que practicaban en todas las mercancías, incluido el dinero. Lo hacían utilizando letras de cambio, es decir, por causa del cambio, autorizado por la doctrina eclesiástica, mientras la letra girara entre espacios monetarios distintos.

Los mercaderes-banqueros eran los principales comerciantes, durante el reinado de Carlos V destacaron los comerciantes de Burgos y los banqueros de Sevilla, pero los grandes financieros fueron del sur de Alemania, encabezados por los Fugger. Los banqueros genoveses, presentes al inicio del reinado, reaparecieron, así a fines del reinado habían suplantado a los alemanes.

Las Indias habían proporcionado a la Corona española una renta extraordinaria, el absolutismo hispánico pudo continuar prescindiendo mucho tiempo de la unificación fiscal y administrativa que habían tenido que hacer otros países. No hubo contribución aragonesa o italiana al esfuerzo de las guerras europeas. Castilla soportó sola la carga fiscal sustentada en las minas de América. Pero los metales preciosos indianos representaron solo el 20 o 25 % de las rentas totales, el resto de ingresos de Felipe II procedían de cargas domésticas castellanas: el impuesto sobre las ventas o alcabalas, los servicios especiales impuestos a los pobres, la cruzada recaudada al clero y a los laicos con la sanción de la Iglesia y los bonos públicos o juros vendidos a las clases propietarias. El éxito de esos juros como dispositivo para la obtención de fondos se explica parcialmente por su capacidad para explotar una nueva riqueza monetaria.

6. La carrera de Indias

La Corona española experimentó la doble necesidad de enviar una serie de productos a los colonos y de recibir remesas de metales preciosos y de otros géneros. El sistema comercial que regulaba los intercambios entre la metrópoli y la América hispana recibió el nombre de la Carrera de Indias.

La Carrera de Indias quedó articulada a lo largo del s. XVI, con la consolidación de la dualidad entre la Casa de Contratación (como institución técnica y administrativa para la ordenación del tráfico) y el Consulado o Universidad de Cargadores (1543), que actuaba como órgano representativo de los mercaderes y como tribunal privativo de comercio. Sevilla quedaba instituida como único puerto de salida y de llegada de la flota, el monopolio mercantil era ejercido por los miembros del Consulado, que debían ser súbditos hispanos o extranjeros naturalizados, católicos y originarios de países amigos, que obtenían su carta de naturaleza.

El sistema comercial de la Carrera de Indias quedó regulado por el llamado Comercio de Flotas y Galeones (1564), que establecía la salida de dos grandes flotas compuestas esencialmente de galeones (la primera llamada usualmente "la flota", la segunda "los galeones"), que desde Sevilla se dirigían a Veracruz (después de tocar Santo Domingo y La Habana) y a la llamada Tierra Firme (puertos de Nombre de Dios, Portobelo y Cartagena de Indias).

Los comerciantes de las dos orillas de la carrera de Indias querían que el comercio trasatlántico fuese el menor posible. Los de Sevilla porque así vendían más fácilmente, y a mejor precio, lo que mandaban a las ferias de Portobelo o de Jalapa puesto que cuando abundaban en América se veían obligados a malvender los géneros. Y los de México y Perú, no solo por mantener altos los precios con la escasa oferta, sino para poder seguir conservando sin control, los circuitos económicos de la colonia, desde la producción de alimentos de las haciendas, hasta la distribución de productos importados de Europa o del oriente, pasando por la plata de las minas y tejidos de los obrajes. Es decir, la Corona necesitaba más comercio y los mercaderes menos.

El comercio era vital para que la corona recibiera los recursos que necesitaba, pero los negociantes de Sevilla, México y Lima, que se peleaban constantemente por el reparto de la tajada, se ponían de acuerdo para pedir que se conservara el sistema de flotas, que permitía reducir a un mínimo el volumen de mercancías enviadas.

Desde la segunda mitad del siglo XVI se puso en funcionamiento una línea de prolongación: el llamado Galeón de Manila, también llamado Nao de China; a partir de 1565, iba de Acapulco a Filipinas, salía la primera semana de julio con el monzón de verano, con escala en Guam, en Filipinas intercambiaba sus cargamentos de plata contra las sederías, alfombras persas, mantones de Manila y las porcelanas de China, solía tardar unos 3 meses, regresaba a Acapulco hacia el día de Navidad.

Los intercambios consistieron en exportación de productos agrícolas andaluces (vinos y aceites) y productos manufacturados europeos (telas), más hierro de Vizcaya y mercurio de Almadén; y la importación de metales preciosos, fundamentalmente plata, que se complementaban con otros productos (grana y añil).

7. La incidencia de la inflación

El siglo XVI produjo un alto movimiento inflacionario, el ducado dejó de circular y quedó transformado en moneda de cuenta, para sustituirlo se acuñó desde 1537 el escudo, como moneda de oro castellana, de menor peso y ley que el ducado, cuya equivalencia se fijó en 350 maravedís y a partir de 1566 se tasó en 400 maravedís. Como múltiplo se acuñó el doble escudo o doblón. Tiempo después, se llamó doblón a casi todas las monedas de oro acuñadas en el Imperio hispánico. En América se acuñó también una moneda que tuvo aceptación internacional, el real de a ocho.

La solidez de la moneda hispánica derivaba de la abundancia de metales preciosos americanos. Earl J. Hamilton estableció las llegadas oficiales de oro y plata de América. Hubo una aceleración en la llegada de metales preciosos de 1503 a 1560, disminuye en 1600, hacia 1630 disminuye mucho. Entre 1521-1530 el 97 % es oro, entre 1591-1600 el 87 % es plata.

En 1545 un indio halló casualmente las vetas del Cerro Rico a 4.700 metros de altitud; posteriormente se levantó la ciudad de Potosí que recibió de la Corona el título Villa Imperial y su población llegó a ascender hasta 160.000 habitantes; un contemporáneo decía de la mina de Potosí que estaba cruzada como un panal por los pozos.

En 1546 empezó en Zacatecas la explotación de los yacimientos argentíferos del norte de México.

Las autoridades hispánicas aprovecharon pronto los yacimientos de plata en Zacatecas y Guanajuato, en Nueva España; así como también en Potosí y Huancavelica, en el virreinato de Perú. A finales del siglo XVI el Cerro Rico de Potosí producía unas 184 toneladas de plata anuales.

La llegada de forma súbita de grandes cantidades de metales preciosos a España tuvo consecuencias económicas diversas. Hamilton estableció una relación directa entre las entradas de oro y plata y el alza constante de los precios, denominada revolución de precios. Este autor estableció que el alza de los salarios había sido en la Corona hispana superior a la de los precios; en esta diferencia que impedía la acumulación de beneficios, hallaba la clave del atraso económico hispano. La interpretación y los mismos datos de Hamilton fueron sometidos posteriormente a muchas críticas. La principal objeción fue que el alza relativa de los precios había sido más alta en la primera mitad del siglo XVI, por la llegada de plata de Centroeuropa y oro de África, lo que rompía el paralelismo entre las dos series estadísticas fundamentales. El alza de los precios fue anterior e independiente de la llegada de metal precioso de América. Se debió a una creciente demanda interna europea potenciada por el oro y la plata de ultramar. También fue discutida la validez de curvas salariales, por ejemplo, en Valladolid y Valencia los salarios subieron menos que los precios, en la Corona de Aragón el alza fue más suave que en Castilla y Andalucía.

La riada de plata produjo una inflación excesiva y corrosiva en una economía caracterizada por la escasa flexibilidad de la demanda y por el bajo nivel tecnológico que impedían aumentar la producción al ritmo de la inversión.

La estructura del comercio exterior hispano estaba montada sobre las bases de importar del extranjero productos industriales de lujo para consumo de las ciudades y cereales para una periferia muy poblada, a la que no bastaba su producción local. Una economía que precisaba importar cerca del doble de lo que exportaba, solo se podía sostener compensando el saldo negativo con envíos de productos coloniales y, sobre todo, plata amonedada. Cuando faltaron excedentes americanos, hubo que apretarse el cinturón y acomodarse a los recursos disponibles, lo que implicaba: 1) importar menos y consumir más productos propios; articular los excedentes de granos del interior con productos industriales de la periferia en un mercado nacional; y 2) buscar una nueva estructura de exportaciones basada en productos agrarios como vino, sobre todo, y naranjas y minerales, sucesivamente plomo, mercurio, pirita, hierro.

El incremento de la demanda colonial provocó una mayor conversión hacia el vino y el olivo de tierras destinadas anteriormente al cereal. Esto reforzó la tendencia desastrosa hacia una contracción del trigo en beneficio de la lana, porque la industria lanera hispánica era trashumante y destructora de tierras cultivables que llevó a la Península Ibérica a ser uno de los primeros lugares importadores de grano en la década de 1570.

Diversos autores de la época plantearon la licitud moral de determinadas operaciones económicas y buscaban como sortear la prohibición eclesiástica del préstamo a interés. Luis Ortiz en 1558 presentó un memorial dirigido a Felipe II en el que frente al hecho de que la Corona española exportaba materias primas e importaba productos manufacturados, proponía la adopción de un programa mercantilista e industrialista.

El alza de los precios complicaba el problema, que era mayor en la Península que en el resto de Europa, dificultaba exportar y facilitaba las importaciones. La inflación incidió negativamente en la balanza mercantil, haciendo a las mercancías hispánicas poco competitivas. Los beneficios obtenidos en el comercio con América no equilibraban los pagos a Europa.

El influjo de los metales preciosos provocó también un parasitismo que paralizó las manufacturas de Castilla. La inflación acelerada incrementó los costos de producción textil, las prendas castellanas no pudieron competir ni en el mercado colonial ni en el metropolitano. Los comerciantes holandeses e ingleses empezaron a llevarse el pastel de la demanda americana, mientras que los artículos extranjeros, más baratos invadían la misma Castilla. Como señaló Pierre Vilar: tanto la economía agraria como urbana quedaron heridas por el resplandor del tesoro americano.

Pero si el imperio americano era la perdición de la economía hispánica, el imperio europeo era la ruina del Estado de los Habsburgo; el primero hacía financieramente posible la prolongada lucha.

Llama la atención la mentalidad de la época y las posibilidades de inversiones reales de quienes dispusieran capital. Mucho dinero fue invertido en el siglo XVI y también en el XVII, pero en objetivos concretos: adquisición de señoríos, construcción de palacios e iglesias, lujo suntuario, fiestas, préstamos a los particulares, a los municipios o a la Corona.

El reinado de Felipe II acabó con la declaración de otra bancarrota en 1597, había vivido dos anteriores en 1557 y en 1575.

TEMA 3

LA SOCIEDAD ESPAÑOLA Y ORTODOXIA RELIGIOSA DEL QUINIENTOS

TEMA 3: LA SOCIEDAD ESPAÑOLA Y ORTODOXIA RELIGIOSA DEL QUINIENTOS

1. Estamentos, clases y castas en la España moderna

Los estudios de la división social muchas veces se han basado en una estratificación, caracterizada por análisis estáticos y ahistóricos. El tratamiento de las clases y los estamentos como estratos estadísticos y jerárquicamente organizados, ignora las relaciones temporales y sociales. Pero como afirma E. P. Thompson, la clase en sí no es una cosa, sino un suceso. Vendría a ser una formación social y cultural que con frecuencia encuentra una expresión institucional y que no puede ser definida en abstracto o aisladamente, sino únicamente en términos de las relaciones con las otras clases; y por tanto, la definición solamente es posible tomando el tiempo como medio, es decir, acción y reacción, cambio y conflicto.

La estructura social moderna es heredera de la edad media, por tanto, estaba estructurada en órdenes o estamentos, que respondían a los que rezan, los que luchan y los que trabajan, sancionados jurídicamente por privilegios, leyes privadas que se aplicaban de forma diferenciada. Ese papel medieval fue evolucionando, pero la jerarquización a que dio lugar permaneció. Las características de dicha estructura eran: acuerdo tácito en el interior de cada estamento sobre una determinada forma de vida, endogamia, tendencia a la herencia, incluso en algunas sociedades tendencia a la casta y en otras, cierta movilidad social controlada por la sociedad.

La sociedad estamental admitía también una divisoria clasista, es decir, por el acceso a los medios de producción. Por tanto, aunque la sociedad era fundamentalmente estamental, otros criterios, sobre todo, económicos, empezaban a jugar un papel en la estratificación social. Estas tendencias hacia un nuevo tipo de sociedad más parecido a la sociedad de clases, son visibles en algunas zonas de la Europa atlántica. Por su parte, en la Península Ibérica hay elementos que pueden llevarnos a hablar de una sociedad estamental con tendencia a la casta. Ejemplos de este tipo son: la importancia que adquirió la limpieza de sangre bajo los Austrias, la división en cristianos viejos y nuevos, la posibilidad de excluir a una persona por su ascendencia judía o musulmana.

Cada estamento podía contener diversas clases sociales: títulos e hidalgos, alto y bajo clero, artesanos y mercaderes. Además, los miembros de diversos estamentos se podían aproximar en sus funciones económicas y en su consideración social debido a que la vida económica superaba el esquematismo social, como la nobleza comerciante y la burguesía ennoblecida, o el caso contrario, los terratenientes agrarios se distanciaban mucho de los campesinos sin tierra y los fabricantes de los mercaderes. Había un reducido mundo de ricos contrapuestos a un extenso mundo de pobres.

Hubo signos de diferenciación como la limpieza de sangre que servía como arma para la exclusión de cargos públicos, beneficios eclesiásticos, encomiendas militares, enseñanza universitaria, etc.

Era también una sociedad organizada en cuerpos: asociaciones profesionales (gremios, consulados), cofradías, parroquias y municipios.

Fuera quedaban grupos marginados y marginales por diversos motivos: raciales, origen de nacimiento, conducta o condición.

La célula básica era la familia, unidad demográfica y fiscal ya que siempre se contaba por vecinos o fuegos para referirse a cada hogar. Por eso existía la necesidad de promover, para defensa de intereses familiares, estrategias matrimoniales, alianzas entre linajes o mecanismos económicos de protección del patrimonio como mayorazgos y capellanías.

2. Estamentos privilegiados: nobleza (bases económicas, distribución geográfica y estratificación interna) y clero regular y secula

El grupo dominante era la nobleza, específicamente la nobleza titulada, es decir, la que ostentaba un título frente a la otra que solo podía acreditar la condición de caballero o una ejecutoria de hidalguía. Entre ellos destacan apellidos ilustres: Mendoza, Velasco, Enríquez, Álvarez de Toledo, Lacerda, Guzmán, Girón, Fajardo, Pacheco..., que Carlos V consolidó con la publicación de la nómina de los Grandes en 1520, que poseían las propiedades agrarias más extensas que les proporcionaba prestigio social e influencia política. Quedaba abierta la posibilidad de promoción nobiliaria por medio del paso de hidalgos a la caballería y de caballeros a la nobleza titulada a través de su conversión en señores de vasallos, incluso se podía acceder a la nobleza desde la burguesía mercantil, mediante nombramiento directo, enajenaciones de pueblos o venta de títulos y ejecutorias, garantizando cierto grado de movilidad.

Dos terceras partes del territorio de Castilla estaban sometidas a señores laicos o eclesiásticos. Estos señoríos se sustraen a la autoridad directa del soberano, quien delega sus poderes en los señores.

En Aragón la alta aristocracia era menos numerosa y menos poderosa que en Castilla.

Toda la nobleza compartía algunos privilegios como los fiscales, penales y la reserva de ciertos cargos en el Ejército o la Administración. Sin embargo, su poder se basaba fundamentalmente en la titularidad de dominios señoriales y en la propiedad de tierras y rebaños.

A fines del siglo XVI había más de un centenar de títulos de nobleza castellanos y algo menos de medio centenar en Aragón frente a más de 100.000 familias hidalgas en Castilla, a la que habría que añadir barones catalanes o infanzones aragoneses. Es decir, demasiados hidalgos para que pudieran mantener privilegios económicos.

En cuanto a la distribución territorial, vemos un paulatino descenso de la nobleza a medida que se bajaba de norte a sur, con altas concentraciones hidalgas en las provincias septentrionales y grandes magnates dominando un paisaje abrumadoramente pechero en Andalucía.

En la Corona de Aragón, la pequeña nobleza estaba formada por hidalgos y caballeros o donzells de Valencia y Cataluña. Además, contaba con un grupo paranobiliario de ciudadanos honrados, representantes del patriciado urbano, que en Barcelona llegaron a obtener el privilegio de portar espadas y quedar exento de contribuciones.

Se produjo un progresivo desplazamiento de la nobleza militar del reinado de los Reyes Católicos a la nobleza cortesana de los Austrias, dedicada al servicio civil de la Corona.

Parte de la antigua aristocracia había sido devorada por las guerras feudales y por la nueva aristocracia.

La forma de vinculación de bienes de la aristocracia se hizo a través de la institución del mayorazgo, consistía en adscribir legalmente los bienes a una persona jurídica, de tal modo que los individuos fuesen meros administradores y quedasen incapacitados para enajenarlos y obligarlos a transmitirlos íntegros a sus sucesores.

Sin embargo, el mayorazgo no impidió el endeudamiento de muchas familias por los excesivos gastos que incluían el servicio al rey: levantando tropas, desempeñando cargos diplomáticos, recibiendo visitantes ilustres, alojando a la corte en sus frecuentes desplazamientos. Además, tenían que mantener inmuebles, un numeroso servicio doméstico y ejercer el mecenasgo y la caridad, lo que incrementaba el nivel de gastos.

En cuanto al clero hay una primera diferencia entre seculares y regulares, monjes que podían vivir en monasterios o frailes que estaban en conventos; la representación femenina era exclusivamente reglar.

Había importantes diferencias económicas y consideraciones sociales en el clero. El alto clero lo componían obispos, abades y beneficiados eclesiásticos, a su vez escalonados en dignidades, canónigos, racioneros, capellanes, etc. Y el bajo clero eran párrocos, frailes, ordenados de menores, etc. Otra diferencia dependía de su asentamiento en el campo (monjes y curas rurales) o la ciudad (clero urbano y frailes).

Era distinto pertenecer a obispados ricos o a diócesis modestas, a monasterios de extensas tierras o grandes rebaños, o a conventos que subsistían precariamente de donaciones y limosnas.

Arzobispados y obispados, generalmente, estaban en manos de hombres pertenecientes a familias aristocráticas.

La diócesis solía tener un alto nivel de rentas obtenidas de sus tierras y señoríos, de sus propiedades urbanas y sus censos, y, sobre todo, del diezmo que era almacenado en las cillas o silos diocesanos.

El clero aragonés solo se diferenciaba del castellano en la mayor modestia de sus rentas.

Este estamento a finales de siglo XVI estaba compuesto por unas 100.000 personas, la mitad del clero secular, una cuarta parte de órdenes masculinas y la cuarta parte restante de órdenes femeninas. Esos conventos femeninos ofrecieron un modo de vida a mujeres que no hallaban acomodo matrimonial, las dotes para ingreso en dichas instituciones solían ser más reducidas.

Los grandes monasterios medievales eran benedictinos, también hubo de otras órdenes más recientes como cartujos y jerónimos.

Las órdenes mendicantes eran las más populares, como la franciscana que también comprendía a capuchinos, clarisas, terceros y terceras regulares. En el siglo XVI fundan la Compañía de Jesús dedicada a enseñanza y

evangelización. Otras órdenes de este tipo fueron los carmelitas, especialmente los descalzos, fundados y reformados por Juan de la Cruz y Teresa de
Jesús.

3. El estado llano: Campesinado y grupos urbanos

Todos los que no pertenecían a los estamentos privilegiados eran considerados pecheros, pero esto cubría realidades muy diversas.

La mayor parte de la población vive en el campo, el 80 %, pero vemos
una tendencia al crecimiento urbano, Entre 1530 y 1594 crecen Sevilla, Toledo,
Jaén, Úbeda, Baeza, Segovia, Salamanca, Madrid. Las ciudades viven un auge
continuo.

Más del 80 % de la población ibérica vivía y trabajaba en el medio
rural. El campesinado del siglo XVI se va a encontrar ante una coyuntura de
recuperación demográfica. La disgregación del poder señorial y la crisis de
las relaciones sociales del feudalismo clásico permite la readaptación sobre
bases más modernas. En este sector, los modelos tradicionales de vida se
trasmitirán durante siglos.

Dentro de ellos había grandes desigualdades en la distribución del
excedente agrario.

Arrendatarios y pequeños empresarios campesinos constituían una
minoría. Durante el siglo XVI más de la mitad de la población de Castilla-La
Mancha eran trabajadores agrícolas o jornaleros y la proporción era aún más
alta en Andalucía. Había un desempleo muy grande en los pueblos y pesadas
rentas feudales sobre las tierras señoriales. Los censos de 1571 y 1586
revelan que solo un tercio de la población masculina estaba dedicada a la
agricultura, mientras que dos quintas partes se situaban fuera de toda
producción económica directa.

En las ciudades se concentra la gente pudiente: burguesía mercantil,
mercaderes que vendían al detalle (mercaderes de vara), artesanos que se
agregaban en calles o barrios, también criados, mozos, jornaleros y esclavos.

El crecimiento numérico y la promoción económica y social de la
burguesía mercantil estuvo ligado al comercio, al desarrollo de los instrumentos de pago y crédito, a la coyuntura alcista y a la inserción castellana
en circuitos atlánticos. Se localizaba en el eje Burgos-Bilbao en torno al
comercio de lana y el núcleo Sevilla-Cádiz por su proyección americana.

En Zaragoza, Valencia y Barcelona el patriciado urbano de los ciudadanos honrados marcó una transición con la burguesía mercantil e intelectual.

Además, una burguesía capitalista extranjera llegó a ser preponderante en las ciudades más volcadas a los intercambios, que llegaron a albergar numerosas colonias foráneas. Y al lado de estos representantes del capitalismo internacional se movían las burguesías locales.

Dentro de la burguesía debemos incluir a los miembros de profesiones liberales, aunque sus posibilidades de ascenso fueran mucho menores. Nos referimos a abogados que hacen valer sus títulos universitarios para conseguir cargos públicos, seguidos a distancia por médicos, notarios, profesores y maestros de primeras letras.

El artesanado era el grupo numéricamente mayor, se organizaba en gremios que establecía las condiciones del ejercicio de la profesión y detentaba el monopolio de la producción y comercialización. Estaban representados en todas las ceremonias ciudadanas. En el siglo XVI evoluciona desde el apogeo a la decadencia, combatido desde fuera por otras formas de producción como el domestic system (trabajo a domicilio, fundamentalmente rural) o la producción en fábricas mediante trabajo asalariado.

En las ciudades también vivían esclavos empleados en el servicio doméstico.

4. Minorías étnico religiosas: a) moriscos, b) judeo-conversos, c) gitanos

a) moriscos

La población morisca estaba constituida por los descendientes de los indígenas islamizados a partir de la conquista musulmana. Braudel coloca de forma acertada la cuestión morisca en la dialéctica mediterránea entre los imperios hispano y otomano.

Hay tres acontecimientos esenciales en el conflicto cristiano-morisco: 1500-1502, conversión de los mudéjares castellanos; 1568-70, sublevación de los moriscos granadinos y; 1609-1614, expulsión general.

Los moriscos no pertenecían a la sociedad estamental que los circundaba; no sólo por motivos ideológicos y políticos, sino porque la separaban de ella profundas diferencias orgánicas. No había una jerarquía reconocida, privilegios legales, ni vínculos de dependencia. La oposición morisco-cristiano viejo era tan fuerte, que relegaba los otros conflictos de clase internos.

En conjunto, la distribución sectorial de la población morisca no era muy distinta de la que podía observarse en la cristiana: predominio absoluto del sector primario, prácticamente reducido a la agricultura, ya que el morisco no era pescador ni pastor. Ni siquiera parece que aprovechase el monte como leñador, carbonero o cazador. También habría un sector secundario artesanado importante, pero mal estructurado. Y un sector terciario con pobre representación de los estratos superiores, mientras aparecen abundantemente representados el pequeño comercio y el transporte.

La historia de las relaciones entre las dos comunidades es, en lo fundamental, un drama. Los sentimientos que albergaban con más frecuencia unos y otros, eran el desprecio, el miedo y el odio.

Los grupos moriscos más próximos a la integración prefirieron vivir agrupados en calles especiales y seguir enterrándose en sus cementerios tradicionales. En los pueblos de población mixta el fisgoneo, la delación y las burlas pesadas formaban parte del clima habitual. Pero en el terreno de la convivencia material, interesada, los servicios de los moriscos eran apreciados. La hostilidad rara vez llegaba al extremo de encontrarse con armas en la mano. La expulsión de la minoría no era un hecho inevitable, no era una exigencia de la mayoría cristiana. Fue una medida impuesta desde arriba y aceptada sin entusiasmo; incluso no pocas veces, con cierta resistencia pasiva.

Estos morisco fueron objeto de vigilancia. Su distinción estaba relacionada con elementos culturales: lengua, estructura familiar, hábitos alimenticios, vestidos, fiestas, ritos mortuorios...

Las costumbres y los prejuicios debieron de contribuir a la endogamia. La defensa de la religión era un aspecto de la resistencia a la asimilación, un elemento de identidad colectiva y de cohesión; y hasta una satisfacción, frente a los desprecios y vejaciones. La hostilidad se alimentaba con expresiones anti-mahometanas, que en ocasiones eran respondidas. Algunas de las pervivencias difíciles de desarraigar, parece haber sido las costumbres sexuales y prácticas matrimoniales en lo que se refiere a repudios, divorcios y poligamia. Había una manera distinta de vivir las relaciones sexuales, de las que estaban ausentes la consideración de las relaciones sexuales como pecaminosas. De ahí los juicios de la Inquisición acerca de la inmoralidad de las moriscas o las referencias de una suerte de prostitución. Realizar la circuncisión; hacer la salat (la reverencia que acompaña a las oraciones, practicada 5 veces al día: al alba, al mediodía, a mitad de la tarde, cuando se pone el sol y por la noche. Es conveniente separarse del mundo y para ello se utiliza una alfombrilla destinada a la oración, otros mandamientos eran limosna, ayuno y peregrinación a la Meca; no beber vino o no comer carne de cerdo, ni de animales que no hubiesen sido degollados y desangrados... fueron prácticas objeto de denuncias antes la Inquisición.

b) Judeo-conversos

El problema converso fue disminuyendo gradualmente en la Corona española a lo largo del siglo XVI debido a la expulsión, la represión inquisitorial, la integración y la desaparición física de los cristianizados en 1492. Después de 1492 los conversos hispanos quedarían aislados de los judíos, que constituían para una parte de ellos un referente. La represión inquisitorial, amén de la eliminación física de miles de supuestos o reales judaizantes, provocó el exilio de otros, y además limitó las posibilidades de practicar su religión original y, sobre todo, de transmitirla. Por último, la desaparición de los conversos de 1492, donde lógicamente estaría el núcleo mayor de judaizantes, contribuiría al debilitamiento de este credo. El proceso de integración, aunque obstaculizado por el rechazo de cristianos viejos y de algunos conversos, debió ser bastante rápido.

En Portugal las circunstancias no serían las mismas. De entrada, tras la conversión forzosa de 1497, su número ascendía a una décima parte de la población del reino. Además, entre estos había numerosos judíos hispanos, exiliados 5 años antes por querer precisamente permanecer fieles a su fe, y constituirían un grupo difícilmente asimilable. Por otro lado, la Inquisición portuguesa creada tardíamente en 1537, no funcionaría plenamente hasta 1547. Estas circunstancias motivarán la existencia de un criptojudaísmo más arraigado que el hispano, aunque el número de cristianos sinceros y aún de escépticos fuera elevado. La imposibilidad de practicar abiertamente y transmitir así sus leyes, la falta de libros e instrucción religiosa y la adulteración del judaísmo por el cristianismo son las causas que propiciarán la existencia del marranismo.

El gran rigor de la Inquisición portuguesa motivará que muchos de estos marranos huyeran a diversos países del Norte y del Mediterráneo. También al resto del Imperio español aprovechando la anexión de Portugal, donde los más acomodados se establecerán con éxito como comerciantes, financieros y arrendadores, creando redes económicas basadas en el paisanaje, parentesco y el común origen converso. A posteriori, una parte de estos emigrarían también en busca de la seguridad que distintos países europeos le ofrecían.

El judaísmo era más que su contenido religioso, constituía un complejo cultural difícilmente desagregable, que afectaba a todos los ámbitos de la vida.

Supuestos atentados rituales, como azotar crucifijos, mutilar, romper o profanar imágenes, aparecen con alguna frecuencia en las delaciones. También maltratar a esclavos cristianos en días señalados.

c) Gitanos

Se pensaba que procedían de Egipto, de ahí que primeramente se les denominase egiptanos, de lo que resultaría gitanos. Llegaron a la Península Ibérica aproximadamente en 1427, después de un largo desplazamiento por Europa y el Norte de África desde su lugar de origen, el noroeste de la India. En un primer momento fueron bien recibidos por reyes y nobles. A partir de 1480 comenzaron los roces entre gitanos y la sociedad de su entorno, que al principio los acogieron bien y los vieron como algo exótico, pero luego llegó la inquietud, generadora de la desconfianza y el conflicto. En 1499 en una pragmática de los Reyes Católicos se les ordenaba establecerse sedentariamente en un lugar o salir del reino, castigando a los contraventores, es decir, para todos aquellos que carezcan de oficio y señor, bajo pena de 100 azotes la primera vez, ir a la cárcel y que se les corten las orejas la segunda vez, y en caso de una tercera reincidencia, la de convertirse en esclavos para toda la vida. Esta es la primera vez que se plantea la estabilidad o la expulsión, pero los casos de asentamientos estables fueron excepcionales.

La actitud gubernamental tuvo en la dureza su rasgo más sobresaliente. Los problemas de convivencia fueron constantes y las Cortes se quejaron al Emperador quien en 1539 renovó la pragmática de sus abuelos con igual de poco éxito. Felipe II lo vuelve a intentar en 1560, con igual fracaso.

En 1586 se les prohíbe concurrir a ferias y mercados si no tenían un testimonio expedido por un escribano público donde hubiera constancia de su lugar de residencia y las señas de los animales que querían vender, considerando robado todo lo que no constase, además, se les incluye en las disposiciones contra vagabundos y mendigos, endureciendo las penas por las necesidades de las galeras reales.

Aquí no existe el componente religioso, ellos se dicen cristianos, aunque se trata de un cristianismo particular pero, no practican otro credo religioso. El problema radicaba en su medio de vida: tareas relacionadas con el cuidado de animales (eran esquiladores, herradores, etc.) tareas poco lucrativas, pero necesarias en ámbitos rurales cuyos rendimientos complementaban con la compraventa de ganado, su bien más preciado porque podían llevarlo con ellos. Los tratos con animales les permitían la práctica del abigeato. Los hurtos era algo común, con su movilidad espacial estaba lejos del lugar donde cometían los delitos una vez que estos eran advertidos.

Constituían una sociedad dentro de otra sociedad, diferenciada de la cristiana por sus vestidos, lengua y costumbres. El malestar era generado por la perpetración de delitos, sobre lo que incide que sean diferentes.

5. Ortodoxia y lucha contra la herejía

La monarquía de los Habsburgo tuvo un marcado carácter confesional, basaba la legitimación del poder en el sometimiento a los mandatos de la religión católica lo que llevaba al poder político a intervenir en la vida privada de los súbditos para acomodarla a las exigencias de la fe porque la unidad religiosa era consustancial con la unidad política del Estado Moderno.

A partir de 1525 los principales enemigos no solo van a ser los descendientes de judíos y moriscos, sino que se centrarán en los erasmistas, los alumbrados y los protestantes.

En 1500, Cisneros llevó a cabo una espectacular quema de libros árabes en Granada. A partir de 1521 la censura inquisitorial se va a concentrar en Erasmo y Lutero.

Erasmo de Rotterdam insistía en una vuelta a la simplicidad de la era apostólica. El erasmismo hispánico fue un movimiento intelectual interesado por las letras humanas y por cuestiones religiosas. Su humanismo cristiano pugnaba la preeminencia del sentimiento interior sobre formas exteriores de la religiosidad, la sencillez de la fe sobre el artificio del ceremonial. Por eso se convirtieron en víctimas propiciatorias de la lucha por la ortodoxia.

El primer movimiento específicamente religioso heterodoxo fue el de los alumbrados, llamados así por su búsqueda de la iluminación directa del alma por Dios.

Los iluministas o alumbrados tenían orígenes exclusivamente hispánicos. Sus inicios estuvieron en un grupo de franciscanos, entre los que había varios judeoconversos, era una aberración del Misticismo. Su credo era el abandono de la voluntad en Dios y la capacidad o la pretensión de los iniciados de establecer comunicación personal con la esencia divina por medio del éxtasis. En estas doctrinas hallaron pretextos para las pasiones sexuales. En la segunda década del siglo XVI se descubrió un floreciente grupo en Toledo, compuesto casi exclusivamente de monjas y frailes.

En general, fue perseguida severamente la tentación de pensar en todas sus vertientes. En primer lugar, se proyectó hacia todo intento de discrepancia respecto a la ortodoxia católica. Tras los primeros años del reinado de Carlos

V, durante los cuales la propia elite política cortesana manifiesta una evidente simpatía hacia Erasmo (el propio inquisidor Manrique era simpatizante suyo), se impuso la convicción de que Erasmo era la pendiente que conducía a Lutero. Por eso, a partir de la segunda mitad del siglo XVI el erasmismo es identificado con el luteranismo y perseguido con saña. Los controles en los puertos de mar y los pasos a través de los Pirineos, la vigilancia de los mercaderes extranjeros, la caza de libros sospechosos, demuestran la evidencia de un férreo control que, ciertamente, impidió la penetración de la herejía luterana en la Corona hispana.

Hubo control de licencias previas de los libros que se imprimían, que, desde 1502, correspondían al Consejo de Castilla, salvo en el corto período 1521-1538.

En marzo de 1558 hubo en la corte una reunión de juristas y de teólogos para tratar lo que se debía hacer con libros de Constantino Ponce de la Fuente, del doctor Juan Pérez, de Juan Valdés, de Osiander, de Erasmo, de Fuchs, y algunos otros. De allí salió una censura muy solemne que se mandó leer y publicar en el reino, intimando, so pena de excomunión.

Esta censura era antecedente inmediato de la famosa ley de sangre que dictaba Felipe II el 13 de septiembre de 1558. En ella se condenaba a pena de muerte a cualquier persona que introdujese en el reino libros en romance impresos fuera del reino sin licencia firmada de orden del rey y refrendada por los miembros del Consejo Real. Idéntica sanción recaía sobre los editores, autores y poseedores de tales libros y sobre quienes pusieran en circulación clandestinamente manuscritos de los herejes.

Sin embargo, la literatura no fue afectada por la Inquisición. Sobre un total de unas 2.000 publicaciones en el siglo XVI, sólo un 10 % se refieren a obras escritas en castellano y de este grupo sólo un 12 % pertenecen a obras literarias. Los Índices españoles, contrariamente a los romanos, no intervinieron en los libros impúdicos y se centraron en asuntos religiosos que afectaban a la fe o al dogma.

6. La inquisición

El 1 de noviembre de 1478 el papa Sixto IV concedía a Isabel de Castilla la facultad de nombrar dos o tres inquisidores en Castilla. El 27 de septiembre de 1480 los Reyes Católicos aplican esta prerrogativa y nombran a Miguel Morillo y Juan de San Martín inquisidores de Castilla, instalándose en Sevilla en enero de 1481. En diciembre de 1481 Fernando el Católico nombra dos inquisidores para el Santo Oficio de Valencia y dos para el de Aragón. Sixto IV, en abril de 1482, se veía forzado a asumir la institucionalización inquisitorial en la Corona de Aragón en 1483. Tras diversos conatos de volverse atrás en esta decisión, la situación se consolidó con el nombramiento de fray Tomás de Torquemada como inquisidor general tanto para la Corona de Castilla como para la de Aragón. Había nacido la Inquisición moderna.

En cada tribunal solía haber dos inquisidores. Desde 1498 los inquisidores solían ser un jurista y un teólogo para cubrir así todos los aspectos de la problemática inquisitorial. Trabajaban 6 horas diarias, los días laborables. La movilidad en el desempeño de sus cargos por parte de estos hombres fue notoria.

La extracción social de los inquisidores correspondía mayoritariamente a la baja nobleza, con un aumento de la presencia nobiliaria en los últimos años del siglo XVI, en los que ocupan cargos personajes de la alta nobleza.

En la acusación fiscal el procurador presentaba los cargos contra el acusado. Inmediatamente después era nombrado el abogado defensor, cuya función básica era la de ilustrar el acuerdo sobre su posición y sus riesgos, animándole a decir la verdad; normalmente este abogado era uno de los otros dos letrados del propio tribunal. Tras la respuesta escrita a la acusación, en forma de un escrito de alegación, procurador fiscal y acusado demandaban presentación de pruebas. Los testimonios tenían que ser ratificados por los testigos correspondientes; y, después, se le leían al acusado ocultando los nombres de los testigos y los elementos que permitieran identificarlos. Tras la acusación, el acusado respondía de pie a cada una de las declaraciones. Se comunicaba al abogado defensor una copia del texto de estas declaraciones tras lo que redactaba de nuevo una respuesta escrita. Para probar su buena fe, el acusado podía utilizar dos tácticas: aportar abonos (encontrar testimonios favorables) o suministrar tachas, es decir, tachar a los testigos de la acusación demostrando que no son fiables. El acusado podía citar tantos nombres como quisiera, presentando los motivos de su enemistad. Los testigos citados por la defensa son interrogados, conforme a las informaciones suministradas por el acusado. El voto definitivo era emitido colegialmente por los inquisidores, el obispo o su representante y los consultores. La sentencia tenía que ser unánime, si no, el informe era remitido al Consejo.

No debe confundirse sentencia con penas. Sentencia o resolución es el desenlace, el modo en que finalizó. Muchos de los procesos fueron suspensos por diversas razones: huida o muerte del reo, muerte de los testigos, falta de pruebas, irrelevancia de la falta, decisión del Consejo contraria al parecer del tribunal, etc. Pero no era lo mismo suspender que absolver. Desde el momento que se decidía proceder contra alguien se presuponía que era culpable. Con la suspensión, la causa podía ser reabierta en cualquier momento. En Canarias más de una cuarta parte de las causas fueron suspensas.

La relajación o entrega del condenado a la justicia civil, para ser quemado, se da en los casos de herejía pertinaz. La reconciliación es la reintegración al seno de la Iglesia del hereje arrepentido, quien debía abjurar de la herejía y recibir las penas correspondientes. Aquellos cuyas faltas no constituían propiamente herejía, pero merecían una penitencia, serán los penitenciados.

La sentencia era fijada solemnemente en el curso de una sesión pública, denominado auto de fe en la Corona hispana, que casi siempre se hacía en domingo; se disponía en una gran plaza o delante de la iglesia, un gran estrado a fin de que los acusados pudieran ser vistos por el público.

Entre los castigos más terribles, se preveían tres clases: la confiscación de los bienes, la cárcel, y la pena de muerte. La Iglesia, haciendo uso de fórmulas piadosas, entregaba al poder civil a los herejes impenitentes y a los relapsos. La pena era la hoguera y la Iglesia delegaba en el poder civil la ejecución de la sentencia. Pero si la víctima abjuraba al pie del cadalso, el juez laico debía ponerlo nuevamente en manos del inquisidor. Después hacía falta saber si la conversión había sido real, y el hereje se veía obligado a denunciar a sus cómplices. Si dicho examen aportaba datos en su favor, era condenado a cadena perpetua. El caso contrario, sufría el suplicio del fuego. No se les daban tantas oportunidades a los relapsos; a pesar de sus remordimientos de última hora, solo les era concedido poder recibir la sagrada eucaristía antes de morir en la hoguera. A veces eran estrangulados y sus cuerpos lanzados a la hoguera, favor especial que los libraba de ser quemados vivos.

La Iglesia prefería las confesiones porque las juzgaba más convincentes que las pruebas. Si el acusado se obstinaba en su negación, los inquisidores podían usar medios violentos. El culpable podía ser encadenado, sometido a prolongados ayunos, e incluso podía ser privado de dormir. Estos regímenes penitenciarios duraban, a veces, varios años.

El número de procesados fue mayor en el siglo XVI que en el XVII. La tipología global de delitos registra un predominio de los cristianos nuevos, judíos o moriscos (cubrirían la mitad del total de procesados por la Inquisición), seguido de los delitos ideológicos (la tentación de pensar) en sus distintas expresiones de luteranismo, proposiciones heréticas, blasfemias... con un 35 %, y tan sólo un 15 % de delitos de naturaleza relacionada con el sexo (solicitaciones, bigamia, sodomía...).

Pero la represión inquisitorial no se deja sentir sólo a través del número de procesados. La incidencia de la Inquisición sobre la sociedad va mucho más allá de la cifra de procesados directamente por el Santo Oficio. La cultura se vio notablemente afectada pese al corto número de personas relacionadas con ella que se vieron involucradas en procesos inquisitoriales.

La Inquisición tuvo una gran influencia en las mentalidades del Antiguo Régimen a través del miedo entre las capas del cuerpo social, lo que fue una voluntad confesada de sus dirigentes, como podemos ver en el Manual de Inquisidores de mediados del siglo XIV, escrito por el inquisidor general de Aragón, Nicolás Eymerich.

Bartolomé Bennassar explica el terror de toda la población al Santo Oficio debido a tres factores:

1º el secreto y el engranaje del secreto, lo que supone para el reo la total incomunicación, el desconocimiento de la causa y de la personalidad de los testigos;

2º la memoria de la infamia, con castigos como llevar un distintivo, que era el denominado sambenito que no saldada después del juicio. En los trajes tenían que llevar una cruz de fieltro amarilla de manera visible, una sobre el pecho y otra en la espalda. Las cruces dobles que añadían un segundo brazo transversal estaban reservadas para los perjuros;

3º la amenaza de la miseria, porque tras el proceso, los acusados podían quedar sumamente empobrecidos.

EL GOBIERNO DE LA CORONA. POLÍTICA Y EJÉRCITO

TEMA 4: EL GOBIERNO DE LA CORONA. POLÍTICA Y EJÉRCITO

1. De la inestabilidad dinástica, la entrega del reino a manos de Cisneros hasta el nombramiento de Carlos I

Tras la muerte de la reina Isabel I, las cortes de Toro reconocieron a Fernando II de Aragón, pero renunció al título de rey de Castilla y asumió el de gobernador del reino. Sin embargo, diversos grupos vieron en el príncipe la ocasión para satisfacer lo que creían que eran sus derechos, por eso, parte de la nobleza hostiles a Fernando II el católico, estaba alineada con Felipe I el hermoso y cuando desembarcó en La Coruña, Fernando II se hallaba sin base que lo sostuviera.

Trató de contrarrestar la aproximación de Felipe I el hermoso a Francia mediante su matrimonio con la princesa gala Germana de Foix, era sobrina suya, tenía 18 años y él 53, pero este segundo matrimonio fue impopular en Castilla, así que se retiró a Aragón.

La muerte de Felipe I el hermoso, unos meses después, en 1506 con 28 años de edad y la presunta locura de doña Juana hicieron posible el retorno a Castilla de Fernando en calidad de regente en 1507, no sin tener que vencer una oposición de parte de la aristocracia.

La reina Juana I de Castilla en 1506 estaba en Burgos a donde se había trasladado con su esposo. Tras el fallecimiento del rey Felipe, fue al cenobio cartujo y, sin tener en cuenta la oposición de los monjes, decidió levantar su cadáver, e iniciar el traslado del féretro hasta Granada, donde el monarca había dictado ser enterrado en caso de fallecimiento en la Península Ibérica. Este hecho dio lugar a la leyenda romántica acerca de la reina Juana I. Nunca llegaron a Granada, sino que el periplo acabó en Tordesillas, donde la recluyó su padre Fernando II.

El hombre clave en esto fue el arzobispo de Toledo, el cardenal Cisneros, desde 1507 Inquisidor General, potenció la conquista de plazas en África del norte iniciada con la toma de Melilla. Cisneros salvó la continuidad con ayuda de los linajes de Alba y Enríquez. De esta forma, Fernando volvió a posicionarse en la regencia.

Formalmente la reina es Juana I, Fernando tiene el título de Gobernador en Castilla no de rey, pero ejerce la regencia por los presuntos problemas mentales de su hija. La nobleza fue aumentando sus pretensiones, se mostró exigente, belicosa y altanera, Fernando II y el cardenal Cisneros (tuvieron muchas dificultades).

Fernando II el católico muere a comienzos de 1516 y divide la regencia entre el cardenal Cisneros, la parte de Castilla, y el arzobispo de Zaragoza, que era su hijo natural, el Reino de Aragón. No obstante, en Flandes, los consejeros de Carlos se movieron con agilidad y audacia. En Bruselas en marzo de 1516, Carlos fue proclamado rey de Castilla y Aragón, era casi un golpe de Estado, porque la legítima reina era Juana I y nadie había proclamado su sustitución. El anciano regente Cisneros se avino a los hechos y los aceptó como inevitables.

En 1516 Carlos se proclama rey de Castilla contra el parecer de Cisneros y del Consejo Real (ya que no puede ser rey en vida de su madre), en octubre de 1517 llega a la Península, no habla castellano y viene rodeado de una corte de flamencos. Nombra a Guillermo de Croy (el preceptor que su abuelo Maximiliano lo había colocado en Flandes), de 21 años, arzobispo de Toledo. Esto era un obstáculo a la movilidad de los castellanos, no es por xenofobia, sino porque los flamencos taponan la circulación de las elites, por eso piden en todas las Cortes que se reserven puestos en la Administración y en la Iglesia a favor de los naturales del reino. Carlos I llega al trono en 1518. Esta llegada y la expresa decisión de apoyar al núcleo exportador de lana, supuso una derrota para los intereses que tenían las ciudades castellanas. Pronto se vio que la ruina de muchos talleres textiles conduciría también a la ruina de la ciudad.

En el siglo XVI hubo un incremento demográfico en la Corona española, no era de los países más poblados de Europa, ni tampoco de los más pequeños: España 8 millones, Francia 17, Alemania 17, Italia 12, pero tenía más que Inglaterra de 3 a 4 millones y Portugal 1,5 millones.

Carlos V abdica en 1556, se retira al monasterio jerónimo de Yuste y fallece en 1558, su hijo, Felipe II, le sucederá en el trono.

La expansión demográfica sólo se detiene a fines de siglo, con la peste de 1598-1600.

2. El sistema de Gobierno: Consejos y Secretarías

Era una monarquía formada por la agregación de numerosos Estados, cada uno tenía su propia constitución y su aparato institucional, lo que obligó a los Austrias a definir una unidad política superior.

La terminología usada en la diplomacia de la época era la de Monarquía Católica. Fue una monarquía compuesta, dominaron elementos que permitían una unidad de gobierno y creaban un centro de decisiones que afectaban a todos. Consiguieron robustecer su autoridad dentro de la lógica del absolutismo y saltar las barreras por intereses particularistas, no sin algunas crisis.

Se produjo el tránsito de una corte itinerante a una corte fija. En 1561 Madrid (con el Alcázar y la Casa de Campo como centro) y los Sitios Reales situados en su entorno (El Pardo, Valsaín, Aranjuez y, más tarde, El Escorial) pasa a ser sede del soberano y se convierte en capital fija de Castilla y de la Corona, es la primera vez que se establece de modo fijo la capitalidad en una ciudad lo que facilitaba el gobierno central.

Los Austrias perfeccionaron los instrumentos del absolutismo monárquico con la ampliación del sistema de gobierno por consejos y secretarios, espaciando las consultas a los representantes de los reinos reunidos en Cortes, articulando un aparato hacendístico muy complejo.

La extensión territorial de la monarquía, inevitablemente, reforzó la tendencia hacia la delegación de poderes por medio de consejos y virreyes para las posesiones dinásticas.

A finales del siglo XVI había siete consejos territoriales para: Castilla (1480) aunque en realidad no era solo un consejo territorial, Aragón (1494) que pronto celebró sus sesiones fuera de Aragón, en la Corte, Indias (1524), Italia (1555) que se desgajó del de Aragón, Portugal (1582), Flandes (1588), y el Consejo de Navarra fue el único que quedó fuera de la Corte.

Pero si exceptuamos al de Castilla, también llamado Consejo Real, ninguno tuvo un cuerpo adecuado de funcionarios locales y la administración se confirió a virreyes sujetos al control y a la lejana dirección de los Consejos. Sin embargo, los poderes de los virreyes eran limitados salvo en el caso de América que dirigieron los servicios de su propia burocracia, pero incluso allí quedaron flanqueados por las reales audiencias. En Europa tuvieron que llegar a un acuerdo con las aristocracias locales que normalmente reclamaban por derecho propio un monopolio virtual de los cargos públicos. El resultado fue el bloqueo de una verdadera unificación del conjunto del imperio internacional. Las Indias quedaron jurídicamente ligadas al reino de Castilla y el sur de Italia a la Corona de Aragón.

La creación del Consejo de Indias, como órgano legislativo fue más lenta, resultado de una elaboración terminada en 1524. El Consejo Real y Supremo Consejo de las Indias, tenía también autoridad sobre la Casa de Contratación. No tuvo su forma definitiva hasta el reinado de Felipe II. Desempeñaba la función de un tribunal supremo para las causas civiles y criminales relativas a los reinos americanos, además de la provisión de cargos y el regio patronato sobre la Iglesia indiana, pero su función más importante era legislativa y política. Estuvo instalado en el viejo Alcázar de Madrid, tomaba sus decisiones y las transmitía al rey, que las hacía ejecutivas con la promulgación de una real orden. Si se trataba de un problema militar, se remitía, a partir de 1597, a una comisión especial, la Junta de Guerra de Indias, que estaba compuesta por dos miembros del Consejo de Indias y dos del Consejo de la Guerra. El Consejo desapareció en 1812.

También se configuraron consejos encargados de distintos ramos de gobierno y se crearon otros nuevos que tenían carácter territorial. El más importante era el Consejo de Castilla que no solo se ocupó de asuntos específicamente castellanos, sino que fue asumiendo la dirección general de la política de la Monarquía, fue el órgano donde se tomaban las decisiones fundamentales del gobierno. Una emanación de este consejo fue la Cámara o Consejo de Castilla creado en 1588, se encargaba de la gracia real, todo lo concerniente a cargos en consejos, chancillerías y audiencias, y también la dispensa de mercedes y del ejercicio del patronazgo regio.

Hubo otros consejos dedicados a materias específicas, como el de la Inquisición instaurado en 1483 y presidido por el inquisidor general, servía como suprema instancia de apelación de tribunales regionales y nombraba a inquisidores y a agentes del Santo Oficio.

En 1495 se creó el Consejo de Órdenes para atender el gobierno y la justicia en territorios de las órdenes militares, cuyo maestrazgo había sido asumido por la Corona.

En Consejo de Cruzadas de 1509 fue creado para la administración de tres de las gracias eclesiásticas concedidas por la Iglesia a los soberanos (además de las tercias reales): la de cruzada, el subsidio y el excusado.

El Consejo de Hacienda de 1523 fue absorbiendo atribuciones de las viejas Contadurías Mayores de Hacienda y de Cuentas, hasta sustituirlas completamente a partir de 1593.

El Consejo de Guerra se creó en 1517, pero a partir de 1522, quedó prácticamente subordinado al Consejo de Estado que era el organismo director de la política exterior.

El Consejo de Estado estuvo organizado a partir del Consejo Privado del monarca, fue el primero en dignidad y el más elevado en jerarquía de todos los Consejos, reconocida por el protocolo, pero de poca operatividad institucional. Integraba consejeros de todos los reinos, dominado por los grandes, que deliberaba sobre asuntos importantes de gobierno, estaba más contrabalanceado por la acrecentada importancia del secretariado del rey, cuyos funcionarios juristas proveían a Felipe II de los instrumentos burocráticos de gobierno más adaptados a su genio. Sin embargo, más que letrados avezados en formulismos jurídicos, lo componían grandes nobles titulados o eclesiásticos de las más altas jerarquías de la Iglesia.

La necesidad de contar con agentes potenció la figura del secretario. Carlos V contó con Francisco de los Cobos que administró la política interior; Felipe II mantuvo como secretario de Estado a Gonzalo Pérez hasta su muerte en 1566, luego mantuvo dos secretarios, uno para los asuntos del norte, Gabriel de Zayas y otro para los asuntos del Sur, Antonio Pérez. Estos secretarios solían ser letrados y expertos en la Administración.

Durante el reinado de Felipe II el príncipe de Éboli, el cardenal Granvela o Cristóbal de Moura obtuvieron gran influencia sobre el rey. Y fue el precedente para la oficialización de la figura del privado o valido en el siglo XVII. En este reinado también se dio alas al sistema alternativo de las juntas o reuniones de expertos para tratar monográficamente algún asunto.

El virrey era el alter ego del monarca en los territorios de su jurisdicción. Hubo virreinatos en Valencia, Cataluña, Aragón, Mallorca, Nápoles, Sicilia, Cerdeña, Portugal, Nueva España y Perú. A su lado, con igual funciones y parecida dignidad estaban los gobernadores de Milán y de los Países Bajos con el Franco Condado.

La presencia real en las demarcaciones locales fue más acentuada en Castilla por la figura del corregidor, cuyo número fue aumentando hasta los 68 a finales del siglo XVI. El incremento de litigios exigió la creación en el territorio castellano de 4 audiencias, Canarias (1526), Galicia (1563) Sevilla (1568) y Mallorca (1571).

El robustecimiento de la autoridad real se fue acrecentando en el siglo XVI, fortalecido con la Hacienda y el Ejército, además, modificó en su favor el carácter de sus relaciones con la Iglesia.

3. El ejército de la Monarquía

El último respaldo a la política de los Austrias era el ejército. El aparato militar se elevó a un grado mayor de eficacia y pericia y su organización y sistema logístico lo convirtieron en uno de los más avanzado de Europa. El tradicional deseo de los hidalgos castellanos de servir en los tercios fortaleció a sus regimientos de infantería. Las provincias italiana y valona se constituyeron en una fiable cantera de soldados, aunque no de impuestos. Los contingentes multinacionales de los ejércitos de los Habsburgo y su diversidad permitían un grado menor de dependencia de mercenarios extranjeros.

La liga política con la idea de Imperio dispersa fuerzas y arruina todo. Se necesitan muchos soldados, hay que pagar mercenarios, viajes imperiales, además de las cortes del rey y de los virreyes. El monarca pide préstamos con garantía en los ingresos de Indias. En 1539 debe un millón de ducados a los Fugger, Welser, Schatz y Spínola. En 1550 están hipotecados los ingresos de América en dos años. Los intereses se hacen usurarios. Más garantías con el maestrazgo y las minas de Almadén. Y Castilla quedó aplastada por los impuestos.

Un amplio ejército se mantuvo con éxito a gran distancia del centro imperial. Era preciso el mantenimiento de las comunicaciones políticas y comerciales por medio de un poder marítimo. Carlos V se encontraban falto de marinos preparados para mejorar las galeras de la flota del Mediterráneo. A falta de suficientes remeros tuvo que abastecerse de presidiarios y prisioneros de guerra, pero no era suficiente para hacer frente a las tareas encomendadas.

Desaparecida la tradición de la construcción naval, en 1562 Felipe II decidió emprender un extenso programa de fabricaciones de barcos y armamentos navales, tuvo que dar las concesiones a los astilleros italianos y para tratar de resucitar las atarazanas de Barcelona tuvo que importar técnicos genoveses.

Sin embargo, el Mediterráneo central y occidental sufría graves problemas de deforestación, faltaba madera para los mástiles y robles para los cascos, por eso la Corona española se vio forzada a importar madera del Báltico.

El emperador formó sus fuerzas navales cuando las necesitó, firmando contratos con navieros privados y no creó una armada real permanente. El contratista más importante del Estado era Álvaro de Bazán el Viejo, padre del marqués de Santa Cruz que ideó la creación de la Armada Invencible.

Realmente el ejército hispánico destacó, sobre todo, por su infantería cuya superioridad constató Maquiavelo y que sobrevivió a las guerras del siglo XVII.

Carlos V necesitaba tener el mejor ejército de Europa, la larga guerra contra los árabes de Granada, proporcionaban una tradición militar importante.

La carrera militar se había puesto de moda, era una profesión rentable no solo para las clases medias sino para el conjunto de la población. El reclutamiento no era un problema insuperable, a partir de 1496 se introdujo una forma parcialmente nueva de alistamiento que era la primera medida para sustituir las levas medievales por un ejército reclutado, pagado y controlado por el Gobierno central.

Las fuerzas de infantería para las guerras exteriores fueron las únicas organizadas seriamente en la Corona hispana del siglo XVI. En la Península, la milicia o fuerza policial era la única empleada, teniendo asignada como tarea principal la seguridad y mantenimiento del orden público. La caballería era solo un arma subordinada que acompañaba a cada regimiento de infantería.

Estos regimientos los había organizado Fernández de Córdoba, el Gran Capitán. En las guerras italianas de comienzos del siglo XVI había mejorado la eficacia de las unidades hispánicas con cambios radicales en su organización: mejora de la táctica, atendiendo la movilidad y aumento del armamento con picas y arcabuces. Junto con la creación de tercios en 1534, se convirtió en la unidad tipo del regimiento. Probablemente, su nombre se debió a los tres elementos que los componían. Hicieron su primera aparición en Italia y fueron denominados según las regiones de acuartelamiento: Milán, Nápoles, Sicilia o Cerdeña, en el reinado de Felipe II se envió un ejército a los Países Bajos y creó el tercio de Flandes.

La reforma de Fernández de Córdoba significó una revolución en la lucha de la infantería. La esencia estaba en la combinación de varias armas. De los 3.000 hombres de un tercio, 1.500 eran lanceros, 1.000 espadas y 500 arcabuceros. Avanzado el siglo XVI el tamaño del tercio quedó reducido a menos de 2.000 hombres. En formación de batalla los lanceros habían de formar bloques protectores, con los espadas en el centro, de modo que pudieran coger por sorpresa al enemigo. Estos bloques eran difíciles de romper porque estaban resguardados por arcabuceros y artillería, que se situaba en lugares separados.

4. La Hacienda real base de las finanzas

La hacienda castellana suministraba la base esencial de la política imperial, aunque en Nápoles y Flandes también sufrieron la presión fiscal. Las cortes de Castilla votaron regularmente el pago del servicio.

Las necesidades económicas del Estado obligaron a ampliar las fuentes de ingresos y a organizar un complejo sistema de crédito, pero el permanente déficit originó atascos en esas partidas, la penuria de la hacienda imperial fue incapaz de seguir la carrera de los gastos bélicos.

Los ingresos ordinarios de la Corona no variaron: alcabala y tercias reales, derechos de aduanas, servicio y montazgo, y diversas rentas y monopolios (salinas, estanco de negros, fabricación y venta de naipes, pólvora, azogue, y señoreaje y monedaje cobrado a propietarios de metales preciosos que utilizaban las cecas en Valladolid, Burgos, Toledo, Segovia, La Coruña, Cuenca, Sevilla y Granada), más las regalías de extracción mineral.

La alcabala llegó a un acuerdo con las ciudades en 1534, el pago quedó establecido en una cantidad fija, cuya percepción quedaba encomendada a la propia ciudad.

Los ingresos extraordinarios por el servicio (al que se unió el servicio de millones a partir de 1590) pasó a convertirse en impuesto regular.

Los ingresos que proporcionaba la Iglesia aumentaron gracias a la incorporación a la bula de cruzada de las otras dos de las llamadas "tres gracias": el subsidio para mantener la flota de galeras contra los turcos; y el excusado, el mayor diezmo de cada parroquia que quedaba excusado de pasar a la Iglesia y se entregaba al Estado desde 1571.

Se añadían las rentas de mesas maestrales de las órdenes militares por haber pasado su titularidad al rey. Y, finalmente, la quinta parte de los tesoros americanos.

Sin embargo, las condiciones de cobro disminuían con frecuencia su valor. Las fórmulas más habituales de recaudación fueron el encabezamiento (por el que la comunidad cobraba una cantidad fijada estableciendo una derrama entre los contribuyentes), el repartimiento (cuando la Hacienda real determinaba la distribución del gravamen) y el arrendamiento, es decir, el adelanto de monto calculado del impuesto por parte de una compañía particular que a continuación se encargaba de cobrar a los afectados.

Otras exacciones como el subsidio que realizaba la Congregación de las iglesias de Castilla, o el servicio y los millones, que solían cobrarse mediante sisas impuestas por las comunidades sobre el consumo de artículos básicos.

La Administración fue incapaz de organizar la recaudación directa, lo que dejó margen para la intervención del capital mercantil en las finanzas estatales.

Las urgencias de la monarquía requerían la trasferencia inmediata de fondos. Esta operación, que implicaba la concesión de créditos, solo era posible mediante la firma de un consorcio de financieros de un asiento que era un contrato que estipulaba la suma adelantada. Los asientos se solían concertar en el Consejo de Hacienda, mientras los pagos de la Corona se situaban en las ferias internacionales o en Medina del Campo, que había pasado de centro de contratación de mercancías y de compensación financiera a centro bancario, hasta su paulatino abandono en favor de la banca madrileña a finales del siglo XVI. Cada vez los intereses exigidos por los préstamos fueron mayores.

También hubo confiscación de remesas de metales preciosos americanos propiedad de particulares a los que se indemnizaba con juros.

5. Las tensiones sociales castellanas: Comunidades

En 1519 Carlos V es elegido emperador, decide irse a Alemania y pide impuestos a la Corte para sufragar los gastos de la coronación y mantener esa política imperial. Los representantes en Cortes lo apoyan bajo sobornos y presiones.

Mientras durase el viaje, dejaba como regente y virrey a su preceptor el cardenal Adriano, años más tarde se convirtió en el papa Adriano VI.

En Segovia, Burgos, Guadalajara, Zamora, León… se producen motines. La protesta comunera estalla en Toledo en verano de 1519, que se siente agraviada con el nombramiento de Guillermo de Croy, como arzobispo de Toledo. En un primer momento, los grupos de poder castellanos creyeron ver en el nuevo soberano y en su equipo gobernante, un obstáculo a sus impulsos de movilidad, eso encendió el odio a los extranjeros. Esta es la verdadera razón, aunque la historiografía tradicional lo quiso interpretar como gratuita xenofobia. Si esa hostilidad al extranjero se da es porque se ve en ellos la causa de ese taponamiento en la circulación de las élites. Por eso, se pide y se repite en todas las Cortes, la reserva de los puestos en la administración y en la Iglesia a favor de los naturales del reino.

Primero, el clero apoyó a los comuneros, tuvo su sede en Ávila, luego en Tordesillas y acaba en Valladolid y en Toledo en febrero de 1522.

Los comuneros se adueñan de la situación, pero en otoño de 1520 la aristocracia castellana, que era neutral, se siente amenazada.

La Junta de Tordesillas se constituye en gobierno revolucionario, lo que asusta a los moderados de la Junta. El ejército real reconstituido con los nobles los echa de Tordesillas en diciembre de 1520. Doña Juana recluida en Tordesillas da autoridad y prestigio al movimiento. En un intento de resistencia solicitan la ayuda al rey de Portugal.

La Junta se traslada a Valladolid. En febrero de 1521 se apoderan de Torrelobatón, pero en abril de 1521, la derrota de Villalar.

Destacaron diversos jefes militares Padilla, Bravo, Maldonado, María Pacheco que huyó a Portugal, los tres primeros fueron decapitados en Villalar por haber luchado por la comunidad, es decir, por una sociedad más fraternal, más humana.

También contó con líderes políticos: don Pedro Laso de la Vega, el licenciado Bernardino, Alonso de Saravia.

La Junta ejerciendo el poder soberano, en tanto que cortes populares, va mucho más allá de cualquier modelo tradicional.

En 1522 el Emperador regresa a la Península Ibérica y da un perdón general, pero quedan excluidos unos 200 jefes comuneros, de los que solo capturaron y ejecutaron a 3.

Se trata del primer alzamiento popular de los tiempos modernos que reivindicaba la conquista de las libertades, es una rebeldía moderna. Las peticiones contienen un programa de directrices de gobierno. No se trataba de que el poder pasase de unas manos a otras, como un golpe de Estado, ni siguió el patrón de las revueltas nobiliarias precedentes. El levantamiento comunero quería corregir la marcha hacia el absolutismo.

Los compromisos de los rebeldes se basaban en un nuevo orden constitucional que, en sus negociaciones, se esfuerzan por arrancar.

La libertad que defienden tiene un carácter político, no se trata de libertades privadas, equivale a garantía de la participación en un gobierno propio. José Antonio Maravall afirma que tiene muchos reparos en calificar a las Comunidades de "revolución liberal", para él se trata de una "revolución democrática", más en la línea de tradición comunal del último Medievo.

El capitán de las tropas monárquicas muestra su asombro ante la preferencia de los insurrectos de obtener con sangre, lo que graciosamente les dé el Emperador, concesiones que equivalen prácticamente a sus pretensiones. Ponen en claro ese plan de transformación radical del orden mismo del poder.

El movimiento comunero era urbano (el campo aprovechó para luchar contra el yugo señorial, pero la revolución fue en las ciudades) y castellano.

Las causas estaban en las dificultades de Castilla desde principios del s. XVI, con malas cosechas, hambres y epidemias, y cambios políticos que suponen el advenimiento de los Austria.

La palabra comunidad hace alusión a los vecinos, los comuneros, el común, el tercer estado. Por medio de Juntas locales, de ayuntamientos públicos, de reuniones de barrio, donde todos tenían derecho a intervenir libremente, con tendencias igualitarias y en ocasiones republicanas, hubo un proyecto revolucionario.

Villalar (1521) significó el sepulcro de las libertades en Castilla y León.

6. Tensiones sociales en Valencia y Mallorca: Germanías

Las Germanías (germà, hermano en valenciano) se desarrollaron en el Reino de Valencia y en Mallorca entre 1519 y 1523, sobre todo, artesanos contra nobles que huyeron de la ciudad por una epidemia. Fue una revuelta originada por varios factores:

1. Malestar por la injerencia de la monarquía en el sistema foral y municipal;
2. Monopolio de los cargos públicos por parte de las clases dominantes, frente a la exclusión de artesanos y menestrales;
3. Corrupción de los titulares del aparato institucional; contestación popular contra el absolutismo;
4. Precaria situación económica; masificación y clasismo en los gremios; competencia del capital mercantil italiano y pérdida de los mercados tradicionales de Nápoles y Sicilia;
5. Problemas en el abastecimiento de trigo;
6. Incremento de la carga impositiva a consecuencia del endeudamiento de las instituciones;
7. Presión señorial en el campo;
8. Conflictiva convivencia entre musulmanes y cristianos.

El frente agermando estuvo constituido por componentes de los gremios, campesinos cristianos y bajo clero. En contra tuvieron a las autoridades locales, nobleza, jerarquía eclesiástica, clases profesionales y mudéjares que formaban parte de la clientela nobiliaria y competían mal retribuidos con los cristianos viejos en los campos.

El gobierno revolucionario emitió disposiciones para la elección de los jurats por elecciones y así facilitar la participación en el gobierno municipal de los represtentes de los gremios y también trataron de sanear la Administración pública mediante la rebaja de salarios municipales y la contención del gasto. Otras medidas económico-sociales fueron la democratización de la estructura jerárquica de los gremios, mejorar el abastecimiento de trigo, la abolición de impuestos sobre el tráfico comercial y el consumo, y la supresión de los censales en el campo, también durante la fase más radical del movimiento se imponía el bautismo forzoso de los mudéjares debido al sentimiento antinobiliario y a la conciencia de la utilización del trabajo servil en el empeoramiento de las condiciones laborales del campesinado cristiano.

El detonante de la revuelta en Valencia fue el abandono ante el brote de peste de las clases dirigentes del verano de 1519. Después, los gremios conseguían permiso del rey, que estaba en Barcelona, para organizarse militar y políticamente al margen del gobierno municipal para defenderse de la amenaza de los corsarios berberiscos. De este modo, se fundó la Junta de los trece que se crea en diciembre de 1519, fue la institución suprema del movimiento agermanado.

En 1520 se rompió el entendimiento con el poder real, representado por un nuevo virrey, Diego Hurtado de Mendoza, conde de Mélito que salió huyendo de Valencia ante los motines populares. El líder de este movimiento fue Joan Llorenç.

La última victoria fue en 1521, disparó los bautizos de moriscos, luego el movimiento entró en fase de reflujo por:

1. Radicalización de algunos grupos, con la pérdida de cohesión del frente revolucionario cuya dirección pasó a Vicenç Peris.
2. Derrota de los comuneros que aisló el movimiento de las germanías.
3. Inconsistencia militar de los sublevados.

En 1520 el Principado de Cataluña vivió también una situación prerrevolucionaria, pero la palabra clave no fue Germanía, sino Unión. También tuvo protestas antiseñoriales, movimientos de rebeldía contra las oligarquías municipales y luchas violentas entre bandos nobiliarios. Pero la aristocracia y la oligarquía municipal consiguió cortar con dureza las manifestaciones de descontento.

En Mallorca estuvieron en constante contacto con los insurrectos valencianos, liderados primero por Joan Crespí y luego por Joanot Colom. En 1522 hubo un intento fallido para apoderarse de Ibiza. Pero la caída de Palma de Mallorca significó el inició de la violenta represión.

La represión fue mayor en Mallorca que en Valencia, los condenados a muerte fueron el doble. La victoria del monarca aseguró el absolutismo y supuso un largo periodo de paz en el interior de los reinos peninsulares.

7. Las "Alteraciones" de Aragón

La unificación administrativa de los patrimonios dinásticos no se prosiguió con coherencia. Las reformas absolutistas se forzaron en los Países Bajos, donde condujeron al desastre y en Italia tuvieron éxito de modestas dimensiones. No obstante, en la Península Ibérica nunca se intentó avanzar en esa dirección, la autonomía constitucional y legal portuguesa se respetó. El particularismo aragonés provocó frontalmente al monarca, protegiendo a su secretario Antonio Pérez, fugitivo de la justicia real por medio de motines armados.

Antonio Pérez hizo de agente doble entre Felipe II y su hermano, don Juan de Austria. Antonio Pérez era aficionado al vino, al juego y al sexo. Procedía de una familia de judeoconversos aragonesa, hijo del clérigo que llegó a secretario del rey, Gonzalo Pérez, su padre le hizo pasar por sobrino hasta su fallecimiento. Fue enviado a las mejores universidades. Se vinculó a uno de los dos partidos que se disputaban el favor de Felipe II: el liberal del príncipe de Éboli, frente a los duros del duque de Alba.

Estuvo implicado en el asesinato de Juan de Escobedo, secretario de don Juan de Austria, en 1578, donde también estaba comprometida la Princesa de Éboli, lo que ha dado lugar a interpretaciones decimonónicas en clave Romántica, de una supuesta relación amorosa entre el rey, el secretario y la princesa, pero lo cierto es que las relaciones fueron exclusivamente de carácter político.

El suceso guardaba relación con las sospechas de traición en asuntos flamencos. El principal instigador del crimen político parece haber sido el secretario Antonio Pérez quien fue procesado, el rey había accedido a admitir el asesinato de Escobedo, que ya había sufrido tres intentos de envenenamiento. La presión popular obligó al monarca a decretar la prisión de Pérez y de la princesa de Éboli.

Detenido en 1579 escapa en 1590 disfrazado de mujer y gracias al apoyo exterior, se refugia en Zaragoza, donde por su condición de aragonés pide la protección de los fueros. Esto puso de relieve las sólidas barreras constitucionales que el reino oponía al soberano para hacer frente a la agitación social y para permitir el despliegue del absolutismo monárquico.

Las tensiones en Aragón habían alcanzado su punto culminante, el violento estallido no fue casual, sino resultado de un largo proceso iniciado en el reinado de Fernando II.

Los aragoneses alegaron que se habían incumplido los fueros porque Antonio Pérez había sido acusado de herejía, dado que, por un delito castellano, no podía ser procesado en Aragón, pero la inquisición sí podía reclamar a cualquier preso, sin embargo, era un pretexto para privar al preso de sus derechos legales.

La alta nobleza procuró desmarcarse claramente del grupo fuerista exaltado. Los oficiales de Justicia entregaron a Antonio Pérez a los inquisidores, pero el pueblo impidió el traslado. Parte de los soldados se sumaron a los amotinados y la alta nobleza se agrupó en torno al virrey.

El rey empezó a reunir un ejército en Ágreda y penetraron en Aragón. La entrada del ejército castellano era un atentado contra las leyes del reino. La decisión de los diputados aragoneses fue convocar a la gente para resistir. Teruel y Albarracín fueron ocupadas. Enviaron cartas a los diputados catalanes y valencianos, respondidas con evasivas por los primeros y con negativas desde Valencia.

El 8 de noviembre de 1591 el ejército entraba en Aragón y a su encuentro salieron hombres armados encabezados por el justica mayor, pero el 12 de noviembre entraron en Zaragoza.

Una fuerza invasora de Felipe II aplastó la revuelta zaragozana en 1591 para restablecer la autoridad del monarca. La sedición, acabó con una fuerte represión del partido fuerista, junto a la simbólica decapitación de Juan de Lanuza, el justicia mayor, es decir, el garante de las libertades aragonesas, causó profunda impresión. La represión física se completó con la ejecución de otra serie de personas. Con Aragón invadido y atemorizados por la represión, se produjo la reunión de las Cortes de Tarazona en 1592 que aprobaron disposiciones para incrementar el poder de los funcionarios reales y recortar las atribuciones de las instituciones representativas.

Estas cortes votaron un servicio de 700.000 libras cuando hasta entonces había sido costumbre no pagar más de 250.000, el pago recayó fundamentalmente sobre el estado llano.

A. Pérez huyó a Francia. Sin embargo, Felipe II se abstuvo de cualquier ocupación permanente de Aragón o de modificar sustancialmente su constitución. En Aragón no cabe hablar de absolutismo regio. Se trató de decapitar el régimen foral, eliminando obstáculos a la autoridad real. Las reformas de Felipe II y la traición de la nobleza cuando consideró que era más rentable servir a la Corona, dejaron a Aragón indefenso ante los deseos de la monarquía

El gran derrotado en 1592 fue el pueblo aragonés y ese reino fue esquilmado durante el siglo XVII.

TEMA 5
LA HEGEMONÍA ESPAÑOLA

TEMA 5: LA HEGEMONÍA ESPAÑOLA

1. La herencia de Carlos V y el cuestionamiento de la autoridad imperial: conflictos religiosos en el Sacro-Imperio

Carlos V recibió una herencia muy vasta en territorios y un poder enorme por sus cuatro abuelos. Por parte de su abuela paterna, María de Borgoña, recibió el ducado de Borgoña, los Países Bajos y el Franco Condado. Por su abuelo paterno, el emperador Maximiliano, Austria (Alta y Baja Austria, Estriria, Carintia, Carniola, Tirol y Volrarlberg, a estos acabó renunciando en favor de su hermano Fernando) y los derechos a la Corona del Sacro Imperio Romano-Germánico, que hizo efectivo en la dieta de Aquisgrán de 1519. De su abuelo materno Fernando V el católico, Aragón (Aragón, Cataluña, Valencia y Mallorca) con sus pertenencias en Italia (Nápoles, Sicilia y Cerdeña) y demás posesiones del Mediterráneo. Y de su abuela materna, Isabel I la católica, Castilla con sus presidios en el norte de África (Santa Cruz de Mar Peña, Melilla, Cazaza, Mazalquivir, Peñón de Vélez, Orán, Bujía, Trípoli, Argel), Canarias y los territorios que estaban comenzando a conquistar en América.

Una secuencia de guerras habría de ser el precio del poderío español.

La defensa de ese Impero y su política exterior fue posible gracias al oro y la plata de América.

En Alemania diversos príncipes, margraves, duques, condes, dueños de territorios, se organizaban siguiendo las tendencias de las monarquías autoritarias, chocando con las noblezas locales, que en ocasiones se dedicaron al bandolerismo.

Esa Alemania fue un gran teatro de operaciones sobre y en torno a esas posesiones heredadas. Allí, diversos príncipes abrazaron la Reforma de Lutero, lo religioso, lo social y lo político se unieron provocando una crisis. El emperador se ve obligado a un costoso estancamiento en Alemania, la Reforma seguía invicta, a pesar de repetidos intentos por aplastarla o reconciliarse. Carlos V fue evolucionando, desde una actitud negociadora hasta el intento de solucionar el problema militarmente, condenó esa actitud en la Dieta imperial celebrada en Worms en 1521. Una década después, el emperador hubo de enfrentarse a la disidencia religiosa y a la organización militar de los príncipes protestantes que en 1531 formaron la Liga de Esmalcalda. La victoria de Mühlberg de 1547 no sirvió de mucho.

La dimensión y el gasto de los ejércitos de los Habsburgo aumentaron gradual y regularmente. Carlos V se vio obligado a aceptar la paz religiosa de Augsburgo (1555) que consagraba la libertad a los Estados componentes del Imperio para elegir su religión. Era la aceptación de la imposibilidad de mantener la unidad religiosa.

Su hijo, Felipe II, heredó el gran imperio de su padre a excepción de Austria (más Hungría real) y los derechos a la Corona del Sacro Imperio porque quedó en manos de la otra rama de los Habsburgo porque Carlos V se lo cede a su hermano Fernando y lo heredaron sus descendientes. También tuvo que mantener sus enemigos: musulmanes, franceses y protestantes que ahora no eran los príncipes alemanes, sino los calvinistas franceses y flamencos y anglicanos ingleses.

Los reformistas alemanes hacían esfuerzos para resucitar sus antiguas pretensiones de establecer un imperio protestante. Los tercios de Castilla invadieron repetidamente esos principados.

Las amenazas de dominación por parte de los Habsburgo, precipitó las reacciones y fortificó las defensas de las dinastías dispuestas en orden de batalla. La prioridad española dio a la monarquía de los Habsburgo la función de establecer un sistema para el conjunto de absolutismo occidental. Las grandes operaciones militares y navales de Felipe II fueron únicamente posibles gracias a la flexibilidad financiera debida al excedente americano.

2. La primera circunnavegación

Magallanes se empleó al servicio de Portugal en África y en la India, donde vivió y luchó durante siete años. Allí tomó la experiencia necesaria para la gran expedición que le llevaría por el poniente a las Molucas. La pimienta y el clavo de olor fueron la causa principal del viaje. Se firmaron las capitulaciones en Valladolid entre el rey, por un lado y Magallanes y su socio el astrónomo y geógrafo Rui Faleiro, el loco, que más tarde enfermó y no se embarcó en la expedición. Se les ofreció cinco barcos, lo nombra Capitán General de aquella armada.

Fueron cuatro naos Victoria, San Antonio, Concepción y Trinidad y una carabela, la Santiago. Las carabelas estaban siendo sustituidas por naos, menos ligeras, pero más sólidas y de mayor capacidad de carga, mejor para transporte de personas y mercancías. Las carabelas eran utilizadas para exploraciones por estuarios estrechos de poco fondo.

Embarcaron miles de cuentas de vidrio enhebradas en collares o brazaletes, telas de fuerte colorido, gorros, peines, 50 docenas de tijeras y 400 docenas de "cuchillos alemanes", 900 espejos pequeños y 19 grandes para regalar a los jefes de las tribus que encontraran.

El primer viaje de circunnavegación se inició el 10 de agosto de 1519 quedaron en Sanlúcar de Barrameda 39 días, cargando y preparando las naves, hasta el 20 de septiembre de 1519.

El 26 llegaron a Tenerife, hicieron una escala de 3 días en un lugar que no especifica, donde tomaron carne, carbonearon e hicieron aguada y luego se desplazan a una caleta junto a la Montaña Roja y allí pasaron 2 días más, donde se avituallaron de pez que obtenían a partir de la resina de los pinos. Aquí sumaron a 4 tripulantes más, entre ellos estaba el maestre Pedro Indarchi el único superviviente de los 4. De allí se fueron al sur y a la altura de Cabo Verde, tomaron dirección oeste.

Avistaron el Cabo de San Agustín en Brasil el 29 de noviembre y recalaron en la Bahía de Santa Lucía (hoy Río de Janeiro). Hicieron acopio de gallinas, piñas y papas, ánades.

Continuaron al sur, navegando hasta la bahía de San Julián en marzo de 1520, allí decidió pasar el invierno y las naves fueron carenadas. En el Puerto de San Julián permanecieron 5 meses.

Se produce el motín con Juan de Cartagena, el veedor, pero fue controlado, se dictaron 44 penas de muerte, hubo de perdonar a 40, 2 fueron abandonados en una isla, y otros 2 ajusticiados.

En mayo de 1520 ordenó a la Santiago navegar hacia el sur para reconocer la costa, pero encalló.

Las 4 naves se adentraron en el estrecho, pero la San Antonio desertó y llegaron a Sanlúcar de Barrameda, dijeron que se habían perdido y quedaron en libertad.

Ordenó seguir avante hasta cruzar el estrecho. El 27 de noviembre llegaron al Mar del Sur, que debido a la tranquilidad de sus aguas llamaron Pacífico.

Luego viraron al oeste y se beneficiaron de vientos y corrientes. Durante 110 días, sufrieron privaciones y padecimientos, llegando a comer ratas y el cuero de las vergas, previamente ablandado con serrín y agua salada.

Sufrieron enfermedades: tifus, disentería y escorbuto, por la falta de alimentos frescos.

En 1521 avistaron las islas de San Pablo (Puka Puka), la de los Tiburones (Flint) y la de los ladrones (Guam). Vieron algunas de las Filipinas a las que bautizaron archipiélago de San Lázaro.

El 28 de marzo llegaron a Mazava (Limasawa), donde Magallanes pudo entenderse con los aborígenes por medio de Enrique, el esclavo que había comprado Magallanes 10 años antes en Malaca. El 7 de abril fondearon en Cebú, consiguió que Humabón, rajá de la isla, firmase un pacto de alianza con Carlos V, se convirtió en feudatario suyo. Eso lo consiguió gracias a las armaduras y armas de fuego.

Más tarde, Magallanes pensó en convertir a Humabón en soberano de todas esas islas y amenazaba con la muerte a los que no aceptasen. Quiso dar un ejemplo en Mactán con su líder Cilapulapu. El 27 de abril de 1521 se embarcó con 60 hombres, pero les esperaban los nativos armados. Magallanes murió en el combate, junto a un grupo de hombres.

El 1 de mayo de 1521 salieron de Cebú para continuar el viaje. En una emboscada del rey de Cebú murieron otros 27 tripulantes. Como ya no había marineros suficientes quemaron la Concepción.

Ahora quedaban la Victoria, dirigida por Gómez de Espinosa y la Trinidad, al mando del nuevo capitán general, el luso Juan López Carvalho, fueron a Brunei, en la isla de Borneo, llegaron el 8 de julio. Dice que sus habitantes son civilizados, gobernados por el rey Siripanda. Acabó mal por un malentendido: confunden a los guerreros y disparan, salen huyendo.

Por los retrasos producidos y tras mantener a unas princesas de Borneo como su harén, quedarse con piezas, etc. Carvalho es depuesto. Deciden cambiar el mando y Elcano queda al frente de la Victoria y Gómez de Espinosa sigue al mando de la Trinidad.

El 8 de noviembre de 1521 anclan en Tidore en las Molucas. El 25 de noviembre empezaron a cargar las naves. Sobre todo, clavo porque aventaja a otras especies en que, a igualdad de peso, ocupa menos espacio.

El 8 de diciembre zarparon, pero la Trinidad se detenía y daba la vuelta, Hubo que descargarla.

La Victoria optó por poner rumbo a Occidente y la Trinidad decide dar la vuelta porque se había cargado el barco en exceso y por eso y por el uso se fue desajustando.

Más tarde, la Trinidad de nuevo salió hacia el este, intenta retornar por donde habían venido, pero decidieron ir a Panamá, la nao quedó maltrecha por agentes meteorológicos, fallecieron al menos 30 hombres, incluso pudieron ser más.

Fueron apresados por los portugueses, apenas comenzaron a transbordar la carga, se hundió la Trinidad. Los capturados fueron obligados durante 4 meses a realizar trabajos forzados en las Molucas. Luego continuaron su calvario en Java, Malaca, Cochín, fallecieron casi todos, solamente tenemos certeza de que 3 fueron llevados presos: Espinosa, Mafra y el piloto genovés León Pancaldo. Volvieron a Castilla en 1527, rescatados por Carlos V.

La ruta seguida por Elcano para cruzar el océano Índico y llegar al Atlántico era diferente a la que conocían los portugueses.

El 9 de julio, 47 europeos y 13 nativos hacen escala en Santiago, Cabo Verde, para con engaños obtener alimentos. Al ser descubierto huyen y dejan a un grupo que serán apresados y retornarán a Castilla un mes después por intermediación del monarca.

Los restos de la expedición solo volvieron a Sanlúcar de Barrameda 3 años y 29 días después, el 6 de septiembre de 1522, no se bajaron del barco, pero recibieron provisiones y siguieron al puerto de las Mulas en Sevilla donde llegaron el 8 de septiembre de 1522, solo 18 marineros y al menos 3 nativos.

Elcano vivió en la corte y Carlos V solicitó sus conocimientos para una nueva expedición al Maluco que capitaneó frey García Jofre de Loaísa. Esa expedición fue desastrosa, en la travesía del Pacífico quedó sola la Victoria capitaneada por Elcano tras la muerte de Loaísa. Elcano también enfermó y murió.

Hubo un conflicto acerca de la legitimidad del dominio de las islas Molucas, se debía establecer el contra-meridiano conforme al tratado de Tordesillas. Después de muchos dimes y diretes, se llegó en 1529 a una solución de compromiso por la que se daba la razón a Castilla, aunque basada en datos erróneos, porque la verdadera posición de las Molucas no sería conocida hasta mucho más tarde, durante el siglo XVIII, una vez constatada la medida correcta de la circunferencia terrestre. El Emperador optó por hacer caja empeñando las nuevas posesiones a Don Juan III, rey de Portugal.

El precio acordado fue una ingente fortuna, pero que escasamente sirvió para aplacar a los acreedores del Emperador, los banqueros alemanes, de hecho, ni siquiera fue pagado por el monarca luso.

3. La pugna con Francia por el control europeo

La Francia de Francisco I constituyó uno de los principales enemigos externos porque varios de los reinos que concentraría Carlos en sus manos habían tenido problemas con Francia en periodos anteriores. La enemistad hereditaria de los Valois sobrevivió a todas las derrotas francesas. La posibilidad de que Francia quedase rodeada por territorios pertenecientes a un solo monarca movió a Francisco I a presentarse a la elección imperial. La rivalidad en Italia, la cuestión navarra, el problema de la herencia borgoñona y la presión que suponía para el bloque francés estar prácticamente inmerso en zonas vinculadas al emperador, hicieron inevitable el enfrentamiento.

Los hugonotes franceses consideraban a Corona española el principal obstáculo para convertir su Estado católico en protestante y calvinista. El ataque hugonote a las comunicaciones españolas en Europa y en América, el temor a la extensión del calvinismo por sus propios dominios, la intervención francesa en apoyo a los rebeldes en los Países Bajos, todo contribuyó a aumentar la desconfianza.

Mantuvieron seis guerras donde se disputaron el Reino de Navarra, el ducado de Borgoña y la hegemonía en Italia. La primera guerra entre 1521-1529 tuvo dos partes separadas por la resonante victoria de Pavía en 1525 y el tratado de Madrid en 1526, seguidos de la alianza anti-imperial apoyada por el papa Clemente VII, que ocasionó el saco de Roma (1527) y el paso de la república de Génova al bando imperial que concluyó con la paz de Cambrai (o de las Damas, 1529) donde acordaban que Francia renunciaba al ducado de Milán, el reconocimiento de los Médicis en Florencia bajo influjo hispano y la coronación de Carlos V por el papa en la iglesia de San Petronio de Bolonia (1530).

Las otras guerras fueron de menor trascendencia como la alianza de Francisco I con el sultán turco Solimán el Magnífico, el gran fracaso de las tropas imperiales en Metz, ocupada por Enrique II de Francia en 1552 hasta la última guerra que finalizó con la victoria de San Quintín en 1557. En la paz de Cateau Cambrésis, en 1559, firmaron acuerdos duraderos que dejaban en poder de la Corona española los territorios en litigio, a cambio de la renuncia a los derechos al ducado de Borgoña, lo que significaba la hegemonía hispana en Italia y en el resto de Europa que se reforzó frente a Francia a través de las buenas relaciones con Portugal y con Inglaterra por medio de actuaciones diplomáticas y de la política matrimonial.

En las denominadas guerras de religión Felipe II apoyó la Liga Católica para impedir que subiera al trono Enrique de Borbón (que gobernó como Enrique IV y al que se le atribuye la frase "París bien vale una misa), rey de Navarra que fue proclamado rey de Francia en 1594, pero la bancarrota de 1596 imposibilitó que España pudiese prolongar los esfuerzos bélicos y, por tanto, firmó el tratado de Vervins en 1598 que significaba la ratificación de la paz de Cateau Cambrésis, es decir, la renuncia hispana de Borgoña y la renuncia francesa de Navarra e Italia. Finalmente, la monarquía francesa había sido salvada del protestantismo.

4. Las campañas del Mediterráneo

El imperio Otomano con sus aliados Túnez y Argelia disputaba la hegemonía en el Mediterráneo y la hegemonía del cristianismo en Europa.

Por tierra en la frontera con territorios patrimoniales Habsburgo, los turcos conquistaron gran parte de Hungría tras la batalla de Mohacs (1526), incluso llegaron a sitiar Viena en 1529 y 1532.

En el Mediterráneo se estableció una división entre la parte oriental musulmana, excepto algunas posesiones venecianas como Creta, Chipre y Corfú, y la parte occidental donde el Imperio tenía que soportar a Francia que se alió a los turcos en repetidas ocasiones. Y, sobre todo, los piratas berberiscos de Argel que sembraron el terror en las costas mediterráneas de la península y dificultaron las comunicaciones con las islas y las posesiones italianas.

En 1512 Aruch Barbarroja deja la costa tunecina para instalarse en Argelia. El rey de Argelia le pide protección para desprenderse de la tutela hispana.

En 1516 los hermanos Barbarroja toman Argel (Ary o Aruch y Jair-ed-Din). Además, Aruch conquista Tremecén en 1518 a los zayyanies, aliados a los españoles de Orán, el contraataque hispano recupera la ciudad, logran derrotar a Aruch y matarle. Luego Jerudín pedirá ayuda a Selin I, al que rinde homenaje, actúa bajo el título de bajá. Hereda entonces la ciudad de Argel Jeredín Barbarroja, que para evitar la legalidad española se acoge a la legalidad turca. Se envía una guarnición de jenízaros turcos. Carlos V llega a entablar negociaciones con Jeredín Barbarroja para darle Argelia y Túnez a cambio de su apoyo. Se producen varios ataques infructuosos sobre Argel en 1516, 1519, 1541 y 1573.

Por tanto, en 1518 el país quedó sometido al imperio otomano, gracias a la intervención de los hermanos Barbarroja, poco a poco se conquistó el nordeste de Argelia y en 1529 el Peñón, llegando incluso a invadir Túnez en 1534. Hay diversos intentos por recobrar Argel que fracasan, y también intentos por sobornar a Jeredín Barbarroja para atraérselo a su influencia. Jeredín será nombrado pachá y beylerbey por el sultán Selin. En 1535 Carlos V ocupa Túnez y Tremecén, donde restituye a los zayyanies, pero pronto cae en manos de los saidíes marroquíes, hecho hasta cierto punto bien visto por Carlos V. Tremecén caería de nuevo bajo la órbita del imperio otomano, debido a su superioridad militar e incluso alentaban puntualmente la vuelta de los watasíes al trono de Fez. Francia apoyó al Imperio otomano.

Por su parte, Trípoli había sido un pequeño centro de corsarismo. Va a ser ocupada por los españoles de 1510 a 1530 y Carlos V transfiere el poder a los caballeros de Malta de 1530 a 1550.

Carlos V tuvo que hacer frente a la ofensiva desencadenada por Jeredín Barbarroja, señor de Argel y aliado de Solimán I, atacando Túnez en 1535. El último éxito, porque las demás operaciones se saldaron a favor de los musulmanes como la derrota en Preveza (frente a Albania en 1538), el fracaso en el asedio de Argel en 1541, en 1550 Trípoli es ocupada por el corsario turco Dragut, el sucesor de Barbarroja, convirtiéndose en provincia del imperio otomano y siendo una ciudad corsaria, más tarde, en 1555 toma Bugía. Estos fracasos hispanos llevaron a la renuncia de la expansión mediterránea, se centraron en la contención del adversario, levantaron construcciones amuralladas en sus costas, continuada con una red de torres de vigilancia para asegurar la defensa.

A finales del reinado de Carlos V, las fuerzas hispanas habían retrocedido notablemente en el Mediterráneo.

Felipe II tuvo que atender la amenaza de expansión turca por el Mediterráneo, bloqueada en Lepanto.

La derrota hispana en la isla de Djerba contra las tropas de Dragut en 1560 y el fallido asedio otomano a Malta en 1565, el riesgo de que los moriscos hispanos sublevados en las Alpujarras en 1568-1571 actuasen como quinta columna, la caída de Túnez a manos argelinas en 1570 y la conquista de Chipre (ocupada por la república de Venecia) en 1571, eran muestras de la amenaza turca.

5. La revuelta e independencia de los Países Bajos

La atención hubo de ser transferida del Mediterráneo al Atlántico. Los holandeses estaban descontentos con las exacciones fiscales y las persecuciones religiosas de Carlos V, explotaron en la primera revolución burguesa de la historia, bajo la presión del centralismo tridentino de Felipe II.

La carga financiera de las guerras en Alemania dañó la tradicional fidelidad de los Países Bajos. El poderío hispánico aplastó las florecientes ciudades flamencas, una de las zonas más avanzadas de la economía europea a comienzos del siglo XVI.

Resultaba difícil encajar todos los territorios de la Monarquía Hispánica, la presión protestante en el norte de Europa explica el comienzo de la lucha en los Países Bajos que terminaría con la independencia burguesa de Holanda.

Las reivindicaciones políticas de la nobleza fueron seguidas por un movimiento insurreccional de las clases populares ganadas por el calvinismo, que se manifestó en la destrucción de las imágenes religiosas en 1566. Francia favoreció, aunque de forma disimulada, a ese movimiento, sus reyes lo fomentaron con dinero y de otras maneras, Inglaterra también apoyó a los rebeldes con fondos económicos y soldados. Algo similar ocurrió con los señores alemanes cuyos Estados eran limítrofes de Flandes.

La rebelión suponía una amenaza directa para los intereses hispánicos porque ambas economías eran en gran medida complementarias: España exportaba lana y metales preciosos a los Países Bajos e importaba textiles, material de guerra, granos y pertrechos navales. Además, Flandes aseguraba el cerco estratégico de Francia y era punto neurálgico en la hegemonía internacional de los Habsburgo.

El Consejo de Estado envió a Flandes un ejército al mando del Duque de Alba en 1567 para imponer el régimen autoritario tras la severa represión que incluyó la ejecución de los condes de Egmont y Hoorn en la plaza mayor de Bruselas tras ser condenados por el denominado Tribunal de los Tumultos en 1568. Sin embargo, fracasó la solución militar lo que obligó a emprender negociaciones por medio de Luis de Requeséns, pero la bancarrota de 1575 generó el amotinamiento del ejército y el saqueo de Amberes, que provocó la unión de los flamencos en la denominada Pacificación de Gante en 1576, obligando a la retirada del nuevo gobernador, Juan de Austria, con sus tercios por lo que tuvieron que aceptar los términos de una nueva tregua en 1577 conocida como el Edicto Perpetuo que fue poco duradero. El poder militar hispano fue incapaz de romper la resistencia de las Provincias Unidas.

La entente del bando flamenco entre el sur católico, aristocrático y moderado, y el norte calvinista, burgués y radical (con Guillermo de Orange, llamado el Taciturno, a la cabeza) se rompió con la Unión de Arrás y la Unión de Utrecht en 1579, que prefiguraban los futuros Estados de Holanda y Bélgica.

Las reivindicaciones autonomistas de la nobleza fueron atendidas parcialmente al quitar del cargo al cardenal Granvela, consejero de la gobernadora Margarita de Austria.

En el trascurso de la guerra, Alejandro Farnesio pudo emprender la reconquista de las provincias meridionales, con la captura de Amberes en 1585, pero a finales del siglo XVI el conflicto aún no había concluido.

Al final de su reinado, el sur había sido reconquistado y fortificado, es decir, el balance final territorial seguía siendo imponente, lo que resultó peligroso para sus descendientes.

6. Lepanto y la política mediterránea

En 1570 fuerzas turcas desembarcaron en Chipre y tomaron Nicosia. Chipre era una posesión veneciana, valiosa por sus plantaciones de caña de azúcar, minas de sal y producciones de algodón y vino.

La respuesta cristiana al fortalecimiento otomano en el Mediterráneo consistió en la formación de la Santa Liga entre la Corona española, el papa Pío V y Venecia en 1571. Venecia tenía más argumentos para pactar con los turcos que para combatirlo, porque preferían conservar sus rutas comerciales abiertas por tratados con el sultán, pero lo de Chipre obligaba a tomar partido.

Organizaron una flota conjunta, pusieron al mando a Juan de Austria y obtuvieron una victoria aplastante ese mismo año en Lepanto. La flota otomana mandada por Al Pachá había saqueado el Adriático antes de la gran batalla y había cansado sus fuerzas en acciones insignificantes. La flota cristiana salió de Mesina y enfocó hacia Corfú, mientras que los turcos se hallaban en el golfo de Lepanto. Ambas escuadras se encontraron a la entrada de ese golfo donde los cristianos pudieron inmovilizar al enemigo.

En la guerra, la flota de la Santa Liga contaba con 250 galeras de las que España debía armar 100, la Santa Sede 12, y la república de Venecia 100. Otras 38 galeras quedarían repartidas entre España y Venecia según la capacidad de sus arsenales. Concurrían también 9 galeazas, 24 naves de transporte españolas y 16 venecianas. España aportaría 18.000 infantes y 300 caballos; Venecia 12.000 y 200 caballos; y la Santa Sede 2.000 hombres.

Hubo más galeras turcas que cristianas, aunque estas últimas iban con artillería de mayor calibre y contaban con la infantería española, bien armada.

A pesar de la victoria de la Santa Liga, el Imperio otomano seguía casi intacto, Chipre continuaba bajo dominio turco, el sultán se recuperó de las pérdidas con rapidez y los corsarios norteafricanos siguieron actuando en el Mediterráneo. Pero la victoria de Lepanto significó la ruptura del mito turco, fue el final de su supremacía. Cervantes herido en la batalla, hablaba en Don Quijote de "aquel día, que fue para la Cristiandad tan dichoso, porque en él se desengañó el mundo y todas las naciones del error en que estaban, creyendo que los turcos eran invencibles por la mar".

La contraofensiva musulmana significó la ocupación definitiva de Túnez en 1574. Tras disputas internas por la sucesión de Marruecos se llega a la batalla de Alcazarquivir o de los 3 Reyes: A la muerte del saidí Abd Allah al Galib, le sucede su hijo Muhammmad, que busca apoyo en Portugal. Se disputa el trono con los dos hermanos del difunto Abd-al Malik (que muere en la batalla) y Ahmad Al Mansur (1578-1603). La Batalla de Alcazarquivir en 1578 entorpece la penetración ibérica y acaba con las disidencias internas de Marruecos. Fue la derrota del rey Sebastián de Portugal y el recrudecimiento del corso argelino.

No obstante, Lepanto sirvió para establecer un nuevo equilibrio, la firma de la tregua en 1581, prorrogada indefinidamente, sirvió para repartir el Mediterráneo entre un área de influencia otomana y otra hispana.

7. La unión con Portugal

Portugal fue incorporada al bloque Habsburgo por medio de una diplomacia dinástica y una oportuna invasión.

La "agregación" de Portugal fue debida a la muerte del rey Sebastián sin heredero directo y el posterior fallecimiento, dos años más tarde, 1580, del siguiente sucesor al trono lusitano, su tío-abuelo, el cardenal don Enrique, último hijo legítimo superviviente de Manuel I, que dejó un consejo de regentes hasta que fuera elegido su sucesor, varios de ellos fueron ganados para la causa de Felipe y resultaron de utilidad para inmovilizar las defensas portuguesas. Eso posibilitaba a Felipe II por ser hijo de Isabel de Portugal, hija mayor de Manuel I y única esposa de Carlos V, es decir, gozaba de legitimación jurídica para heredar la Corona, para eso echó mano de juristas y teólogos hispanos.

Envió a Lisboa a Cristóvão de Moura quien logró agrupar a un partido hispanófilo, también aprovechó la colaboración de los jesuitas y empezó a prepararse para la acción.

Felipe II podría no solo cerrar un sector vulnerable de la Península, sino también incrementar su poder en el Atlántico, adquiriendo un nuevo reino, otro Imperio.

Portugal, cuyo imperio era esencialmente comercial, necesitaba oro y plata americanas para utilizar en sus transacciones de cambio; Corona hispana, por su parte tenía que comprar pimienta, especias y sedas de las Indias Orientales lusitanas. A partir de entonces tuvieron un interés común en la conservación de su monopolio colonial contra intromisiones de potencias del norte de Europa. Felipe II se sentía más seguro con la soberanía que con las alianzas: mientras Portugal fuese independiente, una parte de la Península y un rico imperio ultramarino podían escapar a su influencia.

Portugal había quedado en una posición difícil tras el desastre de Alcazarquivir, había reducido su poder y desarticulado su economía. Los musulmanes habían capturado buena parte de la nobleza lusitana y para pagar los rescates el país tenía que desprenderse del numerario que necesitaba para sus relaciones comerciales con el Extremo Oriente.

El monarca hispánico contaba con el apoyo de las clases privilegiadas y de la burguesía mercantil que necesitaban el tesoro americano. Pero Felipe fue objetado por otro pretendiente Antonio, prior de Crato, descendiente ilegítimo de Manuel I, que consiguió el respaldo de muchas ciudades, incluida Lisboa, pero no logró aglutinar un bloque nacional. Los ejércitos hispanos que estaban en la frontera penetraron en Portugal y vencieron toda resistencia, una vez tomada Lisboa fue proclamado rey de Portugal y los Algarves como Felipe I el 12 de septiembre de 1580.

Sin embargo, la huida del Prior de Crato obligó a una batalla naval en Azores, en aguas de la isla de São Miguel (aunque al principio el objetivo era la isla de Terceira), al mando del marqués de Santa Cruz, obtuvieron la victoria en 1582. Azores era un punto estratégico fundamental para las comunicaciones imperiales, donde recalaban las flotas que regresaban de América.

Un año antes, la Corte de Tomar habían reconocido oficialmente a Felipe II. Garantizó la autonomía política de Portugal y nombró virrey al archiduque Alberto de Austria. Las condiciones de la anexión recogían: El cargo de virrey debería ser siempre para un portugués o para miembros de la familia real; los nombramientos administrativos, militares, navales y eclesiásticos quedaban reservados a portugueses; la defensa del país correspondía únicamente a portugueses; para la consulta de asuntos lusitanos el monarca había de tener un grupo de consejeros y funcionarios de origen portugués que formarían el Consejo de Portugal; el comercio colonial seguiría administrado por funcionarios portugueses, llevado a cabo por mercaderes portugueses y transportado en naves portuguesas; se suprimían las aduanas fronterizas entre Castilla y Portugal y se tomaron medidas contra la implantación de impuestos castellanos. Es decir, Portugal no fue incorporada a la Corona de Castilla ni tratada como nación sometida. Obviamente, escogió a los consejeros y funcionarios portugueses más castellanizados y en 1593 restauró las aduanas fronterizas, pero era una unión de coronas y no de Estados, por lo que las consecuencias económicas también fueron limitadas.

En cualquier caso, la incorporación de este reino a la Monarquía Hispánica acentuó la inclinación de su política hacia el Atlántico. Añadía a las Indias hispánicas las numerosas posesiones lusitanas en Asia: Macao, Molucas, Formosa (hoy Taiwan), Timor Este, Nagasaki, bases en el Golfo Pérsico como Bahrerin, Mascate, Ormuz y Bandar Abbás y en India; África: Angola, Mozambique, Islas de Cabo Verde, Sao Tomé, Príncipe, Fernando Poo (hoy Bioko), Annobón, Corisco, Ceuta, Mazagão y Arguín en Berbería y en Guinea; y América: Brasil. Además, el imperio ultramarino hispánico aumentó con la conquista de Filipinas.

Este engrandecimiento repentino provocó a sus enemigos, especialmente a Inglaterra.

8. Ruptura con Inglaterra: la Armada Invencible

La amistad entre las Coronas hispánica e inglesa se había fortalecido con el matrimonio de Felipe II con la reina María I Tudor, pero con el fallecimiento de la soberana en 1558 cambió completamente, desembocando en una confrontación abierta, por cuatros razones:

1. El avance del protestantismo, en este caso bajo la forma de anglicanismo oficial y también del calvinismo de los independientes.
2. Ataques de los corsarios ingleses en las Indias.
3. Apoyo a los rebeldes holandeses.
4. Ejecución de la reina de Escocia, la católica María Estuardo en 1587.

La propaganda reformista inglesa miró siempre como enemigo al monarca hispano.

La guerra fría entre las dos Coronas se iba calentando en todos los frentes. La población católica inglesa era demasiado débil para organizar un levantamiento. Además, España debería actuar sola, sin aliados.

En 1585, Felipe II ordenó la captura de las embarcaciones inglesas en puertos peninsulares. Meses más tarde, Isabel I soltaba a Drake para llevar a cabo represalias por la acción española. Tras hacer escala en Vigo, se desvió a La Palma, luego a Cabo Verde y desde allí al Caribe. Ocupó durante un mes Santo Domingo y la abandonó, previo rescate de 25.000 ducados. De allí fue a Cartagena de Indias incendió la ciudad y destruyó edificios hasta que pagaron 107.00 ducados.

La ejecución de María Estuardo en 1587 tuvo una doble significación para Felipe II: suprimía el riesgo de que Francia se aprovechara de la sustitución de Isabel por María en el trono inglés y permitía a Felipe hacer valer sus pretensiones al trono, si no para él, para su hija.

Se planificó la invasión de la isla por un ejército de 90.000 hombres aprestados por Alejandro Farnesio en los Países Bajos, pero los elementos naturales y la mayor flexibilidad de la flota inglesa, generaron la dispersión de la Armada Invencible en agosto de 1588.

Se pretendía imponer un aislamiento a Inglaterra, excluyéndola de toda intervención en asuntos continentales.

Se perdieron muchas embarcaciones en el canal de la Mancha y cuando decidieron regresar a la península Ibérica rodeando por el norte las islas británicas, se perdieron miles de hombres por las inclemencias meteorológicas. Se lograron salvar muchos navíos, pero casi la mitad de estos quedaron inservibles, con una alta tasa de bajas entre oficiales y marinos.

No obstante, las flotas lusohispánicas se reconstituyeron rápidamente después de 1588 y rechazaron, con éxito, los ataques ingleses contra las rutas atlánticas de metales preciosos.

Durante los dos años siguientes a la derrota de la Armada, la Corona hispánica reconstruyó sus flotas de Indias y mejoró las fortificaciones en América.

En 1595 Hawkins y Drake dirigieron una nueva expedición al Caribe, primero atacaron las islas Canarias en octubre, pero no lograron su objetivo, incluso, fueron apresados dos ingleses con lo que las autoridades averiguaron los planes de la expedición. Así, esta vez los castellanos los esperaban. Los invasores fueron repelidos en Puerto Rico y Panamá por fuerzas superiores y los dos corsarios murieron a causa de una enfermedad.

TEMA 6: ECONOMÍA Y SOCIEDAD EN UN PERIODO DE CRISIS

1. La población hispánica en el siglo XVII

En general el largo siglo XVII (1598-1700) se caracteriza por una pérdida de población en la Península Ibérica, pasó de 8 millones del siglo XVI a 7 millones de personas, sin embargo, su reparto fue desigual, el balance demográfico castellano fue más desfavorable que el aragonés, aunque la peste no parece haber causado daños superiores en una corona que en otra.

Hubo descenso de la natalidad producido por: las guerras que se llevaba a hombres jóvenes; incremento del clero y difícil situación económica.

La centuria se inicia con una epidemia de peste en Castilla entre 1598 y 1602, que tuvo su origen en Santander, por donde entró, llegó hasta Andalucía y Levante, perdonando a unos lugares y cebándose en otros. Se calcula que el número de muertes pudo llegar al medio millón. La peste fue la enfermedad que causó más muertes en Europa durante el siglo XVII. Algunos lugares perdieron la mitad de sus efectivos, lo que explica la magnitud de los estragos.

Hubo también otra epidemia que afectó más a la Corona de Aragón, la peste de 1647-1652 que entró por el puerto de Valencia y de allí irradió al sur, llegó a Murcia y a Andalucía y, más tarde, al norte.

De nuevo en 1649 volvió a penetrar esa enfermedad desde Cádiz, se propagó por Jerez, Sevilla, Córdoba y Jaén y en 1652 saltó a Barcelona y a Mallorca. La Meseta pudo librarse, en esta ocasión, del azote debido al severo cordón sanitario establecido en Sierra Morena.

La tercera etapa de morbilidad anormal castellana fue entre 1676 y 1685, esta vez la peste entró por Cartagena, si no fue tan violenta resultó aún más pertinaz, porque se prolongó un decenio. Se unió las malas cosechas de 1682 y 1683 que volvieron a encender el contagio.

Estas catástrofes, aunque no perdonaban a nadie, eran más elevada en los barrios pobres, tenían estrecha relación con la desnutrición. Los ricos trataban de esquivar la muerte, refugiándose en sus posesiones campestres. En cuanto se declaraba una epidemia los lugares vecinos establecían un cordón sanitario para no dejar pasar a nadie de sitios infectados, con los consiguientes perjuicios para el comercio y el abastecimiento, por eso, en ocasiones, se dilató la declaración oficial del estado de peste.

Esto dejó rastro en las mentalidades, pensaban que se trataba de castigos divinos, se multiplicaron las rogativas, penitencias y fundaciones piadosas; todavía se celebraban fiestas en honor de San Roque, San Rafael y otros abogados contra la peste.

Las malas cosechas, si no causaban directamente epidemias, las preparaban colocando a los organismos en estado de menor resistencia, lo mismo que las guerras que, peor que las armas, era el hambre y la enfermedad que las acompañaban.

Finalmente, también causó un impacto demográfico la expulsión de los moriscos, entre 1609 y 1614, causó muchas más bajas en la Corona aragonesa que en la castellana, incluso teniendo en cuenta el origen granadino de una parte del contingente valenciano. La despoblación castellana fue debida a la incesante corriente emigratoria, al contrario que la Corona de Aragón que recibió inmigración, sobre todo, francesa. Además, debemos sumar los aspectos negativos de las levas militares o el espejismo de las Indias, motivado por el incremento de impuestos sobre los pecheros.

Es decir, afectó mucho más a una Corona que a la otra. En Aragón el territorio más perjudicado fue el reino de Valencia, las pérdidas se elevaron a más de una cuarta parte. El propio reino aragonés perdió el 15,2 % de sus efectivos con la expulsión. Por su parte, en la Corona de Castilla fueron expulsados 88.000, de un núcleo morisco en la Meseta que representaba el 1 % y otro en Andalucía y Murcia que llegaba al 2,8 %. Para Castilla significó menos que una epidemia corriente.

Al finalizar el siglo XVII, vemos que el descenso poblacional general afectó a ciudades y campos, más a las primeras. Pero no afectó por igual a todo el territorio, la Meseta fue el lugar más afectado. El reino de Granada registró un ligero aumento; Valencia no pudo superar la sangría de los moriscos y, en las demás regiones, la población se mantuvo casi estacionaria.

2. El mundo rural: Crisis en los rendimientos agrícolas, falta de adaptación y el declive de la Mesta, silvicultura y pesca

La agricultura y la ganadería proporcionaban el 80 % de la renta de la Corona española. Aunque había actividad artesanal y comercial nada despreciable, todos estaban pendientes de las oscilaciones de las cosechas, una mala coyuntura repercutía en la vida de todos; una serie de malas cosechas suponía hambre, mortalidad y, a veces, disturbios. El ritmo de esas cosechas dependía de la climatología.

En el siglo XVII hubo un enfriamiento generalizado, algunos hablan de una pequeña edad glaciar, los caprichos atmosféricos causaron daños importantes.

El campo vivió un proceso de refeudalización por la crisis. La tierra volvió a convertirse en valor refugio. Esa reufeudalización fue una reacción señorial, que trató de exigir más rigurosamente los derechos de propiedad o los pagos de arriendos, además, se apropió de los comunales, se adueñó de tierras enajenadas en otro momento (a través del endeudamiento campesinos, ofrecidas por labradores en dificultades como garantía de préstamos) y trató de imponer condiciones más duras de explotación donde fue posible, como en Valencia repoblada tras la expulsión de los moriscos.

Un elemento de transformación y progreso fue la introducción de nuevas plantas americanas: millo, papas, tomate (se consumía desde el siglo XVI, pero la difusión amplia no se produjo hasta el siglo XVIII), tabaco, etc. El millo fue el que se desarrolló e hizo posible un incremento poblacional en Galicia y la cornisa cantábrica. El millo fue propagado por los portugueses en las riberas del Mediterráneo. Ofrecía la ventaja de ser apto para consumo humano como para animales. Su producción era de dos a tres veces superior al trigo y, además, el millo concedía a la capa superior del suelo más reposo que el trigo, ya que las raíces de aquél se hunden a más profundidad, el único inconveniente es que exigía un abono intenso.

Otro factor de incremento de productividad fue la extensión de los regadíos. Los capitales debían proporcionarlos los municipios o los particulares; aunque poco, algo se hizo, en regiones de presencia morisca se mantuvieron sus técnicas agrícolas tras la expulsión.

En el reino de Valencia destacó la labor del campesinado para captar aguas subterráneas y construir pequeñas presas. Huesca fabricó un pantano. Las obras del canal imperial, iniciada con Carlos V, siguieron interrumpidas y el canal quedó inservible.

Salvo esos pequeños avances, la agricultura permaneció técnicamente estancada, seguía habiendo escasez de abonos (apenas contaban con estiércol) que obligaba a dejar descansar las tierras mediante barbechos.

La productividad por semilla en el secano era escasa: 5 o 6 gramos por 1, a menos que el año climatológico fuese excepcionalmente bueno; en ese caso podían llegar a recogerse 10 por 1 en el trigo y más en la cebada. Los aperos seguían siendo primitivos, se perdía mucho grano por la trilla, era una actividad arcaica, rutinaria y descapitalizada, la inversión de capitales fue destinada a la compra de tierras y no a mejorar la productividad.

Un cambio significativo fue la sustitución del buey por la mula como animal de tiro, aunque no fue generalizado, el norte de la Península y buena parte de Andalucía siguieron utilizando los bueyes para arar. La mula permitía labores más rápidas y someras que las profundas y lentas de los bueyes.

También hubo un incremento del viñedo y, en menor medida, del olivar. En parte se dedicó a la exportación a Europa, aunque únicamente en Andalucía occidental y Canarias; Cataluña también empezó a exportar vinos y aguardientes a Indias a finales del siglo XVII.

Hubo roturación de tierras de propios y baldíos en zonas de crecimiento poblacional. Las usurpaciones de tierras comunales se atribuyeron a los señores y a las oligarquías municipales; en Andalucía ese aumento de la gran propiedad generó latifundios y crecimiento paulatino de cortijos. Pero también hubo medianos y pequeños propietarios que, por esos medios, acrecentaron sus propiedades.

La ganadería sintió los efectos de las roturaciones y enajenaciones, los cercamientos se multiplicaron. Ello a pesar de que la Mesta seguía integrada por casas nobles de alto abolengo como el Infantado y monasterios como El Escorial y El Paular. No obstante, seguía dominando sobre amplias zonas de Extremadura y La Mancha, pero el número de cabezas lanares disminuyó entre un millón y medio y dos millones. De esta decadencia de la ganadería trashumante, se benefició la ganadería estante.

La gran cantidad de tierras incultas favorecía el desarrollo de la apicultura; la miel se usaba para endulzar, era un producto escaso y caro.

La riqueza forestal era grande, aunque se había verificado ya muchas destrucciones. Además de la calefacción, otras actividades necesitaban consumir madera.

La pesca estuvo más representada en el norte a causa de la amenaza de la piratería. Las actividades pesqueras habían decaído durante el siglo XVII.

Incluso en las franjas litorales se abandonan las tareas más rudimentarias. Por efecto negativo de la piratería norteafricana, unido a la competencia de pescadores santanderinos y portugueses, a principios del siglo XVII, prácticamente puede considerarse agotaba la actividad pesquera andaluza, salvo la pesca de atún en las almadrabas gaditanas y diversas especies en el estuario del Guadalquivir y costas de Huelva. Con la excepción de Cataluña, la pesca únicamente venía a satisfacer necesidades de núcleos urbanos situados en la misma costa. Desde Galicia hasta Guipúzcoa, la sardina y, en menor medida, el besugo y la merluza, constituían una riqueza explotada por pescadores, normalmente agrupados en cofradías. También practicaron pesca de altura en el banco de Terranova donde buscaban bacalaos y ballenas. Por otra parte, las pesquerías canarias en Berbería comenzaban a desarrollarse lentamente.

3. Retroceso industrial y mantenimiento de la estructura comercial tradicional

Hubo un retroceso industrial en el siglo XVII, los elevados precios y costes, la rigidez de la organización gremial y el atraso científico y técnico, hacían difícil competir con productos extranjeros. Diversos tratados de paz incluían cláusulas que eran un hándicap para la fabricación hispánica. La Paz de los Pirineos (1659), por ejemplo, dejaba las puertas abiertas a artículos de otros países, como Francia, que tenía mayor desarrollo industrial.

En Madrid tenían más peso las demandas de los comerciantes (más influyentes y mejor agrupados) que de industriales. En el sector secundario el predominio era de la artesanía, solo contrarrestado por industrias estatales. Solo se produjo el tránsito de la artesanía a la verdadera industria en actividades tuteladas por el Estado, casi todas orientadas a la guerra. Las metalúrgicas de Vizcaya y Guipúzcoa, que además de armas de fuego fabricaba instrumentos agrícolas.

Las cortes, los arbitristas y representantes de los gremios y de los municipios mostraron su preocupación por la decadencia de los antiguos centros productores: Segovia, Ávila, Toledo, Córdoba, Sevilla, con la consiguiente bajada de las rentas reales, todos presentan obreros en paro, convertidos en marginales, mendigos, menesterosos, pordioseros, vagabundos… Los remedios que preconizan son:

1. Prohibición de entradas de mercaderías extranjeras.
2. Establecimiento de obstáculos a exportaciones de materias primas, que volvían a entrar después elaboradas.
3. Disminución de la presión fiscal.

En el último tercio del siglo XVII, el duque de Medinaceli y el conde de Oropesa tomaron medidas, en parte inspiradas en Colbert y la política mercantilista, y, en parte, motivadas por las demandas internas.

En 1679 se creó la Junta de Comercio, con actividad en toda la Corona española, dispuso incentivos como la exención fiscal de nuevas industrias y la autorización para traer oficiales extranjeros. Sin embargo, el fruto de esos esfuerzos fue mediocre. En Cataluña sí se advierte un renacimiento industrial. Hacia 1700 veremos focos prósperos en el norte de la Península y estancamiento o retroceso en el centro y sur.

La industria más difundida era la textil, hilados y tejidos de lana se fabricaban con procedimientos artesanales, de calidad basta. La clientela rica había sido acaparada por géneros extranjeros, más variados y vistosos, de colores más duraderos.

La decadencia alcanzó incluso a la pañería segoviana, aunque aquí también fue debido a la escasez de materias primas, porque los ganaderos obtenían mejores precios en el exterior. Las sederías tradicionales de Valencia, Granada, Toledo, Sevilla, etc., también sufrieron la concurrencia de productos de Florencia, Lyon y otros centros extranjeros. Sí mantuvieron una alta calidad los vidrios catalanes, platería cordobesa, guantes perfumados de Ocaña y otros artículos.

El comercio interior era bastante activo, el aceite andaluz llegaba por mar, en poca cantidad, a Galicia y Asturias, pero vendía volúmenes mayores a La Mancha y Madrid. La seda viajaba con alto precio, en un encuentro de Don Quijote con mercaderes toledanos, le dicen que iban por seda en bruto a Valencia.

Seguían existiendo aduanas interiores (puertos secos) donde se pagaban derechos, entre Castilla, Aragón y Navarra, lo que dificultaba la formación de un mercado único. Las provincias vascas formaban una especie de zona franca, que llegaba hasta la línea del Ebro, por eso el rey las autorizó a comerciar con Francia, incluso en tiempos de guerra, para abastecerse de granos y otros productos.

El comercio exterior presentaba un déficit crónico que se saldaba con el excedente que llegaba de Indias. Exportaba materias primas y recibía productos manufacturados. La exportación hacia países del norte de lana merina, disminuyó, pero aumentó la dirigida hacia la Península itálica.

Persistieron, aunque de forma cada vez más lánguida, los bancos municipales de algunas ciudades del reino de Aragón, pero en Castilla fracasaron los esfuerzos por establecer un sistema bancario sólido. Desaparecieron Medina del Campo, Medina de Rioseco y Villalón como plazas bancarias intermitentes.

Había capitalistas, hombres de negocios que admitían cantidades en depósito, sin más solvencia que la suya personal. La consecuencia fue que el giro de capitales carecía de fluidez, había que transportar el dinero en efectivo en recuas protegidas por guardas y los capitales privados se invertían en censo, es decir, préstamos hipotecarios que no ejercían en la economía ningún efecto estimulante.

4. Ennoblecimiento de las élites

El proceso de refeudalización se manifestó también en un aumento del número de privilegiados por medio de: creación de títulos nuevos, ventas de señoríos y otras concesiones menores, hidalguías, hábitos de órdenes militares o ciudadanías honradas. Además, hubo una revitalización de la nobleza en el gobierno y en los altos puestos de la Administración, que en los últimos años del siglo llegó a ser compartida por la tetrarquía nobiliaria formada por el almirante de Castilla, el condestable de Castilla, el marqués de Montalto y el conde de Monterrey.

Los aristócratas hacen frente a la crisis mediante el incremento de la presión sobre sus vasallos y colonos, el ejercicio de cargos bien remunerados (o con posibilidad de enriquecimiento) y la colocación de sus hijos en encomiendas de órdenes militares, en oficios públicos o en altos cargos de la Iglesia: obispados o numerosos patronatos legos.

Pero la nobleza no se libró de la recesión, sus esfuerzos por incrementar sus ingresos no siempre obtuvieron los frutos deseados porque la inflación incrementó el monto de sus desembolsos en productos de lujo, manteniendo una clientela y servidumbre acordes con su rango y contribución obligada al servicio de la Corona.

En 1623 se dictó una simplificación de las pruebas de nobleza y limpieza para que no se tuvieran que repetir las mismas pruebas. Al mismo tiempo, elaboraron una ley sobre compatibilidad de hidalguía con la posesión de manufacturas textiles promulgada a solicitud de las cortes de Aragón.

En época del Conde Duque de Olivares hubo venta de puestos a familiares e incluso hábitos de caballeros, hasta llegar a constituir un recurso de consideración para la Hacienda Pública. Bajo el reinado de Carlos II disminuyeron estas prácticas sin desaparecer del todo porque se vendieron muchos títulos de marqueses y condes en torno a 30.000 pesos, pero muchos se vendieron por cantidades más reducidas.

Otra forma de ascenso lo obtuvieron mediante: a) casamientos ventajosos con sus enormes dotes b) dominio de la tierra y la especulación sobre los productos de la misma. Los ideales se mantenían en el honor, la sangre pura y la actividad desinteresada, el amor al dinero era como medio de ostentación.

Quien reunía dinero se apresuraba a inmovilizarlo, creando un mayorazgo, de cuyas rentas disfrutaría el primogénito sin derecho a enajenar el capital. Gracias a las rentas, el mayorazgo, podía vivir en la ociosidad; los más activos procuraban acumular bienes libres de los que podían disponer a su antojo con un cargo o una profesión.

La nómina de familias ilustres se transformó en el siglo XVII, los matrimonios consanguíneos hicieron desaparecer muchos apellidos, concentró varios títulos en un solo linaje y creó otros nuevos títulos, pocos por méritos militares, bastantes por servicios burocráticos y financieros y un número indeterminado por compra.

Entre las clases plebeyas los letrados trataron de hacer valer sus títulos universitarios buscando el favor del poderoso que les permitiese instalarse en un puesto burocrático, mientras los mercaderes (cuyos negocios pierden seguridad y rentabilidad) experimentaron, cada vez de un modo más pronunciado, la tentación del ennoblecimiento y los artesanos acentuaron sus tendencias hacia la oligarquización y el anquilosamiento de sus gremios.

El centenar de títulos existentes en 1600 se habían convertido en más de 300 en 1700, con rentas que oscilaban entre 200.000 ducados anuales que se atribuían a los duques de Medinasidonia y Medinaceli y los 5 o 6 mil de aquellos que tenían menos fortuna.

El reinado de Carlos II presenció la reconquista del poder político central por los grandes, que se aseguraron la dominación directa del Estado con el golpe aristocrático de 1677, cuando don Juan José de Austria (su candidato para la regencia) condujo con éxito a Madrid a su ejército aragonés.

El ennoblecimiento de los miembros de la burguesía se hizo ahora más indiscriminadamente que nunca.

El incremento del número de grandes y títulos fue un fenómeno interior a la clase nobiliaria, donde el papel del hidalgo resultaba cada vez más desdibujado; conseguir un título era un motivo de vanidad y prestigio, pero no un aumento de poder, sino la posibilidad a la fuente de poder, que era la realeza.

Como afirmó Domínguez Ortiz, la aristocracia no pensaba en derribar el árbol de la monarquía, sino en agarrarse a él como la yedra y chupar lo que pudiera de su savia: cargos, mercedes, dotes para sus hijas...

5. Grupos marginales

En el Antiguo Régimen había muchos sectores considerados pobres, más de la mitad de la población, sin embargo, todavía hubo un estrato que entra en esa consideración, pero que quedaron fuera del ámbito productivo con la crisis, los grupos marginales que se buscaban la vida con la picaresca, la mendicidad, prostitución, pequeños latrocinios, etc., subsistiendo por medio de actividades "prohibidas" o a través de las instituciones de beneficencia. Esta gente perece de hambre en ciudades y pueblos; en ellos algunas enfermedades se extienden con rapidez, otras infecciones se convierten en endémicas debido a la falta de defensas biológicas. El paro y la emigración empiezan a alcanzar cotas alarmantes.

Las cuestiones económicas serán las que determinen en la mayor parte de los casos la caída en el mundo de la marginalidad social, ello unido a otra serie de circunstancias, que en última instancia daban lugar a la aparición y permanencia del fenómeno de la pobreza que son de índole heterogénea.

En momentos de crisis económica toda la estructura social se resiente, pero los más afectados serán aquellos sectores que ocupan los lugares más bajos en la escala social, en especial el campesinado que ve disminuir paulatinamente sus ingresos.

También en las ciudades se manifiestan las repercusiones de la crisis económica, allí acuden gran número de personas en busca del sustento. En general podemos afirmar que, si bien las repercusiones de los desajustes en la economía se manifiestan más pronto en zonas rurales, van a ser las ciudades las que tengan que arbitrar fórmulas urgentes para acoger a la población procedente de otras áreas.

La falta de mercados por el bloqueo, la inseguridad en los mares y el paro artesanal, acentuó la miseria de una sociedad en crisis, en estas circunstancias un amplio sector popular fue lanzado hacia la delincuencia y el bandolerismo. La presión que la economía produce en las clases populares se manifiesta en la práctica con la adopción de medidas fuera de la legalidad.

Las sequías constituían también uno de los agentes a tener en cuenta. El azote de este elemento era frecuente. Durante los años en los que la falta de agua arrecia, aparece la desolación y la pobreza, hacen perder las cosechas, entonces, hambre y sed hacen morir a hombres, mujeres y animales, mientras que los que sobreviven buscan el remedio en la emigración.

Hay otras causas que explican que un elevado número de personas integren los estratos más deprimidos de la sociedad, expulsados del ámbito productivo.

Fueron muchas las causas que empujaron a elevados contingentes humanos a la marginalidad. Tradicionalmente se ha establecido dos tipos diferenciados de causas que provocan la pobreza, por un lado, se encontrarían la "ociosidad", la "vagancia" y la "disipación" que ocasionarían la indigencia merecida. Y, por otro lado, los que habían llegado a esa situación por falta de trabajo, enfermedades, vejez u orfandad que darían lugar a la indigencia inmerecida. Es evidente que esta distinción corresponde a las elaboraciones de la época, que trata de diferenciar a los "buenos" de los "malos" pobres con el fin de evitar una acumulación excesiva de pobres "verdaderos" a los que no podrían socorrer.

Los enfermos y las viudas conformaban el grupo de pobres residentes, mientras que otras personas podían abandonar sus lugares de origen para buscar trabajo o pedir limosnas, es decir, que constituían una pobreza móvil. Cuando una persona perteneciente a las clases populares resultaba enferma, perdían sus prerrogativas, abandonaban el mundo laboral para ingresar en el de los "ociosos" o "vagos" según la terminología de la época. Ante esta situación sólo le quedaban dos salidas, por un lado, acogerse a la caridad de alguna institución asistencial o mendigar el sustento por las calles.

Otra categorización fue entre los que siempre habían estado en los sectores más bajo de la sociedad, denominados pobres de solemnidad, mientras que otros habían tenido una posición más holgada, pero habían llegado a la penuria más extrema, a estos se les denominaba pobres vergonzantes.

No se podía permitir que estos grupos llevasen una vida errante, con costumbres mal vistas socialmente. La pobreza extrema fue vista desde el siglo XVII como un peligro social y en la Corona española, como en la mayor parte de los países de la Europa Occidental se produjo lo que se ha llamado «la gran reclusión». El internamiento evitará el descontrol y justificará la mediación por parte del Estado como responsable máximo.

La responsabilidad por la "ayuda a los pobres" correspondía, parcialmente, al Estado a través de las instituciones formales: hospitales, hospicios, casas de misericordia que estaban bajo patrocinio real. Sin embargo, la «ayuda al pobre», dada las dificultades financieras de la Corona, caía en gran medida sobre la Iglesia y asociaciones de caridad constituidas principalmente por motivos religiosos.

6. La cultura del barroco

La cultura del barroco se hace cada vez más autoritaria y cortesana.

La consolidación del poder se basó también en una sutil intervención de la subjetividad. Poco a poco se introdujo un nuevo sistema de valores que fue impuesto desde diversos espacios de poder, es decir, hubo una lenta sustitución de referentes visibles e invisibles.

La conmemoración de los santos se intercaló dentro del calendario litúrgico. A la larga lista del santoral hay que añadir las fiestas conmemorativas de cada uno de los ángeles y arcángeles a quienes se dedicaba un día al año.

El hecho de nacer un determinado día, generalmente originaba un compromiso entre padres y santos conmemorados, porque el niño era bautizado con su nombre y el santo se convertía en su patrono permanente. El neófito se comprometía a las devociones propias del santo o santa y, por ende, a los gremios y órdenes religiosas que lo auspiciaban.

Era un estilo jerárquico y conservador que levantaba la escenografía ilusionista que magnifica el Altar y el Trono y subyuga la imaginación y predispone las voluntades de las clases populares, ocultaba la precariedad material bajo el velo de los oropeles, el artificio ornamental, el espectáculo efímero y la inversión suntuaria.

El Barroco refleja la complejidad de la sociedad, fue un movimiento al servicio de la imagen del poder y de la difusión de una cultura oficial con implicaciones en la uniformización cultural

Sus claroscuros y contrastes, pueden ser reflejo de las tensiones de una sociedad dividida entre lo rural y lo urbano, ricos y pobres, etc. La ostentación de interiores y fachadas de las iglesias refleja la realidad de una iglesia rica y poderosa, mecenas de las artes y defensora de una ideología enfrentada al protestantismo.

La teatralidad y la escenografía de los grandes retablos representan el verdadero arco de triunfo de la Contrarreforma. El decorativismo presidido por un tremendo horror al vacío que no dejaba pared sin llenar de yeserías policromadas en un verdadero triunfo de la pasión frente a la reflexión.

Además, había todo un marco ceremonial, siempre movedizo, que era indispensable para que funcionasen las nociones de honor y prestigio, tan importantes en la cultura del barroco.

Para restringir rupturas en la estructura piramidal, se impuso la diferenciación de distintos sectores a través de la vestimenta. La instauración de un nuevo código de vestidos representa una forma de dominación clara y compleja.

El espíritu aristocrático de la Iglesia se manifiesta a cada paso, a pesar de su deseo de influir en el amplio público. La Curia deseaba crear para la propaganda de la fe católica, un "arte popular", pero limitando ese carácter popular a la sencillez de ideas y de formas. Los santos representados deben hablar a los fieles con eficacia, pero en ningún momento descender hasta ellos. Las obras de arte tienen que ganar, convencer, conquistar, pero con un lenguaje escogido y elevado. Sin embargo, dado el nuevo objetivo propagandístico, no siempre se puede evitar la democratización del arte. En la medida en que mundaniza sus propósitos, se debilita el sentimiento religioso de los fieles. El influjo de la religión no pierde nada de su amplitud; la piedad ocupa en la vida cotidiana más espacio que antes, pero convertida en una rutina exterior y pierde su carácter estrictamente supramundano.

El carácter grandioso y pomposo del arte cortesano predomina en el arte de la Iglesia. Esta época produce gran cantidad de iglesias y capillas, pinturas de bóvedas e imágenes de altar. Estatuas de santos y monumentos sepulcrales, relicarios y exvotos, como ninguna época anterior.

Los vecinos también se diferenciaban por otras manifestaciones visibles: los escudos de armas. Se convirtieron en la gran aspiración de aquellos que comprendían la importancia de este símbolo de poder y las implicaciones que tenía esta concesión para ellos y sus descendientes. Las élites dedicaron tiempo, tinta y recursos en probar que poseían cualidades para ser merecedores de esta distinción real.

El ceremonial era un medio para mantener el orden social, expresaba relaciones sociales mediante determinado comportamiento ritualizado. Por tanto, todo cambio en el ceremonial o en la etiqueta ponía en peligro el orden social de ese cuerpo jerarquizado. En el siglo XVII la corte de Madrid tenía uno de los ceremoniales más rígidos de Europa occidental.

Los actos simbólicos expresaban elementos de la estructura social y política. Cada participante parecía un actor recitando una parte de una obra de teatro inmutable. Pero en la realidad no era tan inmutable, sino que estaba viva y su "guion" era objeto de luchas y múltiples disputas, se suscitaron innumerables conflictos. Por ejemplo, como señalaba E.P. Thompson "el ritual de la ejecución pública era un elemento concomitante necesario de un sistema de disciplina social donde muchas cosas dependían del teatro".

Las fiestas religiosas y lúdicas cambiaban lo cotidiano en tiempo extraordinario por mandato de las autoridades, quienes utilizaron estas celebraciones como ocasiones propicias para transmitir un mensaje sobre la inmutabilidad de jerarquías, valores, normas religiosas, políticas y morales, que se consideraban parte de un orden universal. Había procesiones religiosas, corridas de toros o juegos de cañas.

La fiesta del Corpus fue la más relevante de las religiosas. El Corpus fue instituido a partir de las visiones eucarísticas de una monja del siglo XIII, Juliana de Lieja, fue autorizado por una bula papal en 1624; se convirtió en una de las fiestas más populares de la Cristiandad, adquirió una renovada fuerza en el universo católico de la Contrarreforma.

El Corpus sevillano era de los más antiguos e importantes, desde 1282, su celebración tenía elementos lúdicos. Comprendía la procesión del Santísimo, el paseo de la tarasca (simulacro de una serpiente de gran tamaño) acompañada de papahuevos, con representación de autos sacramentales y danzas y música durante el trayecto. Pero uno de los aspectos esenciales era el riguroso orden jerárquico.

TEMA 7: LA ESPAÑA DE FELIPE III

1. Cansancio económico y política pacifista

El reinado de Felipe III (1598-1621) empezó con la fastuosa boda con Margarita de Austria en Valencia en 1599, estas bodas reales costaron 950.00 ducados, dejando la austeridad de la corte del Rey Prudente. Recibió vastos dominios que no administraba directamente. Con él se inaugura la serie denominada de los Austrias menores, concepto discutible y cargado de tópicos.

A los pocos días de la muerte de Felipe II, fue disuelta la pequeña junta que había creado para facilitar la transición y, de esta forma abrió el camino para que Lerma adquiriera una posición única.

La paz con Francia de 1598 fue el reconocimiento de que ya no podían hacer la guerra en tres frentes simultáneamente. En los Países Bajos la cesión de la soberanía a los archiduques fue un intento disimulado de poner fin a la lucha con las provincias septentrionales por medios pacíficos y cerrar uno de los boquetes de los gastos. El archiduque Alberto utilizó su soberanía para reducir más los compromisos con la Corona.

Desde los inicios del reinado se propugnó una política de paz y trataron de desenredar a España de los compromisos imperiales. La subida al trono de Felipe III en 1598 fue seguida por la paz con Inglaterra de 1604, puso fin a la larga guerra anglo-española. La paz trajo una pródiga ostentación cortesana y la multiplicación de honores.

La suspensión de pagos de 1607 fue seguida del fin de la guerra en los Países Bajos en 1609. A pesar de que España dejó de verse envuelta en guerra importantes, no acabaron sus dificultades financieras. Algunos conflictos en Italia y los gastos defensivos en Alemania, el Mediterráneo y el imperio ultramarino, junto con los costos de la corte y del gobierno, elevaron los gastos, todo esto seguido de una nueva bancarrota en 1609. Madrid tenía que inclinarse ante los argumentos financieros.

Todo el reinado si no fue de paz permanente, al menos hubo un apaciguamiento de los conflictos exteriores, que hubiese permitido ocuparse de la política interior y restablecer una Hacienda debilitada. Sin embargo, el gobierno se estancó en cuestiones de administración ordinaria y organización de alguna operación insólita como el traslado de la corte a Valladolid.

Desde 1600 las Indias estaban alcanzando más autosuficiencia en artículos básicos que habían importado tradicionalmente de España: grano, aceite, vino; comenzaba a producir localmente paño basto; la construcción de barcos se desarrollaba y el comercio entre las colonias experimentó un alza. Las minas entraron en crisis desde la segunda década del siglo XVII.

Frente a la imagen de la historiografía tradicional, encontramos tentativas políticas que incidieron en las instituciones y en la administración. La combinación de reformas en diversos organismos colegiados, el recurso generalizado a las juntas y la consolidación de la figura del valido o privado, son indicativos de un proceso de trasformación en el gobierno. Además, apreciamos una vitalidad de las Cortes de Castilla superior al reinado de Felipe II.

Algunos consideraban el hecho de que un rey compartiera su soberanía era algo incompatible con la monarquía absoluta y para controlar el valimiento trataron de institucionalizarlo.

La principal preocupación de la monarquía fue solucionar el problema de los recursos financieros para poder enfrentarse a los enemigos externos. El estancamiento de ingresos ordinarios, agravados por los intereses de la deuda, se unió al descenso de remesas metálicas de Indias para generar un déficit hacendístico que impedía atender el gasto público, la Marina, la Corte y la Administración. Eso obligó a crear nuevos impuestos, ventas de oficios, jurisdicciones y rentas, exigencia de donativos en teoría voluntarios a instituciones y particulares y la aprobación de un porcentaje de intereses de los juros.

La confesionalización del Estado siguió siendo compatible con el ejercicio de un activo regalismo, que originó conflictos con Roma.

Las tensiones provocadas por exigencias fiscales de la Corona y su continua campaña contra la salida de numerario hacia la Santa Sede desembocaron en la crisis del cierre del Tribunal de la Nunciatura en Madrid (1639), acusado de derivar a su jurisdicción toda clase de pleitos, gracias y dispensas.

2. Del gobierno de Juntas al gobierno del Valido

El valimiento representa el retorno de la nobleza al ejercicio directo del poder político. El ascenso del valido significó la decadencia del secretario, el viejo secretariado perdió influencia política, mientras la nobleza castellana se congregaba en torno al centro del Estado.

El valimiento fue la nueva forma de gobierno. La figura del valido representa la mayor novedad de este reinado. Debemos interpretar el surgimiento de la figura del valido en relación con la necesidad generada por la creciente complejidad de los asuntos de gobierno. La carga de gobernar el Estado hispánico y su vasto imperio había aumentado hasta exceder el punto en que podía llevarla un solo hombre. Las cantidades de papeles crecían inexorablemente, lo que era un problema administrativo, superaba con creces lo que podía resolver un ejecutivo unipersonal.

Era una pieza instrumental que permitía deslindar la titularidad de la soberanía del ejercicio cotidiano del gobierno, lo que liberaba al rey de posibles críticas ante las consecuencias de medidas desacertadas. Su función era supervisar los consejos, manejar los instrumentos escritos del gobierno y aconsejar al rey.

Aunque los grandes criticaban abiertamente a los validos, su crítica no iba dirigida contra el cargo como tal, sino contra sus titulares individuales.

Desde 1598 hasta 1676 veremos a los validos en tareas de gobierno, solamente interrumpida en breves plazos. La esencia del valimiento era la íntima amistad con el rey y la intervención directa en la dirección de la monarquía.

La profesionalización de letrados procedentes de Colegios Mayores de las universidades y el establecimiento de una carrera administrativa en los consejos, contrarrestaron algunos vicios arraigados, como la venta de algunos cargos, la consolidación de redes clientelares o la corrupción en el cuerpo de oficiales. Por el contrario, la monarquía renunció en los años finales de este reinado a retener la administración directa del sector militar, que pasó a manos privadas como en el reclutamiento del Ejército, construcción de buques para la Armada, fabricación de armas y municiones, avituallamiento de galeras, presidios y guarniciones. Esta dejación de atribuciones a favor de asentistas particulares resultó acertada ya que obtuvieron mayor eficacia en la defensa de Imperio.

La aparición de los validos debemos ponerla en relación con la pugna con la Corte por el control de los resortes de poder. Fue un intento nobiliario de acaparar la esfera de la monarquía, asaltar pacíficamente los más altos escalones político-administrativos, arrebatándoselos a letrados y pequeños hidalgos. La reacción de la alta nobleza fue contra los secretarios de Estado que se interponían entre el monarca y los grandes.

Los secretarios de Estado pasaron a ser literalmente secretarios del Consejo de Estado. Ya no eran consejeros privados del rey. No eran más que funcionarios, importantes, pero oscurecidos por el valido.

La concentración de poder en una sola mano rompía con el sistema de equilibrio entre facciones que había caracterizado a los sistemas políticos europeos en la segunda mitad del siglo XVI.

El aspecto más relevante de la reforma administrativa fue la proliferación de las Juntas, pequeños comités paralelos a los Consejos cuya misión era considerar los problemas urgentes. Generalmente estas Juntas se componían de miembros del Consejo que las había creado, reforzados por especialistas que podían ser de otros Consejos o no. Un ejemplo es la Junta de Guerra de Indias que se creó en 1600, especializada en asuntos militares y navales del Imperio.

Es decir, los validos gobernaron al margen de los consejos por medio de esas juntas reducidas, compuestas por personas de confianza. Concedieron puestos y cargos claves a una clientela de parientes y amigos.

Las sesiones de Cortes fueron muy espaciadas y, aunque las exigencias financieras obligaron en algunos momentos a su convocatoria, la discusión de las reivindicaciones y la resistencia a las pretensiones fiscales de la Corona no estimularon a los ministros a insistir, salvo en Navarra que siempre respondió positivamente.

3. El validato del duque de Lerma (1598-1618)

El valimiento evolucionó en el transcurso del siglo XVII, el primer estadio importante de su desarrollo fueron los 20 años del duque de Lerma.

El nuevo régimen estuvo dominado por el validato del aristócrata que fue virrey de Valencia, Francisco de Sandoval, marqués de Denia y desde 1599 primer duque de Lerma (1598-1618), cortesano únicamente interesado en enriquecerse y en acumular poder, cargos y honores para él y para sus allegados.

El duque de Lerma se afianzó con una serie de estrategias destinadas a controlar el entorno palaciego en que se movía el rey. Para eso, propició el alejamiento de la Corte de los antiguos ministros de Felipe II. Consiguió una autorización verbal para firmar documentos de Estado en nombre del monarca para legitimar su posición y en 1612 el rey declaraba su completa satisfacción por los servicios prestados por el valido. Decretaba que las órdenes firmadas por Lerma tenían el valor de una real orden, poniendo todo el sistema de los consejos a su disposición. Recibía el material de la secretaría, lo distribuía a los consejos y tomaba decisiones ejecutivas sobre sus consultas.

Ese afán se combinaba con una insaciable sed de riquezas. Promovió el nombramiento en los distintos consejos de clientes fieles hasta alcanzar lo que se ha denominado un gobierno de hechuras. Sus familiares ocuparon virreinatos, presidencias o secretarías de Consejos y otros cargos relevantes. En julio de 1605 dio órdenes al secretario del Consejo de Estado para que los asuntos relativos a nombramientos y mercedes fuesen sometidos directamente al rey.

De la misma manera que Lerma y sus seguidores buscaban el patronazgo del monarca, distribuyeron a su vez el patronazgo entre sus clientes y adquirieron así sus propios validos.

Las dos únicas medidas de Lerma fueron el uso sistemático de devaluaciones para salvar las finanzas reales, inundando al país con el devaluado vellón de cobre, y la expulsión de los moriscos que únicamente sirvió para debilitar la economía rural aragonesa y valenciana. Los resultados fueron la inflación de precios y la escasez de fuerza de trabajo.

Tampoco debemos despreciar la expansión y reforma en la administración del Estado que potenció.

Atravesó algunos momentos críticos, como en 1607, la enemistad de la reina Margarita y las dificultades de la Hacienda Real se combinaron con un escándalo de corrupción de uno de sus allegados. Sin embargo, gracias a su íntima amistad con el rey, pudo "capear el temporal" y en 1612 alcanzó la cumbre de su privanza. Un decreto ordenaba a cada consejo y a su presidente "cumplir todas las instrucciones u órdenes del duque… y proporcionarle toda la información que requiera".

Un caso singular de su corruptela fue cuando convenció al rey para trasladar la corte de Madrid a Valladolid en 1601, previamente él y su red clientelar habían comprado terrenos y palacios en esa ciudad para después vendérselos a la Corona. Y en 1606 volvió a persuadir a Felipe III para devolver la corte a Madrid, de nuevo, el duque había adquirido numerosos viviendas y palacios madrileños que habían quedado a bajo precio. La posición de Lerma empezó a debilitarse hacia mediados de la segunda década; entre 1613 y 1614, el rey hizo caso omiso a sus recomendaciones respecto a la asignación de cargos. En 1615, dos de los enemigos más acérrimos que tenía el valido pasaron al Consejo de Estado.

Hasta 1618 Lerma fue incrementando sus riquezas y su impopularidad, se convirtió en el blanco de las críticas por la situación económica y la política internacional.

En los círculos cortesanos más íntimos al monarca, se organizó una facción anti-Lerma aglutinada en torno a su propio hijo, nuevo pretendiente al valimiento, el duque de Uceda.

Además, otras circunstancias se unieron contra Lerma: situación hacendística y monetaria; conflictivas cortes castellanas de 1617-1620; rebelión de Bohemia en el inicio de la guerra de los Treinta Años; y creciente oposición interna.

El duque de Lerma consiguió un cardenalato en Roma, así pudo escapar de quienes lo acusaba de desviar dinero de las arcas reales. Una copla que corrió por la corte decía: "para no morir ahorcado, el mayor ladrón de España se viste de colorado".

En 1618 Felipe III empezó a retirarle su confianza, limitando su acceso a los documentos de Estado y advirtiéndole que se preparara para el retiro y acabó por cesarlo.

4. La privanza de Uceda (1618-1621)

En los últimos años del reinado de Felipe III el duque de Uceda, sustituye a su padre, aunque sus atributos fueron recortados. En septiembre de 1618 se produce en la Corte la llamada revolución de las llaves, una intriga palaciega por los cambios que hizo el monarca en algunos oficios de la casa del príncipe que, a instancias del duque de Uceda y de Aliaga, querían ejercer un control más protector del entorno y sobre la formación del futuro rey.

Esto terminó con la salida de la Corte del duque de Lerma y de los principales personajes de la facción lermista y la designación para el servicio del príncipe de dos personas de confianza de Aliaga. Además, para la cámara del rey fueron colocados los yernos de Uceda. Fue una gran victoria de la coalición Uceda-Aliaga, apoyada por la nobleza cortesana disidente de Lerma.

En estos pocos años el ascenso y toma de posiciones del grupo liderado por Baltasar de Zúñiga propugnaba una política de reformas y prestigio imperial.

La cesión de poderes fue instantánea, pero también incompleta. El 15 de noviembre de 1618 el rey promulgó un decreto que establecía que todas las formulaciones políticas, órdenes y cuestiones de patronazgo dependerían de la voluntad regia y serían firmadas por el monarca y nadie más. De este modo, ponía fin, al menos formalmente, a la delegación de poderes casi total del rey en el valido, lo que significaba que los consejos no dependerían tanto de Uceda como habían dependido de Lerma. Era una nueva definición de la privanza fundamentada en el continuismo y la limitación de atribuciones, pero en el fondo la gestión de Uceda fue similar a la de su padre: un valimiento aristocrático que representaba en la Corte los intereses del clan de los Sandovales que desarrolló un esquema conservador en política interior y exterior.

Pero Felipe III no mantuvo su resolución, Uceda no tardó en manejar los asuntos de los consejos por cuenta del rey, la administración lo consideraba como si fuese un primer ministro. No obstante, su posición nunca estuvo tan bien definida como había sido la de Lerma. No monopolizó el enlace entre el rey y los consejos.

El duque de Uceda persiguió con saña a los colaboradores de su padre, especialmente a Rodrigo Calderón, que había sido privado del duque de Lerma y embajador en Flandes.

No tenía dotes políticas, en su régimen hubo un cierto vacío. La privanza de Uceda no tuvo el alcance de la anterior, ni pudo prolongarse más allá de la muerte del soberano en 1621.

Las Cortes castellanas retoman sus viejas atribuciones, exigen al rey la adopción de medidas para combatir la recesión económica, obteniendo como respuesta la consulta del Consejo de Castilla de 1619, un primer paso en la toma de conciencia ante la crisis, por más que los remedios propuestos no fueron imaginativos. La situación exterior cambió con el comienzo de la guerra de los Treinta Años y el fin de la tregua en Flandes.

Uceda intentó ejercer con apariencia de poder, al precio de cometer muchas torpezas en asuntos de gobierno y con falta de autoridad para afrontar la coyuntura, por lo que recibió críticas dentro y fuera de la Corte. Muchos buscaron la solución en el reajuste de poderes, que solo se conseguiría si las Cortes y los Consejos recobraban la gobernación que había sido interferida por los validos.

En 1619 el Consejo de Castilla señalaba que los males del reino tenían causas políticas y solo podrían frenarse si restauraban las formas tradicionales de gobierno. Esos males eran: despoblación, crisis agrícola, crisis hacendística, destrucción de la justicia e incremento de la corrupción en la administración por la venta de oficios.

Así, hubo un enfrentamiento entre los privados del rey, Uceda y Aliaga y los privados del príncipe heredero: Zúñiga y Olivares, que propugnaban una política interior más activa.

El día de la muerte de Felipe III, por expresa voluntad del nuevo rey, Uceda fue obligado a entregar los documentos de Estado y la dirección del gobierno a Baltasar de Zúñiga y se persiguió a Uceda y sus hechuras, con cierto cariz propagandístico como forma de mostrar el nuevo gobierno la persecución de la corrupción del sistema del reinado de Felipe III.

5. La expulsión de los moriscos: causas y consecuencias

La expulsión se produjo por medio de una serie de órdenes que afectaron a los distintos territorios de la Península Ibérica con presencia morisca, a partir del 1609, durante el reinado de Felipe III.

El 9 de abril de ese año el rey aprobó el proyecto de expulsión de los moriscos valencianos. En enero de 1610 fueron expulsado los moriscos andaluces y murcianos, mayoritariamente salieron por los puertos de Sevilla, Málaga y Cartagena. La expulsión de Aragón y Cataluña se publicó el 29 de mayo de 1610, algunos fueron encaminados hacia Francia, pero la mayor parte se dirigieron al norte de África. La expulsión de los moriscos de Castilla, La Mancha y Extremadura fue precedida de una real cédula del 28 de diciembre de 1609, donde se les daba 30 días para abandonar los territorios de la Corona, salieron por Cartagena y los pasos del Pirineo occidental. Los últimos morisco expulsados fueron los del Valle de Ricofe (conocido como el Valle Morisco), en la región de Murcia, antiguos mudéjares cuya deportación no se consumó hasta octubre de 1613.

La medida fue en general aplaudida, el sentir popular tuvo peso en la adopción de esta acción, a excepción de los señores que se veían afectados porque trabajaban en sus tierras. Además de las motivaciones religiosa y política, hay un hecho social.

Los recelos contra los moriscos provenían de la sospecha de que siguiesen practicando sus antiguas creencias, ya que la conversión al catolicismo era condición indispensable que se imponía a libres y libertos, así como a muchos esclavos.

El reparto de los moriscos fue desigual en la Corona española, predominaban en Valencia y, dentro de esta región, sólo abundaban en dos comarcas de regadío: las situadas alrededor de Játiva y de Gandía. Los moriscos escaseaban en lugares de realengo y eran poco numerosos en los de señorío eclesiástico; abundaban en cambio en las tierras de los barones, esto es, en las de señorío laico. Por eso la repercusión fue diferente:

a) En Granada y Murcia fue bastante dura.
b) En el Reino de Aragón, sobre todo, a lo largo del río Ebro y sus afluentes.
c) En el reino de Valencia hay que calificarlo de grave o catastrófica, con una importante disminución de la producción de arroz y caña azucarera.

En el bando de expulsión de los moriscos hubo discriminaciones entre hombres y mujeres. Los matrimonios mixtos de cristiano viejo casado con morisca, no fueron expulsados. Mientras que los moriscos con cristiana vieja fueron expulsados junto con sus hijos, así la cristiana vieja casada con morisco pudo quedarse, pero a costa de romper su matrimonio y sin garantías de poder conservar a sus hijos.

Los moriscos constituyeron una parte de la Corona española, una prolongación de su pueblo, el número de libros escritos entre 1610 y 1613, con motivo de la expulsión (unos 20 entre impresos y manuscritos), demuestra la importancia que tal suceso tuvo para la opinión pública.

Los efectos demográficos no se pueden igualar en toda la Península debido a que había una corriente migratoria anterior y muchos escaparon a la expulsión, por la imperfección del sistema. El total de expulsados se calcula entre 275.000 y 300.000, es decir, el 4,05 % de la población, pero en el reino de Valencia suponían el 26,77 %, en Aragón el 16,23 %, pero la proporción fue menor en Cataluña solo el 1,02% y en Castilla y Extremadura el 1,56 %.

Cuando se decreta la expulsión de los moriscos de la Península, la mayor parte de los cristianos viejos de Canarias decían que los moriscos aquí eran buenos cristianos y leales vasallos, pronunciándose contra su expulsión.

El régimen señorial se potenció con el traspaso a los nobles de tierras que poseían los moriscos y con el reforzamiento de poderes y derechos señoriales en las cartas de repoblación.

La repoblación fue insuficiente, hecha en su mayoría con gente del propio reino de Valencia, un 6 % de mallorquines, genoveses y franceses, lo que provocó, unido a la coyuntura depresiva, un proceso de concentración parcelaria del que solo se beneficiaron algunas familias nobiliarias.

No obstante, un pasquín de 1725 colocado en un convento de monjas en La Laguna decía:

"Aunque más abonos haga,

Morisco siempre ha de ser,

Que esta raza no se acaba,

Por más que el tiempo la lava,

Mas vuelve a reverdecer".

6. Los arbitristas

A finales del siglo XVI todo este conjunto de problemas, epidemias, malas cosechas, fracasos en el ámbito internacional, bancarrota... pusieron a ciertos sectores ante una nueva realidad que analizaron con dureza. Tenían conciencia de que empezaba una nueva etapa caracterizada por gran cantidad de conflictos.

Toman su nombre de las propuestas hechas a la Corona para obtener ingresos fiscales o dar soluciones a problemas de su Hacienda.

Funcionarios, miembros del clero, militares, comerciantes se lanzaron a reflexionar sobre las grandes cuestiones de la época, produciendo folletos, tratados, opúsculos que examinaban la situación de la monarquía hispánica y proponía remedios. A esta literatura, inserta en esa corriente de pensamiento político-económico se la llamó en su momento, arbitrista, representativa del mundo hispano del siglo XVII.

Progresivamente dejarán de centrarse solo en temas fiscales para abordar las razones generales de la decadencia económica y proponer medidas. Se trataba de proyectos exagerados e ingenuos, poco realistas, muy variados, algunos duramente criticados por la literatura del Siglo de Oro, que los caricaturizó de forma satírica como malos consejeros y miserables forjadores de quimeras. Los arbitristas más conocidos durante este reinado fueron: Martín González de Cellórigo, Sancho de Moncada, Pedro Fernández de Navarrete, Pedro de Valencia. A través de sus escritos podemos tener una imagen acerca de las principales preocupaciones de la sociedad de la época. Diagnosticaron los males de la enfermedad hispana y propusieron medios, arbitrios o avisos para remediarla.

En la riada de escritos acerca de la decadencia económica, diagnostican un conjunto de problemas:

— Abundancia de oro y plata de América que había elevado los precios españoles, lo que los hacía poco competitivos.

— Entrada de mercancías extranjeras que arruinaban las manufacturas propias y, con ella, el comercio y la agricultura.
— Empobrecimiento del Estado a causa del costo de las empresas militares que acarreaban la decadencia de la actividad productiva.
— Excesiva circulación monetaria que favoreció el lujo y fomentó el ocio y el descuido del trabajo.

La mayoría de las reformas propuestas iban dirigidas al campo económico. Estaban imbuidos de ideas mercantilistas, propugnaban medidas proteccionistas que pudiesen cambiar la balanza comercial. Pretendían desarrollar la agricultura y la industria, quitar incentivos a la exportación de materias primas, sobre todo, lana, y grabar la importación de productos manufacturados para lograr el superávit que pudiera sacar al reino de su postración. La distribución de la presión fiscal llevó a algunos arbitristas a proponer reformas del sistema tributario.

Los elementos comunes de los distintos sectores y las posibles soluciones de esa literatura arbitrista son:

— El arbitrismo fiscal y financiero, como Juan de Silva que en 1600 propugnaba recurrir a los Montes de Piedad como remedio de la hacienda.
— El arbitrismo económico se caracteriza por el deseo de restaurar o recuperar las fuerzas del país, proponiendo el intervencionismo estatal, el reglamentarismo y el universalismo, en el sentido que sus propuestas debían afectar a todo el Estado. La mayor parte de ellos se encuadra en la problemática agraria, analizan las causas de la decadencia agraria de la España interior: sustitución de bueyes por mulas, excesiva fiscalidad, inversiones en censos y juros, despoblación, roturaciones excesivas de baldíos y ruptura del equilibrio ecológico.
— Los arbitristas políticos quieren contribuir a la conservación y defensa de la monarquía, con medidas que afectan a la política exterior, la milicia o la administración. También propugnan la reforma de los órganos de gobierno del Estado.
— El arbitrismo social pone de relieve aspectos de la estructura y valores sociales causantes de la decadencia. Lamentan el menosprecio hacia el trabajo y su relación con el incremento de la mendicidad. También denuncian la limpieza de sangre como factor de despoblación y desincentivación social.
— Los arbitristas técnicos proponen medidas innovadoras que afectan a la productividad agrícola, a las manufacturas, a la navegación, riesgos y construcción naval, etc.

Sin embargo, estas obras de reflexión económica y social casi nunca tuvieron repercusión práctica.

7. Las relaciones internacionales: el tratado de Londres y la tregua hispano-holandesa

Aunque fue un rey muy religioso, no mantuvo el espíritu de cruzada anterior. En política internacional se sigue considerando a la Corona hispana la defensora del catolicismo, pero se mantuvo la paz, sobre todo, por el cansancio del Estado y la situación ruinosa de la Hacienda.

Desde principios del siglo XVII la Corona declinaba en los mares y era patente el auge de Inglaterra y Holanda; la Reforma continuaba su avance por Europa central.

La muerte de Isabel I de Inglaterra posibilitó un tratado de paz con su sucesor, Jacobo I Estuardo. El archiduque Alberto se casó con una hija de su tío Felipe II quien traspasó al matrimonio la soberanía de los Países Bajos, aunque una cláusula señalaba qué si morían sin descendencia, el territorio volvería a la Corona hispánica, como sucedió en 1621 al fallecer, quedando su mujer Isabel Clara Eugenia como gobernadora en nombre de su sobrino Felipe IV.

En 1603 había enviado, por propia iniciativa, un embajador a Londres para iniciar negociaciones con el nuevo rey de Inglaterra y urgió a Madrid a que llevara los conflictos entre ambos Estados a la mesa de la conferencia, lo que pudo culminar con el tratado de Londres de 1604.

La guerra de Flandes continuó consumiendo hombres y dinero. En 1602-1603 una expansión cíclica en el tráfico de Indias dio ganancias y permitió enviar mayores provisiones a los Países Bajos. Esto proporcionó los medios para renovar las operaciones militares y condujo al triunfante asedio de Ostende, fue el preludio de una ofensiva a gran escala, pero no resolvió nada y resultaba muy costrosa económicamente. En 1606 un motín de las tropas cuyos haberes se adeudaban, por la caída de ingresos de Indias en 1604-1605, empeoró las perspectivas hispánicas, se contuvo la ofensiva española y desmanteló el esfuerzo bélico.

La revuelta de los tercios de 1606 supuso un duro golpe a la confianza en la posibilidad de reconquistar las Provincias Unidas; juntamente la suspensión de pagos de 1607 y las pérdidas en el comercio de Indias, convenció al gobierno de que había llegado el momento de negociar.

El archiduque Alberto calculó que las Provincias Unidas nunca aceptarían la rendición incondicional. Constituían un Estado, reconocido por muchas potencias europeas; poseían una administración eficaz, un floreciente comercio transoceánico y una protección natural contra un ejército invasor. La campaña que comenzó con éxitos, mostraba la imposibilidad de reducir a los holandeses por la fuerza. El archiduque concluyó un alto el fuego por iniciativa propia en 1607, lo que llevó a un reconocimiento de la soberanía holandesa por la duración del alto el fuego.

Los holandeses también estaban agotados por la guerra que no parecía tener fin. Esas necesidades de paz de ambas partes desembocaron en una tregua de 2 años (1609) que se prolongó por 12 años con una reserva que favorecía a los holandeses. Esto dio respiro a España en los Países Bajos, aunque en Ultramar podrían seguir las hostilidades, como de hecho ocurrió, con graves perjuicios, sobre todo, para Portugal y sus colonias. Los holandeses no querían verse excluidos del comercio americano, ya que no podían hacerlo legalmente se dispusieron a hacerlo empleando el fraude y las armas. Hubo un artículo que para ellos era esencial: la sal, por eso se instalaron en las salinas de Araya. Pero para la Corona hispana, una derrota era esencialmente una derrota en Castilla, ya que era ese reino el que le proporcionaba la política y el sostenimiento como potencia mundial. Frustrada en el exterior, Castilla desarrolló una sensibilidad nueva y acusada en sus relaciones políticas: empezó a buscar compensación y a examinar su posición dentro de la Península Ibérica.

La situación en Alemania empeoraba; el compromiso de Felipe III con la causa de los Habsburgo y su posición en los Países Bajos tenía que ser valorado de nuevo. La Corona española intervino en Alemania, al principio a escala reducida, pero suficiente para agravar los gastos. Lerma se pronunciaba por una política de paz y no intervención en Europa septentrional.

El último asiento contratado por Felipe III poco antes de su muerte en marzo de 1621 fue destinado a los gastos de defensa en los Países Bajos, el Atlántico y el Mediterráneo.

TEMA 8: LA ESPAÑA DE FELIPE IV

1. El restablecimiento de la idea imperial y la Unión de Armas

El reinado de Felipe IV (1621-1665), presenta problemas económicos generados por la ruina de Castilla, de sus industrias, ganadería (declive de la Mesta, silvicultura y pesca) y el monopolio comercial burlado por los extranjeros. En la Península Ibérica vivían unos 7 millones de habitantes, con 5 millones más en la Italia española, casi lo mismo que en América Latina y Filipinas, y habría que añadir 1 millón más en los Países Bajos meridionales.

Los primeros años del reinado estuvieron caracterizados por el impulso a la reforma interna y al reforzamiento del poder hispánico en el exterior.

Se casó con la princesa de Francia, Isabel de Borbón, cuando él tenía 10 años y ella 13. Esta primera esposa murió en 1645, volvió a contraer matrimonio con Mariana de Austria, ella de 14 años y él de 44; se dice que tuvo más de 40 hijos ilegítimos.

España sufría ataques de sus enemigos en diversas partes del mundo. El conde-duque de Olivares se percató de los peligros de la falta de una integración central. Castilla mantenía una aislada y peligrosa hegemonía, por eso propuso a Felipe IV una profunda reforma en un memorándum secreto en 1624.

Leyes y fueros de la Corona de Aragón impedían la utilización de sus soldados fuera de su reino de origen. Olivares defendía la equiparación de las cargas fiscales y las responsabilidades políticas, para permitir el acceso regular de la nobleza aragonesa, catalana e italiana a altos cargos del servicio real, a cambio de una redistribución equitativa de la carga impositiva y la aceptación de leyes uniformes. Este anteproyecto era demasiado atrevido.

Por eso, Olivares hizo un segundo proyecto más limitado, la "Unión de Armas" de 1626, para crear un ejército común de reservas de 140.000 hombres entre las diversas partes que componían la monarquía, mantenido por todas las posesiones de la Corona. La unión era, por un lado, militar, pero también llevaba aparejada una redistribución fiscal y de hombres de cada reino para contribuir en la defensa de la monarquía y darle cierto reposo a Castilla. Si cualquier parte sufría un ataque, los otros Estados irían inmediatamente en su ayuda. Es decir, era un proyecto militar, político y financiero.

Este segundo proyecto fue duramente atacado debido al particularismo tradicional. Cataluña, principalmente, se negó y el proyecto quedó en letra muerta.

Había que compartir costes de la defensa imperial. La Unión debía familiarizar (la palabra utilizada en círculos gubernamentales) a los súbditos "para que se olviden la separación en que hasta aquí han vivido".

El fin confesado era militar, se detallaba la cantidad de efectivos que cada reino debía aportar. Político porque buscaba la unidad de intereses y esfuerzos. Financiero y hacendístico porque establecía una racionalidad contributiva.

Este planteamiento iba acompañado por una campaña propagandística e institucional. En 1626 el monarca y su valido partieron de Madrid para exponer el proyecto de la Unión de Armas que se concentró en la convocatoria y reunión de las Cortes de Valencia, Aragón y Cataluña. Después pretendían trasladarse a Portugal.

El proyecto, desde el inicio, estuvo condenado al fracaso al fijar las obligaciones de cada parte, basándose en datos poco realistas. Afirmaba que la población de Cataluña ascendía a un millón, mientras que investigaciones recientes indican que Felipe IV tenía como mucho medio millón de súbditos catalanes, tal vez, solamente 300.000. Las Cortes catalanas rechazaron votar un solo maravedí a la Unión.

Solicitó al reino de Valencia que aportara 6.000 soldados, es decir, un varón adulto de cada 100. Las Cortes valencianas estaban dispuestas a dar solo una cuarta parte de lo que pidió la Corona.

A Aragón le pedían que financiaran 3.333 soldados como ejército permanente con otros 10.000 más como reserva estratégica, pero ante la tenaz oposición de sus cortes, lo redujeron a 2.300 hombres y, finalmente, aceptaron solo 2.000.

También proponía la creación de colonias de extranjeros católicos. No pensaba solo en el crecimiento poblacional, sino también que los nuevos pobladores se dedicasen a la industria, fundamentalmente la textil. Para estimular el comercio interior y exterior insiste en obras de canalización para hacer ríos navegables y suprimir aduanas y puertos secos.

La Unión proporcionó un foco común a descontentos anteriormente independientes.

El dinero disponible no alcanzó para seguir manteniendo la presencia militar. El reclutamiento voluntario trató de paliarse parcialmente con levas forzosas, con las consiguientes resistencias y disminución de la eficacia y los soldados disponibles fueron disminuyendo en todos los frentes.

2. El Conde-duque de Olivares

En las décadas de 1620 y 1630 se hizo cargo de la política Gaspar de Guzmán, conde de Olivares y más tarde, duque de Sanlúcar la Mayor, de ahí obtuvo la dignidad a perpetuidad de conde-duque. Pasó 22 años dedicados infatigablemente al servicio del soberano. Su familia pertenecía a una rama menor de la casa ducal de Medina Sidonia, de la nobleza andaluza de rango medio. Los fundamentos de su poder se basaban en las relaciones personales que mantenía con el rey.

Designó a parientes de las casas de Guzmán, Haro y Zúñiga para importantes y lucrativos puestos. El Conde Duque encontró sus hechuras o entre sus amigos y clientes de su casa en Sevilla o dentro de la burocracia. La rigidez dentro del sistema de promoción de la burocracia actuaba contra la transformación de los organismos administrativos mediante la incorporación de hombres que no hubiesen seguido el cursus tradicional. Supo añadir miembros de las familias habituales de secretarios, de formación y talante diferentes a las dinastías de letrados. Un pequeño grupo de secretarios encabezados por el protonotario de Aragón, Jerónimo de Villanueva, ejercían gran influencia. Este grupo de secretarios y consejeros que formaban el círculo de criados y hechuras de Olivares, ascendieron socialmente rápido mediante mercedes y hábitos de órdenes militares, como por ganancias, lícitas e ilícitas, lo que les granjeó un odio universal. Era una corte en la que la antigua nobleza se sentía cada vez más a disgusto y las fricciones con los hombres del Conde Duque iban creciendo, con el consecuente aislamiento de un régimen que carecía de bases de apoyo dentro de la sociedad castellana. El valido se quejaba de falta de obediencia, insubordinación de los nobles y resistencia de las oligarquías municipales.

Olivares estuvo empeñado en erradicar mecanismos de corrupción, castigó a muerte a Rodrigo Calderón, secretario del duque de Lerma; para eso aplicó la exigencia del levantamiento de inventarios de bienes a los funcionarios. También puso en marcha unas juntas como: Armada, Minas, Sal, Población, Millones, etc., estableció impuestos indirectos sobre el consumo de vino, vinagre, carne, jabón y velas de sebo. Como instrumento para la adopción de decisiones rápidas creó una Junta de Ejecución. El más importante de estos organismos fue la Junta Grande de Reformación, que emitió medidas mercantilistas para fomentar el incremento de población, imponer un régimen de austeridad del gasto público y de quitar leyes suntuarias para combatir el lujo y la ostentación. Este dispositivo fracasó poco tiempo después, porque las juntas no tenían bien definidas sus atribuciones y entraban en conflicto con instituciones más antiguas y consolidadas y, además, esas medidas chocaron con resistencias dentro y fuera de la corte.

Diseñó nuevas políticas para fomentar la moderación y la austeridad, con el objetivo de incentivar industria, comercio y agricultura y, de este modo, reducir impuestos en Castilla, se propuso llevar a las diferentes partes de la monarquía hacia una asociación más estrecha.

En España crecían las protestas por la presión fiscal y las levas de reclutamiento, con lo que aparecen críticas contra la guerra de Flandes. La solución a todos los males externos e internos fue cambiar al Conde-Duque de Olivares.

La caída del Conde-Duque de Olivares en enero de 1643, ocurrió en el momento culminante de la crisis política y militar. El monarca encomendó la dirección política a un nuevo valido. Su sucesor fue su sobrino Luis de Haro, que no tuvo las atribuciones de su antecesor ni dispuso de otro programa que remediar la dramática situación heredada, aceptando la derrota en aquellos casos en que se imponía por su evidencia.

Con la caída de Olivares España se vio abocada a dos generaciones de estancamiento político. Con la administración real reducida para sostener el esfuerzo bélico, las fuerzas sociales contra las que había luchado el Conde Duque tuvieron camino libre.

Luis de Haro dirigió la guerra de Cataluña, la de Portugal, la restauración del orden en Sicilia y Nápoles, y la negociación de las paces de Westfalia y de los Pirineos. La insolvencia financiera generó disturbios antifiscales en Andalucía, La Rioja y Galicia, produjo la suspensión de pagos de 1662 y la organización del Medio General de 1664.

Los 22 años del gobierno de Olivares representan una breve interrupción que no consiguió frenar el movimiento hacia el dominio de las oligarquías, tanto en órganos centrales como provinciales. Felipe IV falleció en Madrid en septiembre de 1665.

3. Hacia la hegemonía total de los Habsburgo: éxitos militares

Se había tratado de obtener una regeneración política interna para lo cual era necesario un ambiente pacifista, pero tras la paz del reinado anterior, vino la guerra de los Treinta años. Se reanudaron las hostilidades con Holanda que ahora tenía aspiraciones marítimas.

Los primeros años del reinado que acaban en 1625, arrojaron un saldo favorable, siguiendo la estrategia tradicional. La maquinaria militar hispánica funcionó bien. Hubo algunos éxitos para España como Breda, 1625, el rechazo en Cádiz de una escuadra inglesa, recuperación de la Bahía de Todos los Santos de Brasil (actualmente en el Estado de Bahía) en manos holandesas, expulsaron a los franceses de Génova y también se recuperó Puerto Rico que había sido ocupada por los holandeses.

Estas victorias produjeron en círculos dirigentes hispanos una doble reacción, emotiva y crítica. Coincidiendo con los desastres protestantes en el Imperio germánico, estimularon un clima de confianza en los aliados dinásticos de Madrid y Viena, pero, por otra parte, se advertía una victoria pírrica y parca en consecuencias, que llevó a una crisis de conciencia.

El objetivo era salvar la reputación, interviniendo en conflictos que considerasen de su incumbencia, que comprometiesen la causa de la religión católica frente al protestantismo.

El inicio de la guerra de los Treinta Años llevó a los tercios a los campos de batalla de Europa. En 1621 la continuación de la guerra en los Países Bajos redujo la participación hispana en la contienda, aunque las tropas del Cardenal-Infante Don Fernando fuesen capaces de obtener la última gran victoria de los tercios, en 1634, poco antes de que la entrada en guerra de Francia, aliada a los protestantes para defender sus intereses dinásticos, lo que obligará a la Corona española a un nuevo esfuerzo en el frente occidental y meridional.

El reinado de Felipe IV se inicia con una sublevación en Bohemia de la rama austriaca de los Habsburgo. Era la ocasión de aplastar al protestantismo en Alemania y ajustar cuentas con Holanda y así dominar el corredor entre Italia y Flandes, denominado camino español. Los Estados de Bohemia fueron vencidos en la batalla de Montaña Blanca, 1620 (el último año del reinado de Felipe III), a las afueras de Praga, con subsidios y veteranos hispánicos, las fuerzas de Federico V y el protestantismo fueron derrotados en tierras checas.

Para prevenir la amenaza de un ataque combinado de los Habsburgo españoles y austriacos, los holandeses decidieron conceder asilo al derrotado Federico V.

En 1622 y 1623 Federico V armó ejércitos con dinero holandés, pero fue derrotado por las fuerzas católicas. Empezó a considerase que era inevitable una invasión conjunta de los Habsburgo. Las victorias habían sido posibles gracias al masivo apoyo financiero y militar de la Liga Católica, controlada por Maximiliano de Baviera.

La guerra de los Treinta Años asoló a Europa, las bandas armadas actuaban como forajidos. Felipe IV alcanzó éxitos tempranos en el norte, pero después, tuvo desastres en el sur.

La inminente victoria de los Habsburgo casi se fue disolviendo hasta 1633, etapa de incertidumbre para Viena y Madrid.

En diciembre de 1627, la muerte del último señor de los Estados estratégicos de Mantua y Montferrato provocó en la Península Itálica un peligro para la Corona española por la sucesión de esos ducados. Para anticiparse, las tropas hispánicas lanzaron una invasión desde Lombardía, mientras las guarniciones de esos territorios se declaraban partidarias del duque de Nevers quien solicitó ayuda a Francia. La toma de Breda obligó la retirada de los holandeses, sin embargo, esas victorias forzaron la entrada en guerra de Francia que en 1643 acabó con la supremacía de los tercios españoles. Luis XIII de Francia entró en Italia con un ejército en apoyo al pretendiente francés. Finalmente, Breda fue recuperada por los holandeses en 1637. Los Estados del norte de Italia acogieron al rey francés como a un libertador de la opresión hispana; España abandonó todas sus ganancias.

El rey de Dinamarca asume la jefatura militar del protestantismo. España rechazó sus ataques e invadió el norte de Alemania.

En septiembre de 1628 una armada holandesa capturó prácticamente intacta la flota que venía de Nueva España con 2 millones de ducados en plata y más de 5 millones en mercancía, navíos y material. Esto arruinó a muchos comerciantes de Sevilla y Madrid y destruyó la planificación fiscal para 1629.

Desembarazada de Holanda, la Monarquía concentró sus esfuerzos contra Francia y en el Mediterráneo: Nápoles se recuperó en 1648. En 1650 venció en el Canal de Piombino entre la costa occidental italiana y la isla de

Elba y restableció las comunicaciones con el norte de la Península itálica, luego reconquistó Dunquerque y Barcelona en 1652.

4. Pérdida de la unidad estatal y luchas para recobrarla: Portugal, Cataluña, Andalucía, Nápoles-Sicilia

En la década de 1640, a medida que la Corona española sucumbía en la guerra de los Treinta Años y la bancarrota, la peste, el despoblamiento y la invasión se hacían presentes, fue inevitable que la confusa unión de patrimonios dinásticos se dividiera. Las revueltas independentistas de Portugal, Cataluña, Sicilia y Nápoles y la tentativa andaluza del duque de Medina Sidonia constituyeron un juicio sobre la debilidad del absolutismo hispánico.

En la década del 1640 soldados y barcos franceses luchaban junto a los rebeldes en Cataluña, Portugal y Nápoles.

Los movimientos separatistas de Portugal y Cataluña repercutieron en política exterior. Coincidió con motines de soldados.

Se pierde Portugal.

Cataluña se subleva, luego se logra recuperar, Barcelona se entrega en 1652, pero se le reconocían sus fueros y privilegios.

A medida que transcurría el conflicto, la presión para recabar asistencia catalana se hizo desesperada. Las intenciones unificadoras eran positivas, pero se articularon de forma torpe. Cuando Francia invadió Cataluña, Felipe IV envió soldados castellanos e italianos que tuvieron que ser atendidos por la población local. Olivares decidió forzar la entrada de Cataluña en la guerra, atacando a Francia a través de su frontera sudoriental en 1639. La nobleza catalana se enfureció a causa de los mandos castellanos y de las pérdidas contra los franceses.

Los abusos que practicó la soldadesca por no recibir sus pagas llevaron a un clima de enfrentamiento entre la población y las autoridades. El bajo clero azuzó el fervor patriótico. El campesinado asolado por alojamientos y requisas, se levantó contra las tropas. Los jornaleros del campo y parados provocaron violentos disturbios en Barcelona y en otras poblaciones.

Este conflicto en defensa de los fueros es conocido como la guerra de los segadores. La revolución catalana de 1640 (llamada Corpus de Sangre porque transcurrió el 7 de junio) fundió los agravios de todas las clases, excepto un puñado de magnates. La nobleza y el patriciado urbano provocaron la ocupación francesa con objeto de atajar los peligros del radicalismo popular y bloquear una reconquista castellana. Cataluña se convirtió, durante una década, en protectorado francés.

Olivares concentró los ejércitos reales en el este, donde las fuerzas franco-catalanas salían victoriosas, y no en el oeste, relativamente desmilitarizado.

En mayo y junio de 1640, el estallido social se generalizó, los campesinos asaltaron el palacio del virrey conde de Santa Coloma, en Barcelona y lo mataron cuando huía. La sublevación contra las tropas castellanas, expulsadas u obligada a encerrarse en fortalezas, se extendió a todo el Principado. La Corona se preparó para la invasión, mientras los rebeldes, encabezados por el canónigo de la Seu d'Urgell, Pau Claris, pedían protección a Francia, cuyo rey mandó soldados. Las élites catalanas temían que el descontento social campesino se desbordase contra ella y amenazase sus intereses, por lo que la protección gala era imprescindible.

Cataluña se convirtió en campo de batalla entre tropas al servicio de Felipe IV y las francesas de Luis XIII. Los catalanes se dividieron entre los dos bandos. La ocupación francesa resultaba tan gravosa como la castellana y muchos querían la vuelta a la tutela de Castilla. Barcelona cayó en 1652 tras 15 meses de asedio, Felipe IV adoptó una política conciliadora y perdonó a todos excepto a los dirigentes que tuvieron que irse a Francia. La guerra se prolongó hasta 1658, porque concentró las energías en la guerra con Portugal, la Corona hispana trató de recuperar el Rosellón y la Cerdaña, las regiones del norte de los Pirineos. La paz de los Pirineos en 1659 consagra la cordillera como línea divisoria, con excepción del valle de Arán y Llívia, que quedaron en poder hispano.

Portugal había organizado su propia sublevación pocos meses después. La aristocracia local resentida por la pérdida de Brasil ante los holandeses, con los sentimientos anticastellanos de las masas, reafirmó su independencia.

El descontento se nutrió de la crisis financiera, como ocurrió con el motín de Évora (1637-1638). Se unió la animadversión contra banqueros conversos protegidos por el valido, los descontentos de letrados del gobierno del Conde-duque y la incapacidad de la unión para defender el Imperio ultramarino luso, como comprobaron en la ocupación de Pernambuco desde 1630 y Elmina 1637. El duque de Braganza se proclamó rey de Portugal con el nombre de João IV en 1640. La victoria lusa de Montijo en 1644 consagraba el éxito de la revuelta.

En 1647 Nápoles y Sicilia se sacudieron la dominación hispánica.

La revuelta de Palermo en 1647 comenzó siendo un motín de subsistencias que derivó hacia reivindicaciones sociales y políticas más amplias contra privilegios nobiliarios y el gobierno municipal. La habilidad del virrey, marqués de los Vélez, concediendo la suspensión de impuestos y garantizando el perdón, permitió el control de la situación.

Más radical fue en Nápoles ese mismo año, con una primera fase de carácter social protagonizada por el dirigente popular Masaniello, dejó paso tras su asesinato a un levantamiento independentista que llegó a proclamar una república napolitana, hasta que el ejército real, al mando de Juan José de Austria, concedió el cese del virrey, un indulto general y la abolición de los gravámenes sobre los productos de mayor consumo, así fue capaz de sofocar el movimiento en 1648.

En el viaje de Felipe IV a Andalucía en 1624 hubo una visita a las marismas de Doñana que pertenecían al duque de Medina Sidonia, que le resultó bastante oneroso, llegó a servir una comida de 700 platos, lo que ocasionó un quebranto a la economía ducal. Sus herederos no se habían repuesto veinte años después. Por otro lado, la hermana de Gaspar Pérez de Guzmán, IX duque de Medina Sidonia estaba casada con el duque de Braganza, quien fue proclamado rey de Portugal en 1640. El duque de Medina Sidonia recibió órdenes, en su condición de capitán general de Andalucía, de ponerse al frente de un ejército para atacar a los portugueses. Su pasividad unida a la circunstancia de ser hermano de la reina rebelde, levantó sospechas que fueron confirmadas al conocerse su correspondencia con los rebeldes. Además, estaba implicado el marqués de Ayamonte, cuyo objetivo era proclamar a Pérez de Guzmán rey de Andalucía. Éste confesó ante la corte inculpando al marqués de Ayamonte que pagaría con su vida. El duque de Medina Sidonia fue condenado a desembolsar una fuerte cantidad de dinero y destierro de la corte. Se trató de una conjura nobiliaria de corto alcance; los conjurados no buscaron la colaboración de otros grupos sociales, pese a que el malestar entre las clases populares estaba extendido. En Córdoba la pequeña nobleza se había agitado y en Sevilla apareció un pasquín en el que se veía a una mujer postrada por el peso de sus voluminosos pechos y una leyenda decía: "Aquestos pechos no me dejan mover. Pues levántate"; esto era alusión a la gran carga fiscal y una invitación a la rebelión.

También en Aragón fue desarticulada la conspiración del duque de Híjar, en 1648, que, había sido enemigo declarado de Olivares y aspirado a sucederle en la privanza; se ha planteado que quizás pretendía proclamarse rey de Aragón. Finalmente, sufrió la prisión perpetua.

El estallido de la Fronda en Francia salvó para España a Cataluña e Italia. Mazarino, preocupado por la tempestad interior, abandonó Cataluña. En Italia había comenzado una amenazadora revuelta social de pobres y la intervención francesa terminó.

5. Las guerras con Holanda, Francia e Inglaterra: hacia la Paz de los Pirineos

En la guerra de los Treinta Años se perdió la hegemonía de la casa de Austria a escala europea y colonial. La Monarquía tuvo que reconocer la independencia de Holanda y no pudo impedir la expansión colonial holandesa a costa de los territorios portugueses.

Olivares trató de vencer a Holanda arruinando su comercio, los navíos holandeses fueron atacados, sin embargo, el bloqueo a Holanda aceleró la intervención de Suecia que logró grandes victorias.

Las hostilidades de España serían contra Francia e Inglaterra, bajo el mandato de Cromwell.

Con la entrada de Francia en el conflicto general, la guerra se convirtió en una nueva y decisiva fase de la lucha entre las coronas francesa e hispana por la hegemonía en Europa occidental. Los tratados de Westfalia y Osnabrück liquidaban esa preponderancia de los Austrias y tendían a sustituirla por un sistema de equilibrio entre las potencias.

En enero de 1648 Felipe IV firmó una paz que reconocía la independencia de la República holandesa y aceptaba liberalizar el comercio entre los Países Bajos y el mundo ibérico.

El tratado de 1648, la Paz de Westfalia registra la libertad de las Provincias Unidas (Holanda era sólo una de esas Provincias), el límite entre esas provincias y las obedientes del Sur no venía dado por la religión, sino por la situación militar. Los Países Bajos españoles abarcaban algo más de lo que hoy es Bélgica, porque también comprendía los departamentos actuales franceses del norte y paso de Calais. En el futuro, Francia trataría de ir recuperando poco a poco esos territorios y España de defenderlos, ahora con la ayuda de Holanda que ya no temía a una España decadente, sino a una Francia expansionista.

Con la paz de Münster en 1648 los holandeses obtenían de Felipe IV el reconocimiento definitivo y formal de su independencia. Tras la separación de Portugal en 1640 ya no había graves motivos de oposición con las Provincias Unidas. Los holandeses habían descubierto la conveniencia de mantener el amortiguador formado por los Países Bajos hispánicos, las provincias obedientes fieles a Felipe IV, la actual Bélgica.

No obstante, el tratado de Westfalia no terminó con las hostilidades entre Francia y la monarquía hispánica que continuaron hasta la paz de los Pirineos en 1659, cuya consecuencia principal fue la recuperación de Cataluña, pero con la pérdida de la llamada Cataluña Norte, el Rosellón y la Cerdaña.

En la década de 1650 hubo más pérdidas en Flandes, pero lo que más se prolongó fue la lenta tentativa de reconquistar Portugal. Los hidalgos castellanos habían perdido todo interés por el campo de batalla; la desilusión militar era absoluta entre los españoles. El resultado fue la ruina de la mayor parte de Extremadura y la reducción de las finanzas gubernamentales.

Además, se confirmaba el fracaso de los Habsburgos, junto con la derrota del catolicismo, ahora se hacen legales las confesiones luterana y calvinista, junto con el triunfo de Francia sobre Alemania que estaba dividida. Suponía un nuevo orden de Europa.

Una paz debía cerrar con las menores pérdidas posibles, el periodo bélico que ya duraba mucho, tras la campaña para la recuperación de Portugal. Todas las clases sociales ansiaban la paz, pero la guerra con Francia continuaba. El agotamiento de recursos del impero forzó a Felipe IV a concertar una paz que no resultaba demasiado desventajosa. La coincidencia de ese momento con la Fronda dejó bien situado al gobierno de Madrid para no admitir condiciones humillantes de un rival en dificultades.

En 1655 Cromwell ofreció una alianza a Francia y lanzó una flota que se apoderó de Jamaica, la gran isla del azúcar. Después de esos reveses, al archiduque Leopoldo, acribillado de deudas, abandonó en 1656 el gobierno y fue sustituido por don Juan de Austria. Las comunicaciones con la Península estaban casi interrumpidas y el sustento del ejército quedó exclusivamente a cargo de las llamas Provincias obedientes.

Hubo un proyecto de boda de Luis XIV con Margarita de Saboya, sin ese aliciente del casamiento hispano, las condiciones impuestas por Francia hubieran sido más duras. La suspensión de hostilidades se obtuvo en mayo de 1659.

La Paz de los Pirineos en 1659 desgaja Cerdaña y el Rosellón que pasan a Francia. El Franco Condado y otros fragmentos de Flandes se pierden en la lucha contra Francia, que también obtiene ventajas comerciales. Se hace un pacto matrimonial entre María Teresa, hija de Felipe IV y el futuro Luis XIV. Más tarde, éste acepta el trono de España para su nieto Felipe de Anjou.

Recuperada Cataluña en 1652, en las conversaciones de 1656 obtuvo la promesa francesa de no ayudar a Portugal.

Las pérdidas territoriales fueron mínimas; un trozo de Flandes, perdido ya, imposible de recuperar; otras plazas fueron devueltas. Lo peor fue la renuncia al Rosellón, pero en realidad era un territorio que ya no poseía y, de este modo, recuperó algunas plazas valiosas de Girona que todavía estaban en poder enemigo. La consecuencia más importante del tratado fue la implantación de una dinastía francesa en la Península Ibérica, aunque en el momento de la firma era algo remoto.

La Paz de los Pirineos fue una honrosa transacción entre un vencido digno y un vencedor moderado.

6. La hacienda y finanza estatal

Faltaban los medios humanos y económicos para transformar la realidad. Felipe IV tuvo que operar dentro del sistema vigente, había que movilizar personas y recursos financieros para las guerras, interminables en las Provincias Unidas, que continuaron en 1621, la guerra de Mantua de 1628 a 1631 y el conflicto con Francia desde 1635 en adelante. El rey anunció su intención de viajar primero a sus posesiones italianas y luego a los Países Bajos para asumir el mando. Sin embargo, esto suponía un gasto enorme, por eso pidió a sus ministros sugerencias para incrementar los ingresos para esa gran aventura. Entre las propuestas estaba la introducción de un impuesto del timbre en todos los documentos oficiales (papel sellado, un recurso fiscal holandés), la creación de un monopolio nacional de sal (basado en la gabela francesas) y la media annata (la mitad del salario del primer año de cada titular de departamento, que era otra copia del mecanismo fiscal de Francia). Además, deberían gravarse nuevos impuestos en toda la monarquía, no solo en Castilla. La media annata fue impuesta en Portugal y en España desde 1631 y, más tarde, en la Península itálica y América.

Estos nuevos impuestos constituían regalías que no requerían de aprobación por las Cortes, aunque todos sus súbditos tenían que pagarlas, incluso el clero y la nobleza.

Este estado de guerra permanente justificaba un fiscalismo draconiano. Olivares, siempre preocupado por la desigualdad del sistema tributario, perjudicaba a los sectores más productivos y daba exención a los privilegiados. El valido veía en la guerra una oportunidad para rectificar la balanza.

Fracasaron los intentos del Conde-duque de reforma radical con la sustitución de la multiplicidad de tributos por un impuesto único, pero logró erosionar, en la práctica, la exención fiscal de las clases altas por medio de reclamar "donativos" forzosos o resucitar viejas obligaciones feudales, con la consiguiente dependencia de la gracia real.

La prolongada tensión del conflicto internacional en el norte generó una nueva bancarrota de Estado en 1627: el real vellón fue devaluado un 50 % en 1628, entre 1629 y 1631 se produjo un gran bajón del comercio transatlántico, la flota de Indias no pudo llegar con la plata en 1640.

Las deudas ocasionadas por la defensa obligaron a Felipe IV a promulgar un decreto de bancarrota en febrero de 1627 que suspendía los pagos de intereses del tesoro de Castilla a sus banqueros, la mayoría genoveses. Después se fijaron préstamos con un consorcio de banqueros portugueses. Prometió la devolución de esos préstamos con la próxima flota que llegase de Indias.

El Estado se declaró en quiebra tres veces (1627, 1647 y 1652), forzando a retirarse de los negocios a la mayoría de banqueros y asentistas que le habían procurado fondos. Incluso los Fúcares, los mejor tratados hasta entonces, cesaron sus operaciones en España en 1645. El valor de la moneda de vellón fue alterado seis veces, causando daños incalculables. Cinco años (1621, 1625, 1630, 1637 y 1649) se tomó parte de la plata procedente de Indias para los particulares, aparte de varios empréstitos forzosos, cambios de la plata por vellón que arruinaron a comerciantes de buena fe y, como reacción, impusieron el fraude con tal fuerza que nunca más fue posible desarraigarlo. En 1660 se suprimieron los registros de entrada de metales preciosos porque prácticamente nadie declaraba la plata que venía a su nombre.

El fiscalismo provocado por la guerra deformaba todo. Un estadista enfrentado a esos grupos de presión acabó reforzando a esas clases por la necesidad de acudir a ella para los gastos de Estado. No había otro modo de sufragar las guerras de las dos primeras décadas del reinado que la venta de cargos, señoríos y otras regalías, lo que significaba la disminución del poder real. Olivares se quejaba constantemente de los "poderosos" de las villas, pero esos sectores acapararon más poder con sus compras de señoríos y jurisdicciones en subasta pública para dar alivio de urgencia a la hacienda real.

La guerra y el fiscalismo generaron el empobrecimiento de importantes sectores, desde nobles de vieja estirpe hasta miserables villanos, aunque otros pudieron acumular riquezas y consolidar o mejorar su posición social: empresarios de la guerra, asentistas y banqueros, incluso algunos de ascendencia judía, recaudadores de impuestos, secretarios y otros ministros reales. De este modo, se forma una nueva oligarquía cuyas relaciones con la vieja nobleza se caracterizaron inicialmente por cierta ambigüedad. Había tensión entre la nueva riqueza y la vieja sangre, pero cada una necesitaba a la otra. Los auténticos grandes lograron mantenerse, sin embargo, no ocurrió igual con la nobleza media.

Los costes de la guerra de los Treinta años provocaban nuevos tributos sobre el consumo, con la imposición de contribuciones al clero, confiscación de intereses de los bonos públicos y embargo de metales preciosos privados. No obstante, no fueron medidas suficientes para recaudar dinero para continuar la lucha, porque los gastos eran soportados únicamente por Castilla. Portugal no producía ninguna renta a Madrid, los subsidios locales se destinaban solamente en la defensa de las colonias lusitanas.

Flandes era deficitario, Nápoles y Sicilia habían contribuido en la centuria anterior de forma modesta. Los gastos en el mantenimiento de la defensa de Milán y el mantenimiento de los presidios de Toscana absorbían todas sus rentas, a pesar del incremento de impuestos, la venta de cargos y enajenaciones de tierras. Italia proveía contribuciones humanas a la guerra, pero ningún dinero. Navarra, Aragón y Valencia contribuían con pocas ayudas. Cataluña no permitía que los impuestos se gastaran ni que las tropas se enviaran fuera de sus fronteras.

Alza de precios, alza de salarios, desprecio del trabajo manual, exceso de vocaciones religiosas, expulsión de disidentes religiosos, emigración, abandono de la agricultura, vida picaresca... se entrelazan elementos económicos, políticos, sociales y psicológicos.

Lo que está en crisis es el imperialismo español y lo que había conservado de específicamente feudal.

TEMA 9

CARLOS II Y EL FIN DE LA MONARQUÍA HABSBURGO EN LA CORONA HISPANA

TEMA 9: CARLOS II Y EL FIN DE LA MONARQUIA HABSBURGO EN LA CORONA HISPANA

1. La regencia de Mariana de Austria

Para la historiografía tradicional Carlos II representa el fondo de la decadencia, pero por estudios más recientes sabemos que el punto más bajo es segunda mitad del reinado de Felipe IV. La debilidad física del monarca, su imagen esperpéntica, simbolizaba el estado de postración en que se hallaba la Corona. Sin embargo, durante el periodo de Carlos II hubo esfuerzos por superar la atonía, que se consigue solo en algunas regiones. Buena parte de este reinado vivió una línea de superación importante. La inversión de esa tendencia depresiva podemos situarla en torno a 1680, aunque hay historiadores que tienden a retrasar esta fecha; las dificultades habían llevado al punto más bajo y una progresiva recuperación se desarrollaba en diversos frentes.

A la muerte de Felipe IV el nuevo rey tenía solo 4 años, la minoría de edad del monarca hizo que el poder efectivo, durante 10 años, estuviese en manos de la reina gobernadora Mariana de Austria. El testamento de Felipe IV establecía que la regencia la ejercería la reina, asesorada por una Junta de Gobierno formada por los presidentes de los consejos de Castilla y Aragón, más el arzobispo de Toledo, el inquisidor general, un consejero de Estado y un grande de España. Además, el rey en su última voluntad dispuso que después de su muerte no quedara lugar para el valido. En 1675, cuando Carlos II cumpliese 14 años, empezaría su reinado.

Entre 1665-75 fue un periodo de regencia de la reina viuda, quien a pesar del testamento de Felipe IV, dio toda confianza a personas que actuaron como auténticos validos; en primer lugar, el confesor jesuita, de origen alemán, Juan Everardo Nithard, nombrado Inquisidor general y se naturalizó español para poder entrar en Junta de Gobierno.

La política matrimonial iniciada desde los Reyes Católicos fue siguiendo un paulatino proceso de endogamia, porque los herederos al trono hispano se casaban con mujeres de la otra rama de los Habsburgos, la imperial, con el consiguiente proceso de degeneración biológica. Parece cierto que Carlos II, sin ser del todo bobo, no llegaba a nivel medio, tanto en aspecto físico como mental. Desde su infancia fue enfermizo y retrasado, después recuperó algo. Además, padeció una mala salud crónica y ataques de depresión aguda que le valieron el sobrenombre de El Hechizado. Era una locura entregar el imperio a un chico nada espabilado.

Había quedado fuera del poder el otro hijo natural, reconocido de Felipe IV y la actriz María Inés Calderón (conocida como la Calderona), don Juan José de Austria, que no aceptó el papel al que pretendían relegarlo y actuó contra la regente en busca de un lugar preeminente.

El valido trató de extender su austeridad a la vida pública, incluso, suprimió las fiestas, lo que le acarreó el odio de las clases populares. El pueblo achacaba la culpa de sus miserias a la reina extranjera y a su confesor alemán. Debido a esa impopularidad de Nithard, tuvo que salir de España. Don Juan José obligó a deponerlo en 1669.

Tras el pulso del hermanastro se esperaba que accediese al poder, sin embargo, se retiró a Aragón y Mariana de Austria entregó las riendas políticas a otro valido, un personaje de la pequeña nobleza, Fernando de Valenzuela, que estaba casado con la camarera real y, así, podía enterarse de los comentarios e intrigas palaciegas. De este modo, la reina madre consiguió prolongar su regencia y depositó su confianza en el nuevo favorito. Su encumbramiento provocó la indignación de la aristocracia. La corte era un semillero de intrigas, el nuevo favorito era conocido con el nombre del duende de palacio.

2. El dominio de las grandes

La mayoría de edad del monarca no cambió la situación, continuaron gobernando los miembros de la Junta de Gobierno, la reina y, por encima de todos, Valenzuela, incluso se le dio un nuevo cargo que era inexistente en la Corona hispana, el de primer ministro, que significaba que los presidentes de los consejos tenían que despachar con él.

La alta nobleza se había sentido ofendida en su valores sociales por el dominio de Valenzuela. Para ellos su candidato era el hermanastro del rey, de sangre real y aceptable en términos de clase, por eso se convirtió en su portavoz.

En diciembre de 1676 se publicó un manifiesto firmado por 24 nobles "documentos de la grandeza", atribuía el descontento a la mala influencia de la reina madre y al encumbramiento de Fernando Valenzuela. Pero entre los grandes no existía unanimidad, hubo otros que se mantuvieron al margen porque no les gustaban las implicaciones políticas del documento.

En general, los grandes reaccionaron, preferían a don Juan José de Austria. En diversas regiones de la Corona se preparaban abiertamente tropas en auxilio del hermanastro, dispuestas a marchar sobre Madrid. Además, también contaba con el apoyo de militares y de la Iglesia para que devolviese a la vida pública las tradicionales virtudes hispanas "tras la corrupción de las últimas décadas". La presión de los grandes y la amenaza del hermanastro desde Zaragoza hicieron que a fines de 1676 se decretase la prisión del valido, refugiado en El Escorial y Carlos II escribió al de Austria, pidiéndole "acudir sin demora para ayudarme en esta crisis".

Don Juan José de Austria avanzó hacia la capital con un pequeño ejército improvisado de 15.000 hombres, pero suficiente frente al Gobierno. Figuraba la mayor parte de la aristocracia aragonesa y 18 grandes, además de otros nobles de Castilla.

No se produjo el choque armado porque Valenzuela lo rehuyó consciente de su falta de fuerzas. La guarnición de Madrid inició la desbandada y Don Juan y los grandes tomaron el poder en enero de 1677.

Valenzuela es desterrado a Filipinas, donde cumplió 10 años de prisión, de allí fue a México para regresar a la Península, pero murió en 1692 de una coz de caballo. Sus amigos fueron perseguidos con saña. A la reina madre se le ordenó retirarse al Alcázar de Toledo.

Los tres años del ministerio de Don Juan José de Austria fueron una especie de gobierno personal, casi una dictadura, no es posible calificarlo de valido o primer ministro, no aconsejaba al monarca, lo forzaba.

Corrigió algunos de los abusos más evidentes, pero no tenía el propósito de hacer reformas de fondo.

El nuevo hombre fuerte llegaba respaldado por el prestigio militar y cierta aureola mesiánica. No obstante, la experiencia fue decepcionante y corta. El nuevo gobernante estuvo más preocupado por desterrar enemigos y controlar el acceso al rey que por hacer frente a las dificultades. Fue vengativo, usó la violencia y el terrorismo.

Se lanzó a compensar las lealtades que había suscitado en la Corona de Aragón. Fueron promovidas personas, no por sus méritos sino por su historial de rebeldes. Un ejemplo fue el duque de Alba, nombrado presidente del Consejo de Italia. Este éxito en la toma del poder significó la inmunidad para la aristocracia. Cuando en 1678 se pidió un donativo a los más acaudalados, cuyas rentas y haciendas estaban libres de servicios, los nobles se negaron a cooperar y banqueros, comerciantes y asentistas tuvieron que sufragar los costos con sus capitales y los contribuyentes del común incrementaron su aportación.

El gran logro de este periodo fue el restablecimiento de la confianza entre monarquía y la Corona de Aragón con la puesta en práctica de una política de neoforalismo impulsada para evitar malentendidos del pasado, era una especie de "federalismo involuntario", impuesto por la debilidad de la autoridad monárquica.

Podemos concluir que fue un auténtico golpe de Estado. Por primera vez, un rey hispano aceptaba la imposición de un gobierno. Organizó un viaje del monarca a Zaragoza, donde se reunieron las Cortes y Carlos II juró los fueros aragoneses. Mientras, el hambre se extendió por muchas partes, con malas cosechas en 1677 y 1678 y la epidemia que se desplegó desde los puertos levantinos.

Los extravagantes gastos de muchos nobles habían mermado su capital. Este grupo social vio en este reinado la gran oportunidad de mejorar sus riquezas. El poder político podía ser empleado en defensa de la propiedad. La Corona fue demasiado débil para contener a la nobleza; esta podía alejar de su clase las cargas fiscales, negarse impunemente a conceder "donativos" y aumentar sus demandas de "mercedes". En esta coyuntura el feudalismo primitivo limitó seriamente a la administración real. El predominio territorial de la nobleza tenía su paralelo en su control de la vida política y social.

Su muerte, en septiembre de 1679, no rompió el recién instaurado sistema de gobierno personal de un primer ministro, siendo a la sazón la grandeza, el primer grupo de presión.

El sucesor fue el duque de Medinaceli. En esta coyuntura se produjo la tercera gran epidemia de la centuria, una serie de pésimas cosechas y desorden monetario.

3. Una década de reformas: Medinaceli y Oropesa

En la Corte se habían formado dos grupos que luchaban por el poder, liderados por el duque de Medinaceli y por el condestable de Castilla. Cada uno tenía sus camarillas y pugnaban por copar los puestos más influyentes. Salió vencedor el primero de estos equipos que obtuvo el gobierno en febrero de 1680.

Con el regreso de la reina madre de su exilio, el gobierno quedó en sucesivas manos de dos miembros de la aristocracia castellana: el duque de Medinaceli y el conde de Oropesa, que no fueron validos, sino primeros ministros, porque no llegaron al poder por elección del monarca sino a través de intrigas políticas.

Hubo una voluntad reformista manifestada, sobre todo, en la drástica devaluación monetaria y en la reorganización administrativa de las alcabalas y los millones, ajustando los encabezamientos a la capacidad contributiva de las poblaciones a través de la Junta de Encabezamiento (1683).

Algunas de las decisiones de Medinaceli estaban teñidas del providencialismo de la época. Fue ejecutor de importantes reformas monetarias, llamó a su lado a hombres experimentados en tareas de gobierno, quienes trazaron planes para reavivar el comercio colonial, aunque con escasos resultados prácticos. También, las dificultades de la hacienda eran demasiado grandes para obtener frutos positivos.

Su ministerio se desgastó con prontitud. Sus fricciones con la reina madre y su impopularidad fueron agotando el crédito. Agobiado por la situación, abandonó su ministerio en abril de 1685.

La sucesión del cargo en el conde de Oropesa fue aceptada sin más por Carlos II.

Algunas reformas fueron completadas durante su ministerio, como la devaluación de la moneda de plata de Castilla. Además, puso en marcha una política de reforma fiscal, administrativa y eclesiástica. Dudando de la eficacia del Consejo de Hacienda, asignó los asuntos fiscales a un nuevo cargo: la Superintendencia de Hacienda, encomendada al marqués de los Vélez, que proyectó una nueva estructura fiscal encaminada a reducir el déficit presupuestario crónico y a introducir un elemento de justicia social, con más voluntad que eficacia. Además, fueron suprimido los millones. Tampoco en este terreno obtuvo los éxitos previstos, pero es resaltable la formulación de un ministerio, fuera del tradicional sistema de consejos.

Oropesa emprendió una campaña contra el elevado número de falsas vocaciones en la Iglesia. Trató de limitar la fundación de nuevos establecimientos religiosos. Una junta especial indagó el poder de la Inquisición, recomendando poner un límite al exceso de jurisdicción, privilegios e inmunidad del Santo Oficio.

Lo fundamental era conseguir mayor contribución de la aristocracia a las cargas del Estado. Estas propuestas toparon con la oposición de los tres sectores más poderosos, amplios sectores de la aristocracia, de la Iglesia y de los detentadores de cargos que imposibilitaron su puesta en práctica. Lo que sí pudo ejecutar fueron reformas menores. Eliminó puestos inútiles en el ejército, en los tribunales y en los servicios civiles. Para reformar la burocracia, incrementó los horarios de trabajo y redujo sueldos de muchos funcionarios. Finalmente, se enfrentó con la necesidad de reformar la Casa del Rey y reducir sus gastos.

La situación en los países forales aparece notoriamente más favorable.

Cataluña salía de su letargo, este territorio tuvo el mayor resurgimiento económico del reinado. La autonomía monetaria le ahorró las inflaciones y depreciaciones impuestas por el Estado que experimentó Castilla. La política monetaria catalana estuvo determinada por consideraciones comerciales y no fiscales. En 1688-1689 tuvo inflación, aunque no acompañada del incremento salarial para permitir una acumulación rápida de ganancias, con las consiguientes posibilidades para nuevas inversiones. Bajo el desafío del libre comercio, su industria textil obtuvo cierta renovación y expansión.

Las crecientes comunicaciones marítimas de Cataluña con el resto de la Península, el interés que se manifiesta por el comercio americano y el pésimo recuerdo que dejaron los franceses explican la popularidad de Carlos II y la futura adhesión a la monarquía austriaca en la guerra de Sucesión. El auge de Cataluña y del País Vasco era un aspecto de la preponderancia que comenzaba a adquirir las regiones periféricas sobre las centrales.

Mientras Cataluña reconstruía su economía y Valencia estallaba en conflictos sociales, Castilla quedaba atrapada en depresión. Una deficiente estructura agraria y las epidemias que sufrió precipitaron la recesión demográfica, que redujo el mercado de consumo para productos agrícolas e industriales. Esta región era incapaz de competir en los mercados europeos, incluso iba a perder parte importante del mercado americano.

La posición del conde reformista se debilitó con el fallecimiento de la reina María Luisa de Orleans, en 1689, y el segundo matrimonio de Carlos II. La nueva reina obtuvo mucho ascendiente sobre el rey y se puso a la cabeza de la oposición contra el conde de Oropesa. Acosado por fracasos militares, el descontento de los grandes hacia su política de reforma y las críticas hacia las corruptelas de sus oficiales subordinados y, sobre todo, de su esposa quien aprovechó la posición de su marido para hacer lucrativos negocios; vendió su influencia para conceder cargos y traficó con trigo, aceite y vino, en medio de la indignación popular. En junio de 1691 fue obligado a dimitir.

4. Desorden monetario

Hubo una crisis monetaria debida a que el Estado acuñó grandes cantidades de monedas donde se sustituyó la plata por el cobre, estas monedas se denominaban vellón. Era un auténtico fraude ejercido desde el poder al darle el mismo valor nominal que si fuese de plata, cuando el intrínseco no era igual. La consecuencia fue que la plata desapareció de la circulación y para hacerla resurgir el gobierno tuvo que devaluar las monedas de cobre, sin compensación para sus poseedores, que veían reducirse el valor de su dinero.

El trastorno monetario era más que un síntoma de una economía enferma: exacerbó la depresión. El objetivo básico de la inflación monetaria era llenar el vacío entre el descenso de ingresos y el incremento de gastos. Paradójicamente, la mejor maquinaria industrial del reino era la casa de la moneda de Segovia.

Durante todo el siglo XVII se realizaron importantes acuñaciones de vellón, seguidas de las correspondientes devaluaciones. A causa de estos cambios, las monedas perdieron su crédito y en la práctica se estableció un doble sistema monetario, el de cobre y el de plata, y, por tanto, un doble precio de los productos, en función de la moneda con que se pagase. Este dio lugar a un sobreprecio de la plata al que denominaron premio, que llegó a alcanzar el 275 % con respecto al cobre. La única gran devaluación del vellón durante el reinado de Carlos II se produjo en 1680, en el mismo año en que el duque de Medinaceli se convirtió en valido, su porcentaje fue del 400 %. La medida arrasó la economía castellana y condicionó gravemente cualquier intento de recuperación.

Los problemas de la devaluación fueron tremendos: disminución del dinero circulante, empobrecimiento general e ínfimo precio al que cayeron los productos agrícolas.

El Estado, en cuanto deudor, también resultaba afectado, pero resolvió su problema no pagando.

Medinaceli inició una política deflacionista, huyó de recurrir a la inflación de sus antecesores. De este modo, comenzó un camino de estabilidad monetaria que acabó dando sus frutos. Su sucesor, el conde de Oropesa trató de mantener la estabilidad monetaria y continuar el saneamiento de la hacienda, limitando el presupuesto fijo y reduciendo gastos. Hubo intentos de lograr equilibrios presupuestarios, pero fracasaron ante los gastos extraordinarios (como los 170.000 ducados por el luto oficial por el fallecimiento del padre de la reina), la continua disminución de ingresos por impuestos o la irregularidad con que llegaban las remesas de metales preciosos de América.

Este desbarajuste monetario solo afectó a la Corona de Castilla. El comercio americano quedaba fuera de estas arbitrariedades y en las zonas más ruralizadas la economía monetaria no afectaba a muchas transacciones.

La deflación de 1680 tuvo aspectos positivos porque fue el punto de arranque de la estabilidad monetaria que Castilla necesitaba. Se trató de las últimas de las grandes devaluaciones, pero las consecuencias a corto plazo fueron funestas y la recuperación del crédito de la moneda no fue inmediata, porque había razones para la suspicacia. En muchas partes se había implantado una economía de trueque que siguió funcionando, al menos, hasta 1685.

No había dinero para pagar a la Real Hacienda, por eso las autoridades pidieron reducciones contributivas y aplazamiento de pagos. En esta situación, la aparición de los temibles jueces ejecutores por las villas y aldeas para el cobro de tributos era más temida que una epidemia.

A todo ello se unió una terrible sequía en 1683, seguida de inundaciones por temporales en 1684, que provocó la crisis de subsistencia más grave de la centuria. Este panorama afectó más a la mitad meridional de la

Península. La sequía generó falta de pastos que produjo la muerte de muchas cabezas de ganado.

El gobierno acompañó la devaluación con la publicación de una Real Pragmática en la que se ordenaba una moderación general de precios en los artículos de consumo. Esta moderación intentaba reducir los precios a la tercera parte del que tenían antes de la deflación, lo que implicaba que los precios, de conseguir una aplicación efectiva de dicha moderación, bajarían una cuarta parte de la pérdida de valor de las monedas de vellón, que eran las únicas que circulaban entre las clases populares, lo que repercutió negativamente en sus condiciones de vida.

La estabilización monetaria fue un aspecto de la política de reestructuración económica emprendida por Medinaceli y Oropesa. En 1679 el gobierno intentó una reactivación comercial y artesanal con la creación de una Junta de Comercio, Moneda y Minas, aunque en Aragón se había realizado algunos intentos años antes. El objetivo de esta Junta era estimular la actividad económica para incrementar la recaudación fiscal. Sin embargo, poco más de un año más tarde, quedó en suspenso esta organización. La deflación de febrero de 1680 imposibilitaba cualquier intento de reacción. A pesar de ello, a finales de 1682 un decreto restablecía la Junta en sus funciones.

De este modo, surgieron muchas juntas locales a imitación de la Junta de Comercio. La primera fue la de Granada, le siguieron Sevilla, Barcelona, Madrid y Valencia. Todas acabaron en conflicto de competencias con la general y al final del reinado la mayoría había desaparecido. Su actuación se dirigió a conceder exenciones fiscales a los fabricantes, a establecer normas relativas al tamaño y calidad de los productos y a promover y estimular la venida de artesanos extranjeros.

Los precios de Madrid eran el doble que los de la ciudad más cara de Europa. La inflación era demasiado aguda para servir de estímulo a la economía.

Los logros más importantes los hallamos en Cataluña, pero aquí la Junta de Comercio de Barcelona actuaba sobre una economía que daba síntomas de recuperación y lo que hizo fue reafirmar la misma. Se lanzaron a importar maquinaria, tecnología y operarios extranjeros. Se llevó a cabo actuando de forma sigilosa por medio de envíos de artesanos barceloneses al extranjero para imitar sus técnicas y a la vuelta hallaron apoyo para poner en funcionamiento sus industrias.

5. Ocaso del Imperio

La monarquía padeció dos problemas graves: un titular débil y un problema de sucesión.

A pesar de la mala situación a la que llegaba el Imperio hispánico en el último tercio del siglo XVII, continuaba teniendo grandes dimensiones y posibilidades. A los territorios peninsulares se sumaban algunos Estados en la Península Itálica, Sicilia y Cerdeña, el Franco Condado, los Países Bajos (aunque muy recortados) y las posesiones americanas que, con pequeños recortes se mantenía casi íntegra. Esta extensión y la falta de sucesión condicionaron la política exterior.

Tres meses antes de la muerte de Felipe IV, en junio de 1665, el ejército español fue vencido por las tropas lusitanas en Villaviciosa. Pocos años después, en los primeros años de la regencia de Mariana de Austria se firmaba la paz de Lisboa que reconocía de derecho lo que era un hecho, así, Portugal fue oficialmente independiente a partir de 1668.

En los Estados italianos hubo problemas en las dos islas: en Cerdeña, su interés radicaba en ser cabeza de puente de una intervención rápida en la península italiana, fue disuelto el parlamento por el virrey, marqués de Camarasa, seguida de su asesinato en 1668, y el restablecimiento del orden tras la represión llevada por el nuevo virrey, duque de San Germán y; en 1674 la revuelta de Mesina, en Sicilia, que comenzó como un motín de subsistencias, seguida por la invasión francesa de la isla que se mantuvo hasta 1678 con la retirada del ejército ocupante, que permitió controlar la situación y proceder a la suspensión de privilegios de la ciudad.

En 1667 y 1668, Luis XIV volvió a atacar el norte de Cataluña en el marco de la guerra de Devolución, cuyo objetivo era arrebatarle las posesiones que le quedaban en Flandes, así como el Franco Condado y Luxemburgo. Por la paz de Aquisgrán de 1668, Luis XIV devolvió el Franco Condado, pero se quedó con la mayor parte de las fortalezas conquistadas en Flandes. La devolución del Franco Condado se debió a la presión de las potencias protestantes (Holanda, Inglaterra y Suecia) unidas ante el poderío francés. El sistema de alianzas europeas sufría una modificación: a las coaliciones antiespañolas sucedían las alianzas antifrancesas.

Los choques se repitieron desde 1672 hasta 1678, invadió nuevamente los Países Bajos; la monarquía hispana y sus aliados sufrieron aplastantes derrotas. Se veían apremiados en los Países Bajos, Cataluña y Sicilia. Estas guerras seguían generando mucha tensión a la economía hispana. En 1677 Castilla empezó a sufrir su crisis más profunda.

En la paz de Nimega (1678), la Corona se vio obligada a ceder el Franco Condado y territorios estratégicos de los Países Bajos.

Más tarde, desde 1684 hasta 1697 que Barcelona cayó en manos francesas tras un asedio, ocupando las tropas galas toda Cataluña hasta el Llobregat. En 1691 la flota francesa bombardeó Barcelona y dos semanas después hizo lo mismo en Alicante.

La violencia de estas acciones selló la reconciliación de Cataluña con Madrid. En el campo catalán aparecieron guerrillas que hostigaron a las tropas galas. No obstante, la superioridad en campo abierto seguía en manos enemigas, que llegó a apoderarse de Barcelona en verano de 1697. Este continuo batallar dejó asoladas, sobre todo, las comarcas de Girona y norte de Lleida, creó un odio antifrancés que perduró en la memoria colectiva durante mucho tiempo y ayuda a explicar la oposición contra los Borbones en el siglo XVIII.

Luis XIV maniobró con habilidad, otorgó a la Corona hispana condijones favorables en la paz de Ryswick (septiembre de 1697), a pesar de que los había vencido con facilidad, abandonó las plazas ocupadas en Cataluña, devolvió fortalezas continentales: Luxemburgo, Chimay, Charleroi, Courtrai, Mons, Ath… Las pérdidas fueron escasas: el Franco Condado y algunas plazas flamencas. La falta de descendencia de Carlos II era casi segura y Luis XIV aspiraba a más que un puñado de plazas Fuertes. Ansiaba toda la herencia de la monarquía hispánica.

6. La sucesión de Carlos II: conflicto civil y enfrentamiento europeo

Este reinado experimentó la más negra depresión económica con el cierre de industrias, colapso de la moneda, reversión a un intercambio de trueque, escasez de alimentos y disturbios por el pan. El Estado Habsburgo estaba moribundo a finales del siglo XVII.

La depresión siguió siendo general y los apuros del Tesoro continuos. En 1693 se retiró el conde de Oropesa y ya no hubo otra personalidad sobresaliente al frente del gobierno.

En 1679, Carlos II se había casado a los 18 años con María Luisa de Orleans, sobrina de Luis XIV, a propuesta del Consejo de Estado, pero solo tras la paz de Nimega fue posible establecer las capitulaciones y celebrar las nupcias. Sin embargo, murió 9 años. En Madrid corrió el rumor que había sido envenenada por orden de Luis XIV; parece ser que consumó el matrimonio, pero no concibió ningún hijo. Por primera vez aparecieron comentarios a un posible hechizo, aunque no fue algo extendido.

La necesidad de descendencia al enviudar, volvió a ser tratado en el Consejo de Estado que presentó una lista de candidatas.

Se decidieron por Mariana de Neoburgo de familia con mucha fecundidad (su madre había tenido 23 hijos), habían transcurrido solo tres meses desde la muerte de la anterior esposa, pero la nueva reina tardó un año en arribar (abril de 1690) escoltada por una escuadra inglesa.

Tampoco quedó embarazada, las esperanzas de descendencia directa se vieron frustradas, por lo que la sucesión hispana se convirtió en el asunto principal de la política internacional.

No había dudas, el rey era impotente o estaba hechizado, tenía maleficios. A mediados de 1698 el asunto se desbordó, el nuevo confesor real fray Froilán Díaz, hechura de la reina y proclive a la herencia austriaca, de acuerdo con el inquisidor Rocaberti, solicitó los servicios de un exorcista de renombre en el Principado de Asturias, fray Antonio Álvarez de Argüelles, quien debía preguntar al demonio si el rey era víctima de algún hechizo o sortilegio. Consultado Lucifer, afirmó que el monarca estaba hechizado y el exorcista manifestó como remedio que se tomase "un cuatrillo de aceite en ayunas con la bendición de exorcismos". El monarca se sometió a esta prescripción que hubiese podido acabar con la vida de un hombre robusto.

Se intenta extraer información del demonio, que estaba al tanto del problema político de la sucesión, incluso tenía sus preferencias. El asunto acabó siendo de dominio público y llegó fuera de las fronteras de la Corona. Otros demonios exorcizados hicieron referencia a los hechizos del rey. Llegó a Madrid un experto austriaco enviado por Leopoldo. Se trataba de fray Mauro Tenda, que sometió al rey a otro ritual.

Esta superchería acabó cuando Mariana de Neoburgo, a quien los demonios no trataban muy bien en sus declaraciones, decidió poner fin a todo eso y enviaron al confesor real a prisión y fue sometido a proceso inquisitorial dirigido por el Obispo de Segovia, Baltasar de Mendoza, partidario de la reina.

Con la segunda esposa se estrechaban las relaciones de la Corona hispánica con el Imperio, pero por contra, empeoraba con Francia.

Sin embargo, el Imperio de los Habsburgos seguía teniendo gran fuerza potencial, si se agregaba a cualquiera de los grandes Estados, la balanza del poder se desequilibraría en su favor. Inglaterra y Holanda miraban con aprensión que pudiera recaer en el emperador austriaco y con pánico de que Francia recogiera esta imponderable herencia. En cualquiera de los dos casos, la guerra parecía inevitable.

El testamento de Carlos II, de septiembre de 1696, fue a favor de José Fernando de Baviera, nieto de Margarita, la princesita de las Meninas, biznieto de Felipe IV, pero murió en febrero de 1699. En Madrid continuaban las intrigas entre el partido francés y el austriaco.

Carlos II solicitó el parecer del papa Inocencio XII; quien tras asesoramiento de un comité de tres cardenales, consideró al duque de Anjou como la mejor solución.

En la última década el Estado estaba pendiente de un rey enfermo, cuya falta de descendencia planteaba una difícil cuestión sucesoria, que se saldará con el triunfo del partido del cardenal Portocarrero, quien aprovechó otro motín de subsistencias de las clases populares madrileñas en 1699, denominado el "motín de los gatos", para imponer la candidatura francesa al trono.

Poco antes de morir, Carlos II redactó otro testamento el 11 de octubre de 1700, nombrando heredero a Felipe de Anjou, haciendo constar expresamente que las coronas no podrían ser unidas. Se nombró una junta encargada de asumir el gobierno a la muerte del rey, mientras Felipe V se hacía cargo de la Corona. El 1 de noviembre de 1700 fallecía Carlos II y ese mismo día se hizo público el testamento real.

TEMA 10: LA ECONOMÍA ESPAÑOLA DEL SIGLO XVIII

1. Despegue demográfico del siglo XVIII

En el siglo XVIII se produjo una recuperación demográfica, hubo una trayectoria nueva. La población aumentó de forma ininterrumpida. El saldo positivo entre 1717-1768 arroja una larga serie que se extiende, sin quiebras, lo que era síntoma del renacimiento económico.

Las relaciones de vecinos se escalonan entre 1712 y 1717. Jerónimo de Uztáriz contó 1.140.000 vecinos que propuso elevar una cuarta parte más, debido a las numerosas ocultaciones. Es decir, la Corona hispana estaría compuesta por 1.500.000 vecinos, que, si le aplicamos un coeficiente de 5 por 1, sumaría 7.500.000 habitantes.

Esos pobladores de 1712-1717 se habían convertido en poco más de 9,3 millones en el censo de Aranda de 1768, 10,4 millones en el censo de Florida-blanca de 1787 y 10,5 millones en el censo de Godoy de 1797, este último inspira menos confianza que los anteriores, por eso fue modificado por Antillón en 1808 que arrojó unos 12 millones de habitantes. Es decir, en 80 años el incremento fue de unos 3 millones, esto supone un aumento del 40 %.

La tasa de crecimiento media sería del 0,42 %, aunque Antonio Eiras cree que fue menor, del orden del 0,29 %, que sería una tasa similar a la francesa.

Esas importantes ganancias poblacionales de la centuria no resultaron de una revolución industrial, sino que se produjeron en plena vigencia de una economía del Antiguo Régimen, es decir, no hubo ni revolución demográfica ni revolución económica.

La tasa bruta de natalidad fue el motor de la recuperación, se mantenía alta, en torno al 42 ‰, frente a una tasa de mortalidad que rondaba el 40 ‰, y una esperanza de vida alrededor de los 25 años.

Este aumento de población se repartió de forma desigual, era mayor en la periferia que en el interior, con movimientos migratorios desde las zonas montañosas hacia las llanuras y desde el campo a las ciudades, crecen los puertos como Alicante, Málaga, Cádiz, Bilbao, Barcelona que se convierte en una gran metrópoli con más de 100.000 habitantes a fines de la centuria y Madrid despuebla su entorno por su condición de capital y sede de la corte hasta alcanzar 200.000 habitantes.

Como causas de este incremento poblacional debemos resaltar: el retroceso de la peste, la extensión de cultivos, la adopción del millo y la papa, así como la entrada de granos del exterior. Hasta 1720-1721 la peste había sido "el más cruel de todos los males", ese último brote fue conocido como "peste de Marsella", para controlarla se creó la Junta Central de Sanidad y juntas locales en las costas mediterráneas y en Canarias, que se mantuvieron vigentes hasta 1805, posteriormente, este cuidado pasó a depender del Ministerio de la Guerra.

A partir de estas fechas el peor de los frenos será la viruela. El descubrimiento de Jenner, en 1796, fue introducido en la Corona hispana en 1800. Vio que las vacas padecían en sus ubres una especie de viruela que llamaban cowpox. La Corona organizó la Real Expedición Filantrópica de la Vacuna, conocida como expedición de Balmis, el médico que la comandó, con el objetivo de vacunar a todos los niños del Imperio, entre 1803 y 1806 zarparon de La Coruña pasaron por Santa Cruz de Tenerife, un mes vacunando aquí, luego hacia América y Filipinas.

La mortalidad catastrófica se modificó por el retroceso y práctica desaparición de la peste, pero eso no significó el final de dicha mortalidad. Los puertos relacionados con el comercio colonial sufrieron periódicamente embates de fiebre amarilla, Cádiz y Málaga fueron los más perjudicados.

El paludismo también aparecía en áreas de cultivo de arroz, por las aguas estancadas. Se intensificó en la segunda mitad del siglo XVIII, especialmente en la década de los 80, en Valencia, Cataluña y Andalucía y desde allí se extendía por el interior.

La mortalidad infantil alcanzaba cotas elevadísimas, que eran aún mayores en el caso de los niños expósitos, al tiempo que crecieron los abandonos y los infanticidios.

Además, los ilustrados, que eran populacionistas, intentaron incrementar la nupcialidad, porque el matrimonio era tardío, además, criados y mozos de labranza eran mayoritariamente solteros. Las cotas de celibato eran muy altas, superiores al 10 %.

Los diversos territorios de la Corona parecen haber participado del aumento demográfico de la centuria. El descenso de la mortalidad catastrófica fue el denominador común del progreso en todas las zonas, aunque no afectaron a todas por igual. Las tasas de nupcialidad y de fecundidad variaban mucho de una a otra parte, en función de los niveles económicos.

Otro aspecto a tener en consideración es el desenvolvimiento de las familias, el fomento y protección del estado matrimonial es de las obsesiones de la literatura socioeconómica de la época. El celibato, que había sido un estorbo del matrimonio, retrocedió.

Hubo una concentración de varones en Valencia, Aragón, Murcia, Extremadura y Castilla-León y unos déficits en Canarias, Galicia, Asturias, Cataluña, País Vasco y Navarra, que se relacionan con los movimientos migratorios. El País Valenciano presentaba la tasa de masculinidad más elevada, se convirtió en receptáculo de forasteros llegados para repoblar las tierras abandonadas durante el reinado de Felipe III por los moriscos. Canarias y Galicia tenían las tasas de masculinidad más bajas, puestos que eran regiones emigratorias por excelencia, los gallegos no solo fueron a América, jalonaron todas las rutas peninsulares en busca de un sustento; y los isleños se dirigieron a América, fundamentalmente Cuba y Venezuela, pero también Puerto Rico, La Española, Río de la Plata, fundaron muchas ciudades, como Montevideo, San Antonio de Tejas y poblaron zonas fronterizas conflictivas como Costa de Mosquitos o Luisiana.

2. La problemática agrícola

El crecimiento poblacional reconquistó el cultivo de tierras abandonadas y generó una demanda que dinamizó los restantes sectores. Se incrementó la producción de alimentos, consecuencia de la puesta en cultivo de nuevas tierras. Hubo roturación de tierras, colonización, creación de aldeas por todas partes, se reanudan las grandes obras públicas. La política borbónica intentó ofrecer soluciones a problemas de infraestructuras, canales de riego, caminos.

Se iba transformando la economía agrícola, frecuentemente regionalizada y feudal, en una economía donde la agricultura comercializada a escala peninsular, adquiría constantemente mayor importancia y, paralelamente, el comercio interior y el de ultramar.

El crecimiento económico predomina sobre el desarrollo basado en la transformación de las relaciones de producción, el respeto a las estructuras heredadas se impone a la posibilidad de cambio social.

Los principales beneficiarios fueron los propietarios rurales: si cultivaban las tierras por sí mismos pagaban salarios más bajos a un contingente obrero cada vez mayor, aprovechaban la subida de precios debido a al aumento de la demanda. Si arrendaban sus tierras, estaban en situación de exigir más por el arriendo. De este modo, esta clase podía acumular grandes capitales, que luego reinvertiría en la mejora de sus fincas, o constituían casa de campo, o financiaban industrias y negocios comerciales.

La producción agrícola aumentó significativamente a pesar de la ausencia de novedades técnicas por lo que debe ser explicado en función del aumento de tierras de cultivo y la aplicación a la actividad productiva de más trabajo y capital. Las innovaciones técnicas tropezaban con el peso que todavía conservaba la economía campesina con sus tradicionales formas de cultivo, base no solo de la agricultura de subsistencia, sino también de la agricultura mercantil.

La mayor parte del incremento agrícola se debió a la extensión de cultivos, por la roturación de tierras marginales y, en menor escala, debido a la práctica de métodos intensivos. Sin embargo, este proceso no fue uniforme, en algunos lugares la producción declinó, como en Ciudad Rodrigo, Extremadura, Soria y Salamanca, como demuestran las memorias enviadas al gobierno. Pero ni en las propiedades pequeñas ni en las grandes se produjeron cambios efectivos y sistemáticos.

Las Sociedades Económicas tuvieron una importancia clave en el proceso de extensión de la agricultura, con una base importante del pensamiento económico fisiocrático. A pesar de no ser un organismo que podemos considerar estatal, ni perteneciente a una clase social concreta, se encontraba compuesta por ilustrados que planificaron e intentaron poner en práctica medidas favorecedoras de las innovaciones técnicas en la agricultura. Fue el vehículo más eficiente y dinámico en esta materia. Buscaron el adelanto de las ciencias que consideraban "útiles" y el fomento de la economía, para ello, la elaboración teórica debía ponerse al servicio de la mejora técnica y de la educación popular y debía repercutir en el progreso de las fuerzas productivas.

El cultivo del cereal no se elevó al ritmo necesario para sostener el aumento demográfico. El 60 % de la población tenía algún trabajo en la agricultura. El capital local se desvió hacia las rentas públicas o la tierra.

El sistema interior de comunicaciones, poco desarrollado, no permitió que los déficits agrícolas de la periferia pudieran ser compensados con los excedentes de Castilla.

Los reformadores agrarios eran conscientes de la existencia de obstáculos al progreso económico: tierras en "manos muertas" y suelo fértil entregado al pastoreo.

La crianza y selección de la raza merina proporciona una materia prima con una cotización apreciada en los mercados nacionales e internacionales.

Durante la guerra de Sucesión, la Mesta se decantó por la causa borbónica y anticipó a Felipe V 200.000 ducados, como contrapartida inmediata obtuvo la administración de la renta de servicio y montazgo. En 1726 se extendió la jurisdicción de la Mesta a los reinos de la Corona de Aragón.

La Mesta continuó siendo un gremio abierto para sus afiliados donde los ganaderos coexistían y cerraban filas a la hora de defender privilegios comunes.

El incremento de tierras cultivadas produjo enfrentamiento entre agricultores y el Honrado Consejo de la Mesta, cuyo poder iba declinando a medida que avanzaba el siglo XVIII. Campomanes, a través del consejo de Castilla, logró que fueran adoptadas disposiciones que limitaron muchos privilegios y abusos de los que había gozado esta institución en centurias anteriores. Mientras tanto, la ganadería estante conocía un apreciable aumento, que anunciaban que los rebaños trashumantes acabarían por pasar a un lugar muy secundario. Esta ganadería estante y sus propietarios estaban interesados en romper el monopolio de los trashumantes sobre las dehesas extremeñas, igual que los jornaleros sin tierra.

Las carestías de alimentos indujeron al Estado a interesarse por los problemas de la agricultura. Los disturbios ocasionados por el pan en Castilla, Cataluña y Extremadura, durante el reinado de Carlos III, obligaron a tomar iniciativas. Los más pobres no fueron los más beneficiados, sino los propietarios que controlaban las municipalidades.

Las estructuras se habían mantenido intactas en lo relativo a la propiedad: mayorazgos y manos muertas, implantación señorial y reparto desequilibrado con predominio del latifundio. En cuanto a la explotación del suelo hubo preferencia por los arrendamientos a corto plazo o por el trabajo asalariado realizado por los jornaleros. Y en las técnicas de cultivos hubo predominio del secano, del barbecho y del baldío frente a la falta de inversiones para el riego, el abonado o la experimentación agraria.

3. Nuevo productos agrarios

Los productos que se consideraban básicos para la alimentación humana era el pan, el vino y la carne, normalmente comían pan y vino a diario, pero la carne era muy cara.

El ritmo de incorporación de nuevos productos procedentes de América fue diverso. Desde que los nuevos alimentos fueron conocidos por los españoles hasta que tuvieron importancia en sus mesas pasó mucho tiempo, aunque no faltaron excepciones ni diferencias entre regiones y clases sociales. Hubo dos productos de éxito inmediato, el pimiento y el chocolate, tuvieron significados sociales distintos. El pimiento se generalizó entre todas las clases sociales, especialmente entre las más populares. El acceso al chocolate quedó reservado a la corte, a continuación, a los más privilegiados y, después, se fue difundiendo a toda la sociedad, a medida que aumentó la producción y el comercio. bajaron los precios. Se integraron de forma relativamente rápida, además, judías, y pavo. También se introdujo desde el primer momento la batata, que estaba presente en la alimentación de la familia real hispánica en el siglo XVIII.

Otros productos lo hicieron de forma lenta como el tomate, que no triunfó hasta el siglo XVIII y más tarde aun, la papa y el millo, que fue en el siglo XIX.

El tomate se consumía desde el siglo XVI, pero la difusión amplia no se produjo hasta el siglo XVIII. Se convirtió, entonces, en ingrediente común de los diversos grupos sociales. Se consumía de varias formas, sobre todo, en salsa y como ensalada.

Los pobres comían tomates con frecuencia. Los tomates rara vez constituían el ingrediente principal de un plato. Solo una receta hemos hallado, la cazuela de tomates. Eran asociados a sopas, pastas y arroces, en general se hizo un ingrediente socorrido en muchos platos. La pintura del siglo XVIII recoge, de vez en cuando, la bella y colorida imagen de los tomates. Pero el tomate que se hizo característico en la comida española, resultaba un sabor un tanto raro para un extranjero.

Será en el siglo XVIII cuando las papas empiezan a cobrar importancia en la Península, aunque todavía con dificultades. El primer documento detectado es de un hospital de Sevilla de 1673. Al principio era considerada alimento para ganado. Únicamente en casos de extrema necesidad se recurría al consumo humano de papas. Un temprano caso de elevación de la papa de alimento animal a alimento humano fue el caso de Canarias.

En la Península vemos una zona destacada en Galicia y Asturias, donde recibieron nombres diversos: patatas, patacas, batatas, castañas marinas, castañolas, castañas de Indias, manzanas de tierra... En la segunda mitad del s. XVIII se extendió por Cantabria, Montañas de Burgos, País Vasco, Navarra y algunos lugares de Aragón.

Habitualmente fue alimento para animales, sobre todo cerdos, luego pasó, poco a poco, a convertirse en alimento humano, reducido a pobres y campesinos. Su consumo crecía en años de escasez y de carestía.

Requirió un proceso muy largo el que la gente aprendiera a comer papas. En algunas regiones se aceptaba como forraje, pero no para humanos. Se tuvo que vencer una obstinada resistencia, porque se temía que ocasionara todo tipo de enfermedades, como lepra, dolencias glandulares, tuberculosis y fiebres. Se desconocía la manera de prepararlas. Se comía hervida y con aceite, vinagre y pimienta, o asada con cáscara y luego empapada en vino o en jugo de naranja o limón: a veces se hervía en leche con mantequilla, sal y azúcar.

Las épocas de hambre y la constante subida del precio del grano fomentaron en gran medida el consumo de papas, que posibilitó un enorme incremento demográfico.

El millo que había sido incorporado desde el siglo XVI, durante el XVIII conoció una gran expansión que alimentó a la población hispana, especialmente en Galicia y el Cantábrico en la segunda mitad del siglo XVIII.

El café y el té se empezaron a consumir en Europa durante el siglo XVIII, aunque en España todavía no estuvo muy extendido.

4. El sector secundario español: industria textil, siderúrgica, manufacturas estatales y reales fábricas

La mayor producción de alimentos y, en algunos casos, un aumento de la productividad, permitió prescindir de un número de brazos y su traspaso a la industria, es decir, pudo beneficiarse de disponibilidad de mano de obra y de capital, junto a un mercado interior y exterior ampliado.

A fines del siglo XVIII se anuncia una adaptación de la Corona española al capitalismo: entre 1787 y 1797 el número de fabricantes y comerciantes gana 250.000 unidades a costa de las clases no productoras.

Solo en Cataluña y Valencia los ingresos derivados del suelo fueron canalizados para la formación de capital comercial e industrial.

Los intentos por superar el declive industrial fue una de las principales preocupaciones de los Borbones en cuestiones económicas. La política a seguir era una especie de autarquía. Fueron construidas factorías reales cuya misión era la fabricación de bienes de lujo, siguiendo el prototipo de la de Guadalajara, fundada en 1718 con la misión de hacer productos de lana de alta calidad. A partir de aquí, se hicieron otros establecimientos fabriles para la producción de tapices, espadas, papel, cerámica, medias y otros artículos de lujo.

No obstante, la Corona española se industrializa, además de las manufacturas reales de lujo, hay industrias que se multiplican.

La intervención más directa fue la fundación de empresas estatales. En el ramo militar la Corona fabricó los arsenales reales en La Carraca (1717), Cartagena (1732) y Ferrol (1740). Mantuvo el monopolio sobre las minas de mercurio de Almadén y sobre la elaboración de tabacos, para lo que construyó la fábrica de Sevilla (iniciada en 1726 y finalizada en 1757). Las necesidades suntuarias de la corte propiciaron la fábrica de Tapices de Santa Bárbara de Madrid (1720), la fábrica de Vidrio o de Cristales de La Granja de San Ildefonso, donde estaba la residencia de verano de Felipe V destinada a la producción de cristalería y espejos, y factoría real de porcelanas, en el Bueno Retiro, a las afueras de Madrid, en 1759, para lo que Carlos III trajo artesanos de Nápoles.

Hubo otras empresas en régimen de financiación mixta, como la fábrica de Paños de Ezcaray (que nació como empresa privada en 1751, pero hubo de recibir una inyección de capital estatal a partir de 1773), la de Paños Superfinos de Segovia (1763) y la de Algodón de Ávila (1788). No obstante, en ningún caso la colaboración de la Hacienda pública garantizó ni la rentabilidad ni la continuidad, que por lo general se saldaron con fracaso.

En el desarrollo de una industria pañera dispersa comenzaba a manifestarse tendencias a la concentración a finales del siglo XVIII: Alcoy en la región de Valencia; Antequera en Andalucía; Béjar en Castilla; la comarca de Cameros en La Rioja; Sabadell, Tarrasa, Olot, Vic y Manresa en Cataluña.

Pero las semillas del capitalismo industrial hispano no se hallan en las factorías reales. Protegidas de la competencia exterior por sus reales patronos, nunca fueron un éxito económico. En 1783 las pérdidas de la de Guadalajara ascendieron a 200 millones de reales.

La única zona central que poseía un sistema adecuado de comunicación era el cinturón de Madrid. El desarrollo industrial quedó limitado a las provincias de la periferia. El hierro de Bilbao gozaba de reputación internacional. Los vascos exportaron productos de ferretería, así como armas de fuego, espadas y áncoras. Sin embargo, entrará en recesión porque la mayor parte de técnicas empleadas en la industria eran primitivas y el uso exclusivo de hornos de carbón vegetal estaba desforestando los bosques.

La industria de seda de Valencia alcanzó un progreso espectacular. Alcanzó su auge en la segunda mitad de la centuria, para iniciar luego un imparable declive en favor del desarrollo agrario, por su anacrónica estructura gremial y la presión del comercio interesado en la exportación de seda en rama.

En Cataluña surgió una industria textil algodonera en la línea de un capitalismo moderno. La expansión inicial dependió de un mercado regional próspero para productos agrícolas. En la segunda parte del siglo XVIII, la industria algodonera catalana se apoyaba en las colonias americanas.

El despegue industrial catalán ha sido reconstruido por Pierre Vilar. En un primer estadio de 1715 a 1735-38, Cataluña incrementó la producción de trigo, con la consiguiente caída de precios y el beneficio para los consumidores, así, la población creció. Los propietarios fueron la clase que obtuvo mayores ventajas porque elevaron impuestos señoriales, bajaron salarios y cargaron rentas más altas. En el segundo estadio, de 1735-38 a 1764-72, el trigo se extendió a suelos pobres y los ingresos siguieron creciendo. El pequeño campesinado no participó de los beneficios. Al incorporarse al mercado de trabajo los nacidos entre los años 20 y 40, los salarios se hundieron más. La rentabilidad de la viticultura llevó a una reducción del área de cultivo destinada a cereales. Cuando los salarios bajaron, el trigo experimentó un alza del 50 %.

Durante el último tercio del siglo XVIII, Cataluña tuvo un resurgimiento espontáneo de la industria. En el periodo de fundación de la industria textil algodonera (1772-1792) los propietarios se enfrentaron con salarios más altos y beneficios más bajos de la tierra. El capital acumulado en la agricultura comenzó a dirigirse hacia las manufacturas de algodones estampados. La promesa de salarios más altos, atrajo inmigrantes a Barcelona.

El mayor estímulo para la industria textil catalana fue un decreto real de 1717 que prohibía la importación de sedas asiáticas. En 1737-38, fueron inauguradas las primeras instalaciones para el blanqueado de tejidos de algodón utilizados para la manufactura de "indianas".

El número de obreros ocupados por la industria algodonera catalana se elevó considerablemente después de la introducción de la máquina de hilar y de los comienzos de la mecanización. Las cifras de Pierre Vilar para 1805 arrojan 91 fábricas y 10.000 obreros en la ciudad de Barcelona y otros 20.000 obreros en el resto de Cataluña. Ciudades textiles eran Reus, Berga, Olot y Mataró.

El mercado colonial posibilitó el desarrollo de un modesto, pero moderno sector industrial catalán, sin que hubiese un desarrollo paralelo del mercado nacional. Este fenómeno evitó un conflicto entre burguesía industrial y clases privilegiadas del Antiguo Régimen. Existía un acuerdo tácito: el campo para la Iglesia y la nobleza y el comercio colonial para la burguesía. Los burgueses llegaron a pensar que debían su prosperidad al despotismo ilustrado, por eso, cuando las ideas revolucionarias estaban barriendo Europa, la burguesía in-dustrial se mostró remisa a cambios políticos.

5. El comercio exterior: el monopolio de Cádiz y la libertad de comercio con América

El comercio marítimo superaba al terrestre. El litoral mediterráneo formaba una activa franja mercantil. Las cifras de intercambios aumentan en todos los puertos hispánicos.

Barcelona era el gran centro comercial, la navegación, la construcción naval, la tonelería, la viticultura y la industria textil constituían un conjunto integrado. Alicante unía a su magnífica bahía la facilidad de comunicaciones con Castilla, era punto de exportación de una rica zona vitícola. El comercio alicantino se centraba en productos agrícolas: trigo, frutos secos, vino, sal, pescado salado.

En Andalucía, Málaga tuvo un gran despliegue económico centrado en la exportación de vino de calidad, con un tráfico dominado por extranjeros.

La reactivación del comercio cantábrico se basó en el desarrollo de grandes puertos, desde el País Vasco hasta Galicia, sustentado en exportaciones de lana castellana que seguía siendo de los elementos básicos de la economía hispana. Bilbao mejoró en este comercio y el de hierro del País

Vasco y, a la vez, puerto importador de mercancías europeas, se fundamentaba en su buena infraestructura de marinos y de instalaciones.

El comercio hispánico con Europa era deficitario. Las exportaciones eran: lana castellana, hierro vasco, vino de distintos lugares de la Península Ibérica, seda y esparto del Mediterráneo, utilizadas como materia prima. Además, redistribuía productos coloniales, sobre todo, plata. A cambio importaba artículos manufacturados y algunos productos agrícolas como trigo y pescado salado.

La nueva política comercial de la monarquía, desde comienzos del siglo XVIII fue adoptando medidas de progresiva liberalización de los intercambios tanto en aspectos formales como informales. A partir de 1739 se había generalizado el sistema de navíos sueltos (desde 1755 plenamente consolidado), que sustituía al rígido modelo de flotas y galeones, puesto que este último se demostraba incapaz de responder a los retos que el marco global estaba imponiendo, sobre todo, el incremento del volumen de transacciones, el aumento de la rivalidad con otras potencias marítimas y la imposibilidad de defender efectivamente a los navíos mercantes.

El gobierno adoptó medidas proteccionistas en el comercio, respaldando las empresas más prometedoras. Se formaron sociedades comerciales, denominadas commenda que en el siglo XVIII pasaron a actuar como compañías privilegiadas que recibieron monopolios comerciales, especialmente, a partir de la tercera década del siglo XVIII.

La idea del imperio político es sustituida por la idea económica de explotación. Pese a la imperfección del monopolio y del contrabando, el siglo XVIII es para la Corona un gran siglo colonial.

A partir de 1748, durante el reinado de Fernando VI, el marqués de la Ensenada está dirigiendo el gobierno; la Marina le interesa, dado que es llave del dominio colonial y de la defensa de las costas peninsulares ante ataques británicos y franceses. Se impulsa el comercio con las colonias de América. Su misión es acabar con el monopolio de Indias, así como eliminar la corrupción del comercio colonial. Se incrementaron los ingresos y disminuyó el fraude.

Los metales preciosos afluyen a Europa por vías diferentes a la Península Ibérica. La Carrera de Indias española experimentó transformaciones en el siglo XVIII. El traslado del monopolio de Sevilla a Cádiz (1717) fue el comienzo de unas reformas conducentes a una mayor liberalización:

1) actuación de las compañías privilegiadas (capital dividido en acciones) en áreas más descuidadas (la Venezuela de cacao, la Cuba del

azúcar y el tabaco, la Honduras del añil, el Puerto Deseado del lobo marino);

2) durante la War of Jenkins' Ear (1739-1748) fue suspendido el sistema de flotas lo que permitió que fueran a América navíos sueltos con permisos especiales y eso demostró que se había activado el comercio, habían traído de vuelta más caudales de los que venían antes en las flotas, por eso hubo una sustitución de las flotas por el sistema de registros sueltos;

3) supresión del sistema de puerto único mediante los reglamentos de comercio libre: para Barlovento en 1765, se amplía a Cuba, Santo Domingo, Puerto Rico, Margarita y Trinidad (en 1768 se amplía a Luisiana y en 1770 a Yucatán y Campeche), y de España se puede salir desde: Sevilla, Cádiz, Málaga, Alicante, Barcelona, Cartagena, Santander, La Coruña y Gijón. Esta liberalización se hace general en 1778, (ampliado a Venezuela y Nueva España en 1789), que abrieron al tráfico directo a diversos puertos americanos e hispanos (junto a Cádiz, Barcelona, Palma de Mallorca, Alicante, Málaga, La Coruña, Santander y Santa Cruz de Tenerife, se negó el permiso a Bilbao, Ferrol y Puerto de Santa María). Los resultados fueron espectaculares: el tráfico se multiplicó por 5 en menos de 10 años y los ingresos reales tuvieron los incrementos consiguientes. Sin embargo, es difícil aceptar que el comercio libre estimulase el crecimiento económico, aparentemente, las ganancias de América habían generado muchas fábricas en la Península Ibérica, pero eran mercancías extranjeras semielaboradas, que habían sido acabadas en la Península, y eso ni siquiera era fraude. Entre permitir esta situación y cobrar derechos o dejar que lo que la Corona española no pudiese exportar, entrase de contrabando, era preferible lo primero.

6. Crisis económica de fines del Antiguo Régimen

Diversos estudios sobre el reinado de Carlos III suponen que la Corona hispana había conseguido la estabilidad, con un importante poder imperial y un comercio americano protegido que proporcionaba ingresos elevados y defensas seguras. Sin embargo, como ha analizado I. Wallerstein tras la finalización de la Guerra de los Siete Años, en 1763, Francia fue prácticamente eliminada en la situación colonial americana, por lo que España quedó sola frente a la amenaza inglesa.

Durante el reinado de Carlos III no se habían logrado los dos objetivos propuestos: la modernización y el engrandecimiento de la Corona española. Los últimos años se hallan en un contexto de empeoramiento de las condiciones económicas. Hubo escasez de granos; en 1787 y 1788 se dictan leyes contra la exportación de cereales con poco resultado, produciéndose diversos motines por el alza del precio del pan en Barcelona en 1789, así como en Castilla-León, Canarias y otras regiones durante los primeros meses de ese mismo año.

El crecimiento demográfico, la expansión agraria y el desarrollo industrial se estabilizaron y, más tarde, decrecieron. Se venía arrastrando un déficit presupuestario desde la guerra de 1779-1783.

Se produjeron una serie de crisis agrarias en 1793-1794, 1797-1798 y 1803-1805, que crearon un clima económico desfavorable, agravando la situación hacendística.

Estas características demuestran que el deterioro de la Corona hispana no fue debido fundamentalmente a la errónea política gubernamental, sino que venía de forma inherente en las condiciones socio-económicas anteriores.

En la búsqueda desesperada de nuevas fuentes de ingresos, el Estado recurría a una variedad de fórmulas, entre ellas: las emisiones masivas de vales reales y préstamos forzosos e impuestos especiales que recaían sobre instituciones civiles y eclesiásticas.

El comercio marítimo hispano acusó un duro golpe durante la guerra contra Francia y quedó prácticamente interrumpido en los peores años del enfrentamiento naval contra Inglaterra.

Existen estudios sobre el comercio portuario de Juan J. López para Málaga, Pierre Vilar para Barcelona, Enrique Giménez para Alicante o García-Baquero para Cádiz, en que se ponen de manifiesto las repercusiones del ciclo bélico de 1793 a 1802 con una disminución del tráfico.

Por otra parte, el comercio ilícito con las colonias aumentó significativamente en 1796-1801 y se estableció firmemente en Buenos Aires y Montevideo, a partir de 1807, con la complicidad del virrey. Pero estos avances se debieron más a la superioridad naval de Inglaterra que a la fortaleza de sus contactos comerciales, porque los intercambios de este país con las colonias hispanas disminuyeron bruscamente durante la tregua de 1802-1804.

La guerra y la formación de la gran cruzada antirrevolucionaria contra Francia se habían precipitado sin que se hubiesen tomado las necesarias medidas hacendísticas.

La paz de Basilea no proporcionó mucho alivio, porque al poco tiempo, con el cambio de alianza, condujo a una guerra marítima lo que constituía un conflicto aún más oneroso por las consecuencias que tuvo sobre la economía y la Hacienda.

La combinación del bloqueo de la guerra y de la pérdida de mercados produjo una depresión en la industria textil de Cataluña, que hasta ese momento era el sector más dinámico de la economía peninsular.

Persistían problemas económicos como la baja productividad agrícola, la incapacidad para competir con los rivales extranjeros, incluso en los mercados americanos, y el retraso tecnológico de la industria. Los gobiernos hispánicos habían decidido emitir bonos de papel conocidos como vales reales, concebidos para garantizar créditos, los cuales fueron creciendo para cubrir las obligaciones de guerra. Los principales tenedores de vales reales fueron los comerciantes y los empleados públicos y, por tanto, tenían interés en que se conservara elevado su valor. En 1798 el porcentaje de depreciación de los vales reales se había incrementado hasta el 50 %.

Carlos IV ordenó la venta en pública subasta de los bienes de las instituciones benéficas el 15 de septiembre de 1798. Formalmente no se trataba de una expropiación, puesto que los fondos obtenidos serían depositados en la Caja de Amortización de Vales Reales a cambio de un interés anual. La situación financiera en los últimos 10 años del reinado fue tan deficiente que los intereses solo fueron pagados esporádicamente y, en ocasiones, nunca se llegaron a saldar. La venta de estas propiedades avanzó lentamente en un primer momento, luego, a partir de 1805, progresó con rapidez y alcanzó proporciones considerables hacia 1808. Es decir, que al iniciarse el siglo XIX, el regalismo del Estado y sus apremiantes necesidades financieras habían tensado la relación entre el Trono y el Altar.

Esta política de desamortización, fue planificada por Jovellanos y Francisco de Saavedra, y la puso en práctica el sucesor de este último en Hacienda, Miguel Cayetano Soler y vino a ser el precedente de la legislación liberal en materia de la riqueza de la Iglesia.

De este modo, la desamortización constituía el instrumento más importante en la búsqueda de solvencia por parte del gobierno. Aquellas personas que disponían de capital, de los que muchos eran ya terratenientes, fueron los que adquirieron las propiedades que se pusieron en el mercado. Los estudios de Gonzalo Anes vienen a enseñarnos que este proceso parece haber acentuado la estructura anterior de la propiedad y sus rendimientos, procedentes en gran medida de la sexta parte de los bienes de la Iglesia, representaron solo un 15,3 % de los ingresos netos de la Tesorería General entre 1798 y 1807.

El gobierno emitió nuevos vales en 1799, que incrementaron su monto en circulación en más de un 50 %.

La Corona hispana tenía que entrar nuevamente en guerra, pero a los males endémicos del país se añadían una serie de circunstancias adversas: dos años de malas cosechas que produjeron hambre y motines, un terremoto que asoló la región de Valencia y una epidemia de fiebre amarilla en el sur.

Para hacer frente a las necesidades de financiación de la guerra, el 26 de diciembre de 1804 Carlos IV amplió a las Indias la política de desamortización, en donde provocó una oposición violenta.

Napoleón, consciente de la imposibilidad hispana, exigió subsidios monetarios mensuales, y cuando, por la escasez de recursos, España comenzó a faltar a ese compromiso, Napoleón amenazó con enviar tropas.

La continua participación en la guerra obligó al gobierno hispano a tomar medidas extraordinarias con el objetivo de recolectar fondos. Las nuevas políticas fiscales incrementaban los efectos de las antiguas. Por virtud del breve papal de 12 de diciembre de 1806 el gobierno obtuvo la autorización para apropiarse y vender una séptima parte de los bienes del clero.

Además, la presión de los impuestos en las comunidades rurales había obligado a muchas poblaciones a vender sus tierras comunales que cayeron en manos de comerciantes adinerados o de profesionales burgueses que aspiraban a convertirse en terratenientes. Por tanto, estos grupos estaban interesados en conservar alto el valor de los bonos del gobierno y en asegurarse de que bajara el precio de la tierra, mientras que los pueblos que habían perdido sus tierras comunales tendieron a convertirse en enemigos de la política gubernamental.

LA GUERRA DE SUCESIÓN ESPAÑOLA Y LOS INICIOS DE LA DINASTÍA BORBÓNICA

TEMA 11: LA GUERRA DE SUCESIÓN ESPAÑOLA Y LOS INICIOS DE LA DINASTÍA BORBÓNICA

1. La guerra de Sucesión y sus consecuencias

Hubo dos aspirantes al trono: Felipe de Anjou (nieto de Luis XIV y de la infanta María Teresa de Austria, hija de Felipe IV) y Carlos de Habsburgo (hijo del emperador Leopoldo I y de la infanta Margarita de Austria, también hija de Felipe IV).

A partir de 1700 los territorios hispánicos se posicionaron a favor de ambos contendientes, la Corona de Aragón a favor del Archiduque de Austria temerosos del centralismo borbónico; el resto con alguna oposición apoyó a Felipe de Anjou, el resultado fue la guerra civil. El archiduque Carlos desembarcó en Barcelona y comenzó a ejercer como monarca efectivo.

Los austriacos no aceptan el testamento, el 12 de septiembre de 1703 el emperador Leopoldo I proclamó formalmente a su segundo hijo el archiduque Carlos de Austria como "Rey Carlos III de España" renuncia para sí y su primogénito a los derechos sucesorios de la Corona española. Tampoco estaban de acuerdo Inglaterra y Provincias Unidas reticentes sobre una posible unión entre España y Francia.

La espoleta la provocó Luis XIV aceptando la Corona de España el 12 de noviembre de 1700, presentó a su nieto Duque de Anjou: "Señores, aquí tenéis al rey de España" y le dijo a su nieto "sé buen español, ese es tu primer deber, pero acuérdate de que has nacido francés y mantén la unión entre las dos naciones". Luis XIV recibió al embajador español y le dijo "Ya no hay Pirineos; dos naciones, que de tanto tiempo a esta parte han disputado la preferencia, no harán en adelante más de un solo pueblo". Estas palabras contravenían el testamento que prohibía la unión de las dos coronas.

El 9 de marzo de 1704, el pretendiente austriaco había desembarcado en Lisboa, recibiendo el apoyo del rey Pedro II de Portugal. Comienza la invasión desde Portugal que es rechazada por un ejército de 40.000 hombres al mando de Felipe V.

Mientras tanto, Felipe V es proclamado rey de las Españas, y presionado se ve obligado a salir de Madrid, que es ocupada por Carlos en 1706 y proclamado Rey como Carlos III. Madrid recibe mal al archiduque y en la batalla de Almansa, Felipe V sale vencedor y se fortalece en la Corona hispánica.

Las flotas anglo-holandesa mandada por el almirante Rooke y por el Príncipe de Hesse-Darmstadt (con título de Virrey de Cataluña), se dirigen a Barcelona. Ante la oposición de guarniciones y ciudadanos, las tropas volvieron a embarcar rumbo al sur.

De camino y a la altura de Vélez-Málaga sostiene un combate indeciso con la escuadra francesa y el 1 de agosto de 1704 se presentan en la Bahía de Algeciras.

De regreso la flota asedió Cádiz, Rota y Puerto de Santa María fracasando igualmente. Esta flota no consigue sublevar a las poblaciones costeras por lo que decide atacar Gibraltar que fue ocupado sin excesivos problemas en agosto de 1704.

Las flotas anglo-holandesa se disponen en posición de ataque en la Bahía de Algeciras frente al puerto de Gibraltar. Los defensores cuentan con la orografía del terreno y las antiguas fortificaciones almohades y castellanas (de tiempos de Carlos I), el sitio tenía fama de inexpugnable. Ante el imponente ejército de los sitiadores plantean el modo más eficaz de defensa de la plaza, que contaba con 5.000 habitantes.

El ejército anglo-holandés desembarcó 4.000 soldados de infantería en Punta Mala (Puente Mayorga) y allí estableció el campamento. El Archiduque de Austria, garantizaba bienes y privilegios si reconocían su autoridad. En caso contrario emprendería acciones bélicas contra la ciudad.

El Príncipe de Hesse-Darmstadt manifestaba la voluntad del rey autotitulado Carlos III, de evitar el asedio y asalto de Gibraltar.

Los sitiados enviaron una carta al Capitán General de Andalucía, informando de la situación, solicitando ayuda militar ante la imposibilidad de defender la plaza. El 2 de agosto una segunda carta pedía la rendición inmediata de la plaza, disponiendo el almirante Rooke que situaran los navíos en línea frente a la ciudad, a la vista de los preparativos de defensa. Una escaramuza del capitán Whitaker había conseguido sorprender en los muelles a un barco corsario francés allí situado.

Por la tarde el Príncipe de Hesse-Darmstadt al mando de 1.800 soldados de infantería se situó en el istmo a escasos metros de las murallas. A las 5 de la mañana del 3 de agosto navíos y lanchas cañoneras abrían fuego contra las defensas gibraltareñas, mujeres y niños se refugian en el Santuario de Nuestra Señora de Europa, al sur en la Punta de Europa. Cinco horas de bombardeo hicieron mella en las defensas, pero las baterías seguían operativas, la defensa concentra tropas en el frente de la bahía y deja desguarnecida la costa oriental, aprovechan para acercarse a la Roca en barcas, tomar tierra en Catalán Bay (en la actualidad) y subir mediante escalas por los precipicios.

Muchos de los refugiados en la ermita de la Virgen de Europa, volvieron a la ciudad a defender sus posesiones, pero caen varios proyectiles cerca de la población civil. Ante tal situación decidieron tras 5 horas de bombardeo levantar bandera parlamentaria.

Finalmente, la ciudad fue entregada el 4 de agosto al Príncipe de Hesse-Darmstadt, recibiéndola en nombre de Carlos III.

Esta conquista dará lugar a tres asedios. El ataque de la flota anglo-holandesa llevó al saqueo de Rota y del Puerto de Santa María, los soldados que apoyaban al archiduque Carlos de Austria cometían desmanes en iglesias, lo que les dio fama de herejes y concitaron rechazo de la población.

A partir de este momento Inglaterra concibe el proyecto de establecerse definitivamente con el fin de hostigar las escuadras y el comercio enemigo. Por su parte, la Corona española inicia los primeros ataques al Peñón con el fin de recobrarlo.

De nuevo, en Julio de 1705 el pretendiente Carlos III, tomó posesión del reino de España en Gibraltar, única plaza que le era adicta. Poco después el almirante Rooke cambió el pabellón imperial por el de la reina Ana de Inglaterra, engañando a sus propios aliados.

La insurrección de Zaragoza en defensa de sus fueros situó al reino de Aragón en el bando austracista, en 1705. Esto se consolidaba con la proclamación del pretendiente por parte del Consejo de Ibiza, en 1706 y, ese mismo año, las sucesivas insurrecciones en Mallorca y Menorca.

Menorca fue ocupada por fuerzas del archiduque Carlos en septiembre de 1708 era una fuerza de la alianza austracista, pero predominaban los británicos, al mano de James Stanhope, que percibieron la utilidad de puerto de Mahón para el comercio británico en el Mediterráneo occidental y practicar el corsarismo contra los franceses.

La guerra de Sucesión (1701-1713), dejó un saldo entre 700.000 a 1.250.000 muertos en las batallas (franceses muertos 500.000): en Flandes 18 batallas, Italia 15 y la Península Ibérica 30.

Barcelona fue tomada en septiembre de 1714 y Mallorca e Ibiza capitularon en 1715.

2. La incidencia de Utrecht

En realidad, en Tratado de Utrecht se componía de un conjunto de tratados, el primero firmado el 11 de abril de 1713, completado después por otros refrendados en Utrecht, Rastatt, Baden y Amberes. Se quería lograr en beneficio de Inglaterra, un equilibrio continental basado en dos ejes: París y Viena, igualados para evitar la hegemonía de alguno de ellos.

Las consecuencias de la guerra serán demoledoras: pérdida de Países Bajos católicos, del Luxemburgo, de las posesiones italianas, Menorca y Gibraltar. 1713 designa el punto bajo de una curva. ¡Que caída desde 1580! Montesquieu compara esta caída con la decadencia romana.

Gibraltar y el puerto de Mahón, en Menorca, quedaron convertidos en bases inglesas. Las negociaciones entre Francia e Inglaterra, con conocimiento de Felipe V cedía la isla a los británicos. El duque de Argvil en representación de la reina Ana de Inglaterra, aseguró la práctica del catolicismo y el mantenimiento de sus instituciones ancestrales. Menorca cambió entre 1708 y 1802 siete veces de soberanía. Abolieron la Inquisición y permitieron el establecimiento de colonias griegas y judías.

El artículo X del Tratado de Utrecht fija el status jurídico de la fortaleza de Gibraltar, el Estado hispano cede al británico solo la ciudad, castillo, puerto, defensas y fortaleza de Gibraltar, segregando a la ciudad del territorio del que era capital (Campo de Gibraltar).

La Corona Española intentó recuperar la plaza en varias ocasiones, la primera el 4 de octubre de 1704 con tropas de los ejércitos de Andalucía y Extremadura y tropas francesas al mando del general Cavane, con 12 navíos y 20 piezas de artillería.

La incidencia del Tratado de Utrecht en cuanto a reparto de territorios fue:

Gran Bretaña obtuvo: Menorca y Gibraltar en Europa; Nueva Escocia, Bahía de Hudson e isla de Terranova en Norteamérica; isla de San Cristóbal en el Caribe; y el asiento de negros, es decir, el monopolio para llevar esclavos a las Indias hispánicas por medio de la South Sea Company.

Las Provincias Unidas recibieron una serie de fortalezas en el norte de los Países Bajos hispanos.

La Casa de Saboya consiguió Sicilia.

Brandeburgo se quedó con Neuchâtel y se transformó en el reino de Prusia.

Portugal ganó la Colonia de Sacramento (en el actual Uruguay) que había sido ocupada durante la guerra.

Carlos VI de Austria incrementó sui Corona con los Países Bajos hispanos, el Milanesado, parte de Toscana, Nápoles, Flandes y Cerdeña, que había sido ocupada por un ejército anglo-holandés en 1708.

Felipe de Anjou fue reconocido como rey de la Corona española.

Además, el Tratado prohibía la unión de Francia y España bajo un solo monarca. Gran Bretaña tenía el derecho a comerciar con las colonias hispanas en Indias, podía exportar hasta 500 toneladas de mercancías. Gran Bretaña quedaba implantada en Acadia (New Scotland) y Terranova (Newfoundland) y expulsaba a los pescadores hispanos de los bancos bacaladeros.

Marx señaló en El Capital que Inglaterra arrancó a la Corona española el privilegio de poder explotar también entre África y la América hispana la trata de negros, que hasta entonces solo podía explotar entre África y las Indias Occidentales inglesas. Obtuvo el privilegio de suministrar hasta 1743, 4.800 esclavos al año. Este comercio servía, a la vez, de pabellón oficial para cubrir el contrabando británico. Liverpool se engrandeció gracias al comercio esclavista.

Carlos VI continuaba la guerra en alianza con Portugal, pero después de que las tropas franco-españolas se apoderaran de Barcelona, se vio obligado a reconocer el Tratado de Utrecht.

El resultado de la guerra de Sucesión renovó el absolutismo al liquidar sus ingobernables responsabilidades exteriores. Los Países Bajo e Italia, definitivamente perdidos, Aragón y Cataluña derrotados y sometidos en una guerra civil dentro de una guerra internacional. Los Borbones consiguieron lo que los Habsburgo habían sido incapaces de hacer. Muchos de los grandes que habían apoyado al campo angloaustriaco fueron sometidos y excluidos del poder central. Apoyados en la experiencia y las técnicas avanzadas del absolutismo francés, los funcionarios civiles expatriados crearon un Estado unitario y centralizado. Hubo muchos de esos funcionarios que no eran nobles, pero acabaron con títulos para aggiornarse y entrar en la corte.

Los sistemas de Estados de Valencia, Aragón y Cataluña fueron eliminados y su particularismo suprimido, mientras se introducía el instrumento francés de los intendants reales para el gobierno de las provincias. El ejército fue refundido y profesionalizado con una base semirreclutada y un mando rígidamente aristocrático. La administración colonial fue reforzada y reformada, los Borbones se centraron en lo que les quedaba de imperio.

3. Centralización administrativa, decretos de Nueva Planta y nueva política de la Corona de Aragón

Quizás la historiografía ha exagerado algo el significado del cambio dinástico. Existe una continuidad política, un proceso de fortalecimiento de la monarquía absoluta.

Después de las Comunidades del siglo XVI hubo un proceso de refeudalización y ennoblecimiento de algunos sectores. El advenimiento de los Borbones supone una nueva idea de Estado en lo que respecta al fortalecimiento del poder real. Felipe V va a reformar los organismos políticos que ofrecen ciertas resistencias.

Hubo una profunda revisión de la constitución federal del Estado que significó un avance hacia la construcción de un Estado centralizado. El 29 de junio de 1707 el monarca decretaba la abolición de la legislación foral de Aragón y Valencia. Un cambio trascendental en la estructura del poder monárquico hispánico; la unión de Castilla y Aragón dejaba de ser una mera dependencia de la Corona y se instauraba en la legislación y la organización política de los diversos reinos. Aragón, Cataluña y Mallorca, por disposiciones posteriores mantenían sus derechos forales a niveles privados (propiedad, familia, herencia...), pero en lo político recibían la legislación castellana.

La tradición de los Borbones era centralizadora. Los privilegios desaparecieron. El regalismo sustituyó los viejos organismos autónomos por capitanías, intendencias y audiencias.

Los decretos posteriores para Aragón, en 1711, o para Mallorca en 1715, o para Cataluña, en 1716, son más ambiguos. Estas leyes se conocen con el nombre de Nueva Planta. En la justificación de estos cambios se daban varias razones:

1. La rebelión al alzarse contra su rey.

2. El dominio absoluto que poseía el monarca sobre Aragón y Valencia.

3. Por deseo de uniformidad de las leyes en todos los reinos, gobernándose todos por las leyes de Castilla. Así los castellanos podían lograr empleos en aquellos reinos y valencianos y aragoneses en Castilla.

El nuevo marco institucional contemplaba la instauración de un gobierno presidido por el capitán general, sucesor del antiguo virrey, que ejercía a la vez de comandante militar y gobernador general, aunque debía contar con las atribuciones del gobierno concedidas a las Audiencias junto a las judiciales para constituir el Real Acuerdo que fue una diarquía descompensada en favor de la autoridad militar.

El reformismo ilustrado de la nueva monarquía implicaba un proceso de racionalización y centralización administrativa para robustecer el poder de la monarquía absoluta. Los Borbones intentaron uniformizar el sistema institucional en detrimento de las constituciones particulares de los distintos Estados de la Monarquía hispánica, instauraron un nuevo sistema de gobierno concentrando las decisiones políticas en las secretarías de Estado. En la Corona hispana, en 1714 se crean las secretarías del conjunto de la Monarquía borbónica. Las primeras secretarías fueron las siguientes: Estado, Justicia y Asuntos Eclesiásticos, Hacienda, Guerra, Marina e Indias. Pero a partir de 1716, los negocios de Hacienda correrían unidos a los asuntos de Justicia e Indias. La más importante era la de Estado responsable de la política exterior, asumiendo otros asuntos de política interior, su titular llegó a ser un auténtico primer ministro.

Las cortes quedaron limitadas en su frecuencia y en su poder con la excepción de Navarra o las juntas del País Vasco.

Algunos consejos fueron suprimidos por la reducción de sus territorios o por cambios políticos como los de Italia, Flandes, Cruzada o Aragón. Otros consejos perdieron importancia como Estado, Indias, Guerra, Órdenes o Inquisición. Únicamente el Consejo de Castilla mantuvo sus amplias atribuciones y continuó como órgano rector de la función pública mediante el nombramiento de oficiales y tribunal supremo del reino.

A pesar de que la mayor parte de la "gran nobleza" fuer austracista durante la guerra, se creó, en torno al monarca, un consejo privado o de gabinete, en donde con el rey y la reina, el embajador francés se reúne con algunos nobles grandes como los duques de Veragua y de Medinasidonia, el presidente del Consejo de Castilla y el de Aragón, etc. No era una institución fija y únicamente existió algunos años.

También controlaron las provincias mediante la figura del intendente, que se consolidó a partir de 1718. Los intendentes tuvieron funciones de presidentes de Audiencia en las demarcaciones territoriales de Galicia, Aragón, Valencia, Cataluña, Baleares y Canarias. Asentaron la superioridad del Estado sobre la Iglesia, acentuando la tendencia regalista, hicieron una hacienda más eficaz y destinaron la mayor parte de sus ingresos a potenciar la política exterior por medio del Ejército, la Marina y la diplomacia con el objetivo de revisar las cláusulas más onerosas del tratado de Utrecht. También tuvieron funciones de policía, es decir, abastecimientos, sanidad, obras públicas y urbanismo.

Los territorios de la Corona de Aragón quedaron integrados en unas solas cortes, las castellanas, en 1709 acuden los representantes de Aragón y Valencia y en 1724 ya está Cataluña, que se incorporó más tarde porque estaba en rebeldía. Se trató solamente de jurar al heredero, Luis I, y en 1724, por su muerte, a Fernando VI. Se cambió también las normas de sucesión a la Corona, ahora se introdujo la ley sálica, igual que en Francia.

El peso cotidiano de la burocracia lo van a llevar personas de la baja nobleza, hábiles en el despacho de papeles.

También fueron suprimidos los concejos municipales de Valencia, Zaragoza, Palma de Mallorca y Barcelona, se establecía un sistema de corregimientos que abolía las asambleas municipales, imponía la designación de los cargos por parte del rey e implicaba la figura del regidor vitalicio en las principales ciudades.

Sin embargo, la uniformización no fue completa, se mantuvieron las autonomías de las Provincias Vascas (con las Diputaciones Forales de Álava, Vizcaya y Guipúzcoa) y del reino de Navarra (con sus cortes separadas).

Pero los resultados de esa nueva política no superaron graves problemas: la mayor parte de los consejos del sistema polisinodial continuaron funcionando pase a la duplicidad con las nuevas secretarías; en la legislación continuó una maraña de órdenes y contraórdenes particulares; y las distintas jurisdicciones generaban problemas de precedencia legal y alargó los procesos.

4. Los hombres del gobierno: Alberoni, Grimaldo, Ripperdá, Patiño y Campillo

Durante la guerra de Sucesión funcionó un gobierno provisional bajo influencia de consejeros franceses, donde destacó Jean Orry en Hacienda y el vizconde de Amelot para la política internacional.

A partir de 1714 el abate italiano Alberoni pasa a ser una figura central hasta su caída en 1719. Alberoni ganó la confianza del rey y, después de la muerte de María Luisa de Saboya, insistió en el matrimonio de Felipe V con Isabel de Farnesio, de la casa ducal de Parma, de dónde procedía Alberoni que recibió la capa de cardenal y fue nombrado primer ministro. Gobernó sin ningún título oficial, sin pertenecer a ningún consejo ni ocupar ninguna secretaría. A través de diversas guerras aseguraron coronas para los hijos de Isabel de Farnesio: el mayor fue rey de Nápoles y el menor, de Parma y Piacenza. También tomó una serie de medidas reformistas en el ámbito económico.

A la caída de Alberoni no hubo ni privado ni consejero especial. Se reforzaron los lazos de amistad con Francia mediante enlaces entre príncipes de ambos países.

Ascenderá a la cabeza de los negocios de Estado el veterano político José de Grimaldo, oficialmente era presidente del Consejo de Estado y despachaba con el rey todos los asuntos oficiales, eso significaba la vuelta de la influencia francesa.

En 1724, Felipe V abdica en favor del primogénito de su primer matrimonio con María Luisa de Saboya, tenía apenas 17 años, pero falleció de viruelas ocho meses más tarde, el reinado de Luis I duró solo 229 días, en su testamento devolvía a su padre la Corona. No están claras las razones de la abdicación, para algunos respondía al estado de ánimo depresivo del monarca, para otros, era una decisión política porque hacía poco había fallecido el regente de Francia, el duque de Orleans y la salud de su sobrino Luis XV era delicada lo que abría expectativas de convertirse en soberano francés.

En ese periodo la política hispana no tuvo ningún cambio importante. Felipe V adoptó disposiciones para poder mediatizar la iniciativa del nuevo soberano y controlar la vida política del reinado, mantenía a su lado con el cargo de mayordomo al secretario de Estado, marqués de Grimaldo. Para asesorar a su hijo colocó una Junta compuesta por el gobernador del Consejo de Castilla, los presidentes de los restantes Consejos, el arzobispo de Toledo, el Inquisidor General, el marqués de Valero y el marqués de Lede.

Hubo expectativas de que con Luis I fuese promovida una españolización de la vida pública, con las ideas defendidas por el denominado "partido español" o "partido castizo", que traía al mismo tiempo una reivindicación tradicionalista frente al proyecto reformista y el retorno al poder de aristócratas desplazados por los nuevos administradores de extracción mesocrática. Pero los casticistas no vieron cumplidas sus expectativas debido a la tutela de Felipe V y su segunda esposa Isabel de Farnesio.

La labor de su gobierno apenas ha sido juzgada debido a la brevedad y, además, no coincidió ningún acontecimiento importante.

Después del fallecimiento de Luis I la cabeza del gobierno quedó en manos del holandés barón de Ripperdá, nombrado secretario de Estado. Su mayor aportación fue negociar la reconciliación entre el monarca hispano y Carlos VI de Austria por el Tratado de Viena (1725). Este acuerdo prefiguraba una alianza austro-española para hacer frente al bloque anglo-francés. Ripperdá no tenía relaciones sólidas entre quienes dominaban la política hispana, fue destituido en 1726. Su intento de utilizar la alianza austriaca frente a Inglaterra fue un fracaso porque Austria se negó a colaborar.

Poco tiempo después, se inauguran los primeros ministros hispánicos de ascendencia hidalga y formación jurídica que llevaron las principales reformas económicas y políticas del siglo XVIII. Estarán en posición preeminente, en el cargo que desempañan adquiere poderes por su conexión con el rey, ganando su confianza. José Patiño (1726-1736) fue intendente de Cataluña en 1713 e intendente general de marina en 1717. Hubo de afrontar otra crisis personal del soberano que se saldó con el traslado de la corte a Sevilla, donde vivió desde 1729 a 1733. Sin embargo, pudo realizar una política prudente y realista. Los principales ejes de su trabajo fueron: la racionalización de la Hacienda, el fortalecimiento de la Marina y la dirección política internacional. Llevó a cabo una operación de ajuste monetario con el que logró una estabilidad duradera. Durante su mandato se autorizó la creación de la primera compañía privilegiada por acciones, radicada en San Sebastián.

En 1729 consiguió que las grandes potencias occidentales dieran el beneplácito a la instauración del infante Don Carlos en Italia. La muerte del último duque de la dinastía de los Farnesio en Parma posibilitó que el infante se trasladase a Italia y tomara posesión de aquel ducado.

También es destacable el breve mandato de José Campillo (1741-1743), cuando el gobierno hispánico logró acumular casi tantas secretarías como Patiño. De extracción social semejante a la de su predecesor, pertenecía a una familia hidalga de Santander, había servido en la administración militar y de marina hasta llegar a intendente del ejército de Italia durante la guerra de Sucesión de Polonia. Su política reformista se centró en el refuerzo de la potencia militar y, sobre todo, naval de la Corona borbónica.

A la muerte de Campillo se dio entrada al marqués de la Ensenada que era de extracción hidalga y ennoblecido a posteriori. Había ocupado diversos cargos en la administración militar y en la intendencia del ejército en Italia. Comenzó un programa de reformas que abarcaba múltiples ámbitos del Estado.

En los últimos años del reinado de Felipe V, los cargos de las secretarías más importantes fueron entregados a hombres nacidos en la Península Ibérica. La elevación de impuestos de entrada para los tejidos contribuyó al renacimiento gradual de la industria textil: se estimulaba la fundación de manufacturas estatales y privadas; los artesanos recibieron derechos civiles; la recaudación de impuestos fue encomendada a funcionarios gubernamentales y los rentistas se vieron privados de sus privilegios. Para fomentar la agricultura, se crearon depósitos para guardar trigo para proveer de semillas al campesinado en años de malas cosechas.

5. El reformismo borbónico: sistema tributario y marina

La remodelación de Hacienda supuso la transferencia de la gestión fiscal a manos del intendente, que se hizo cargo de los ingresos del rey, se trataba de los ingresos percibidos por las antiguas instituciones forales y los nuevos impuestos creados para equiparar la carga impositiva con la castellana.

La reforma más relevante de la Hacienda la hicieron en las Corona de Aragón. La incorporación de impuestos tradicionales a la Hacienda real, seguida de la implantación de un nuevo gravamen equivalente en cuantía a las rentas provinciales castellanas, fue el instrumento para paliar la desigualdad contributiva. La nueva figura recibía distintas denominaciones: catastro de Cataluña, equivalente de Valencia, contribución única de Aragón y talla de Mallorca. Consistía en un impuesto sobre la propiedad agraria y sobre actividades industriales y comerciales, cuya recaudación debía alcanzar el monto calculado por la Administración. Una primera estimación excesivamente elevada hizo gravoso el nuevo impuesto, la posterior reducción, unida al distanciamiento de las reducciones periódicas y al alza de precios a lo largo del siglo XVIII, lo convirtió en una contribución estable y cada vez más llevadera.

La Hacienda castellana seguía con el sistema de agregación de diferentes contribuciones, heredado desde los Reyes Católicos. Los Borbones fueron conscientes de que un aparato fiscal eficiente era necesario para mantener la política internacional, sin embargo, no tuvieron los resultados esperados. Las medidas tomadas más importantes fueron la simplificación y regularización de la administración fiscal, y el cambio del sistema de arrendamiento de impuestos por la gestión directa a cargo de funcionarios reales: oficiales de la Secretaría de Hacienda, corregidores, intendentes, funcionarios del Consejo de Castilla para los bienes de propios.

Los sistemas fiscales dieron muchos quebraderos de cabeza a industriales y comerciantes y el mapa territorial no dejó de ser un laberinto que limitaban el reformismo.

La búsqueda de fondos económicos era indispensable para el sostenimiento de la Armada que era uno de los pilares de la Corona, en palabras del marqués de la Ensenada en 1743, era la primera prioridad de la monarquía".

La recuperación de la marina de guerra constituyó uno de los puntos centrales en los proyectos del reformismo borbónico. La reforma de la Marina buscaba conseguir barcos, oficiales y tripulantes. La reorganización administrativa comenzó con la supresión de las distintas armadas y la fundación de una Armada real en 1714. En 1726 se establecieron tres departamentos marítimos: Ferrol, Cartagena y Cádiz. Y en 1737 se instauró el Almirantazgo para dirigir toda la Marina, que fue un cargo hecho para el infante Felipe. Cuando en 1741 el infante fue a Italia para reclamar su herencia, Campillo hizo de almirante general y a su muerte, Ensenada asumió esa responsabilidad.

Felipe V partió casi de cero, pero al acabar su reinado, su ejército y su armada era diferente al heredado. Las reformas fueron profundas. El Borbón recibió una Armada obsoleta que resultó inútil en la guerra de Sucesión. Era una flota de 7 galeones y 10 años más tarde ya no existía ninguno.

Entre 1718 y 1736, se dio el alta a 93 buques, 17 comprados, 21 apresados y 55 construidos en los astilleros. Un esfuerzo extraordinario.

La fabricación de embarcaciones de guerra, realizada a principios de siglo por el sistema de asientos con empresarios particulares, fue pasando a la administración directa del Estado a medida que comenzaron a funcionar los arsenales en los tres departamentos marítimos: Ferrol, Cartagena y la Carraca cerca de Cádiz, a los que se sumó La Habana en 1723.

Además, se inauguró la Escuela de Guardias Marinas de Cádiz en 1717 que se convirtió en un centro científico y técnico.

Para las tripulaciones se creó la Matrícula de Mar, medida que se implantó para disponer de efectivos militares para la Marina de Guerra. Se trataba de una institución reguladora de la prestación de servicios en la Real Armada por parte de hombres cuyo oficio proporcionara los conocimientos de navegación necesarios para que los marineros disponibles estuviesen censados y listos para ser requeridos a filas; a cambio recibían una serie de privilegios.

Los marineros debían acudir a campañas cada vez que fuesen llamados. Por ello, saber el paradero de cada uno pasó a ser una necesidad para asegurar el cumplimiento del servicio, lo que conllevaba un férreo control. Para facilitar la identificación, cada persona debía tener una cédula que lo acreditaba como tal, donde debía figurar su nombre, lugar de nacimiento, filiación, estado civil, edad, rasgos físicos y fecha de matriculación. Todo esto significaba un agravio para la gente de mar, contrapesado con ciertos privilegios que no eran suficientes para hacerla deseable.

Con la Matrícula de Mar, los reformistas del siglo XVIII retomaron una idea ya planteada en tiempos de los Austrias, es decir, que sirvió de lejana inspiración a Patiño y a Ensenada para recomponer la Armada borbónica. Este sistema de reclutamiento se intentó llevar a la práctica de forma parcial en los años 1717, 1726, 1728 y 1737, mediante una serie de disposiciones.

La real cédula de 1717 establece, de modo definitivo, la Matrícula, decretando la exclusividad de los oficios de navegación y pesca a los matriculados y su sometimiento a la jurisdicción de la Marina, es decir, separándolos de la justicia ordinaria. En Canarias se aplicó a partir de 1804, vinculada a la Matrícula de Indias, estableció la Subdelegación de Matrícula en Santa Cruz de Tenerife.

6. La política exterior: revisión del tratado de Utrecht, defensa del imperio ultramarino y revisionismo mediterráneo

La Corona hispana era una más en la política del siglo XVIII, pero todavía tenía importancia en el continente europeo.

Después de la guerra de Sucesión, la política exterior estuvo dirigida a la revisión del Tratado de Utrecht. Los esfuerzos de guerra de Alberoni se basaron en la reorganización de las fuerzas navales en la que tuvo buena parte el recién nombrado intendente de marina, Patiño. En 1717, una flota hispana desembarcó en Cagliari y ocupó Cerdeña, establecía provisionalmente el nuevo sistema de gobierno igual al que imperaba en la Corona de Aragón y, al año siguiente, hizo lo mismo en Sicilia, pero tuvo que devolver Cerdeña tras la derrota de la Corona española ante la Cuádruple Alianza.

En 1718 se firmó la Cuádruple Alianza entre Inglaterra, Holanda, Austria y Francia. La flota británica destruyó a la hispana, quedaban reducidas las posibilidades de la Corona española.

Ante la presión internacional, Felipe V destituyó a Alberoni y aceptó las condiciones de esa Cuádruple Alianza y retiró las tropas de Cerdeña y Sicilia. Austria y Saboya permutaron las dos islas, otorgando mayor cohesión a sus respectivos dominios.

En la Península Ibérica, el gobierno restauró las fortalezas abandonadas y arruinadas, organizaba nuevas bases navales, abría academias militares, construía astilleros y arsenales. Algunos súbditos fueron enviados a estudiar arte naval a Inglaterra. En Asturias construyeron las primeras fábricas de material de guerra.

Se trató de reconquistar Gibraltar, tras la guerra de sucesión, hubo un segundo asedio en 1727, la Corona española estaba en paz con el Imperio, parecía que no se opondría si España intentaba recuperar Menorca y Gibraltar. Este asedio estuvo mal planteado y peor resuelto. Ya a finales de 1726 militares relevantes y experimentados hicieron saber a Felipe V, que teniendo en cuenta la superioridad naval inglesa y la imposibilidad de rendir la plaza atacando por tierra, aconsejaban "no exponerse a un vergoncísimo desaire", pero el Conde de las Torres con un exceso de jactancia afirmó que se podía tomar la plaza en seis semanas. Deseoso el rey de escuchar esta propuesta, contra toda prudencia de los expertos dio vía libre y ordenó el sitio de Gibraltar.

En 1732 logró reconquistar Orán, había sido conquistada en 1509, pero las fortificaciones que establecieron fueron asediadas por los argelinos que llegaron a conseguirla entre 1708 y 1732. Posteriormente, fue cambiada por el Conde de Floridablanca por el establecimiento de una factoría en Mazalquivir y definitivamente abandonada en 1792.

Felipe V y sus principales ministros llevaron a cabo una reorientación de la monarquía que pretendía asegurar y afianzar su posición como potencia colonial. La política emprendida sobre los territorios del imperio es clarificadora: las reformas de los virreinatos y la estructura administrativa debían ir parejas a una nueva relación con la metrópoli, mucho más fluida y de carácter expansivo, especialmente en el comercio. La política naval, a través de la erección de la Real Armada como instrumento de esta nueva política de alcance global, fue esencial.

La tensión con Inglaterra debida al comercio ilegal británico en las Indias llevó a una confrontación abierta. El casus belli fue que un guardacostas hispano cortó la oreja al capitán inglés Jenkins. Durante la denominada en España guerra del asiento y en Inglaterra War of Jenkins' Ear (1739-1748) fue suspendido el sistema de flotas lo que permitió que fueran a América navíos sueltos con permisos especiales y eso demostró que se había activado el comercio, habían traído de vuelta más caudales de los que venían antes en las flotas, por eso hubo una sustitución de las flotas por el sistema de registros suelto. Inglaterra también trató de tomar Cartagena de Indias, repelida en 1741 por Blas de Lezo.

A partir de 1733, el sistema de Utrecht fue afectado por la guerra de Sucesión de Polonia que envolvió a las principales potencias europeas con exclusión de Gran Bretaña. Aquí la Corona hispana estableció una alianza con Francia en lo que se considera el primer pacto de familia para disputar a Austria sus dominios italianos. Logró recuperar Nápoles y Sicilia por medio de la batalla de Bitonto, en 1734 y el infante Don Carlos fue proclamado soberano de ambos reinos. No obstante, la paz entre Francia y Austria de 1736 marginó los intereses hispanos en el norte y centro de la Península itálica.

Se firmó un segundo pacto de familia en el tratado de Fontainebleau en 1743, que coaligó a la Corona española con Francia contra Austria en Italia y permitió el dominio del cuarto hijo de Felipe V, el infante Felipe, sobre los ducados de Parma, Piacenza y Guastalla.

En 1745 los ejércitos borbónicos consiguieron conquistar Milán, parecía poner fin a la política de restauración hispánica en la Península itálica, sin embargo, una reacción austriaca en la batalla de Piacenza (1746) los expulsó definitivamente de Lombardía.

TEMA 12

DESPOTISMO ILUSTRADO E ILUSTRACIÓN HISPANA

TEMA 12: DESPOTISMO ILUSTRADO E ILUSTRACIÓN HISPANA

1. El despotismo ilustrado

El concepto despotismo ilustrado aparece a fines del siglo XIX entre los historiadores alemanes de las instituciones. Estaba relacionado con el robustecimiento de la autoridad para dar eficacia a la administración.

Nunca se trató de un "gobierno para el pueblo", ni siquiera preferentemente para el pueblo. Se trató de una variante del absolutismo al que podemos calificar de absolutismo tardío. Proyecto reformista que pretendía la modernización de la economía, las relaciones sociales, la vida política y la actividad cultural. Pero dejando intactos en la alto a aristocracia y clero, las actividades económicas debían limitarse a la introducción de avances técnicos sin poner en riesgo las estructuras, con una cultura dirigida por el Estado.

El despotismo ilustrado nunca puso en cuestión las bases sociales de su poder. El programa de modernización diseñado por la Corona tenía como límite el mantenimiento de las estructuras del régimen absolutista.

La Corona va a adoptar fórmulas de intervencionismo estatal para obtener la modernización económica, a través de políticas de fomento que debía ser la base para el fortalecimiento de todo el Estado, lo que redundaría en la prosperidad interior y el prestigio exterior.

Se pone al servicio del mantenimiento social, rehúye de cambios en los sistemas de estratificación heredados del pasado. Es decir, que sus bases de soporte serán las mismas que las de las monarquías absolutas. Por tanto, al mantener el sistema de privilegios le granjeó el apoyo no solo de aristocracia y clero, sino también de las burguesías porque les permite enriquecimiento y les otorga los réditos de la política mercantilista.

Las clases populares solo se aprovechan, en última instancia, de la prosperidad general, así que se les exhorta a sumarse al movimiento. Es decir, es un proyecto integrador que sería vehiculizado como un proyecto social que beneficia a todos por igual.

A una política de modernización económica responde una política de respeto al orden social heredado. Por tanto, es el último esfuerzo de los privilegiados de ofrecer un proyecto global con el consenso de todas las clases sociales.

Se dota de una cobertura ideológica renovada, de nuevos parámetros ideológicos que le permitan establecer ese consenso sobre nuevas bases, para ello se intenta imitar a Francia porque es el único absolutismo que ha progresado al nivel de Inglaterra y Holanda.

Debe producirse un encuentro entre política y filosofía, porque los reyes creen que la racionalidad puede contribuir a la racionalidad administrativa, se vuelve al viejo sueño platónico de los reyes filósofos. Al mismo tiempo, esa filosofía se utiliza como parapeto ideológico a una opinión pública naciente, ahora hay que justificar los actos, en el siglo XVIII las leyes tienen preámbulos. La justificación jurídica son expresión de una serie de valores laicos, el más presente será la felicidad de los súbditos.

En definitiva, es un sistema que trata de emprender un proceso de modernización, pero que se encuentra atado por sus compromisos tradicionales. Los déspotas nunca llevaron las teorías a la práctica, solo trataban de modernizar determinados aparatos de dominio para acrecentar el poder de ese Estado que era reforzado en un marco territorial protonacional, trataba de fomentar el crecimiento económico bajo protección del gobierno y, a partir de aquí, lograba medios fiscales para la maquinaria administrativa y militar. Las partidas principales no se dirigieron a asistencia social ni a instrucción pública, sino a las necesidades de la corte, la marina y el ejército.

2. Bases teóricas

Kant, quizás el más genuino representante de este movimiento, afirmó que ilustración es "el fin de la minoría de edad del hombre. El fin de su incapacidad para utilizar su razón sin la dirección de otro".

La Ilustración partía de la premisa de que existe un estado social, político, económico ideal, este "proyecto moderno" defiende la universalización de valores, es decir, racionalmente llegamos a admitir un modelo deseable que debe guiar las acciones individuales y colectivas. Este clímax y los pasos a imitar serían idénticos para todo el planeta y para todas las sociedades. Los ilustrados van a intentar el adelanto del país dentro de su concepción de la universalización de valores, donde el crecimiento económico es la base de la generalización del bienestar material.

En la Corona española, a partir del siglo XVIII, con el absolutismo ilustrado, nos encontraremos una serie de trasformaciones que irán marcando el proceso de secularización de la vida social, política y económica, acelerado en el último tercio de la centuria. Siempre fueron minoría enfrentada a una turba reaccionaria de privilegiados, aristócratas y, sobre todo, la Iglesia, siempre campeona de la intolerancia y el oscurantismo.

El punto de encuentro que permite la colaboración entre el gobierno y los ilustrados es la creencia compartida de que la modernización redundaría en el "interés general de la nación" y en el de cada uno de los particulares. Este movimiento contribuyó en el reino, al pensamiento económico, el análisis social, la investigación científica, la reflexión religiosa y la producción literaria y artística.

Los ilustrados hispánicos querían orden, limpieza, seguridad, obediencia, uniformidad de los súbditos en lengua y religión y, siempre, el mantenimiento de sus privilegios.

Los conceptos claves de la Ilustración, "razón", "naturaleza" "progreso" "felicidad" y "cultura", intervienen con una plenitud que parece dirigida a compensar el cúmulo de irracionalidades que caracteriza a su momento histórico. Es un orden natural, trazado por la razón en torno al eje del individuo, que se orienta teleológicamente hacia una máxima felicidad y se concreta en términos políticos en la posibilidad de alcanzar la libertad a través del progreso de los conocimientos. Por tanto, tratan de conseguir la modernización de la cultura y la reforma de la sociedad.

La razón es la facultad esencial de los seres humanos para alcanzar la verdad. La naturaleza es concebida como la norma segura para dirigir la conducta humana en todos los terrenos, desde la organización económica al empleo de la técnica. El progreso es convicción y meta, reflejo del optimismo ilustrado sobre la perfectibilidad moral del individuo y la perfectibilidad política de la sociedad para alcanzar el objetivo final que es la felicidad del género humano.

El pensamiento ilustrado concede una importancia capital a la instrucción del pueblo, había que mejorar el nivel de vida material y moral de los individuos y la educación vendría a ser el requisito previo para conseguir estos fines. Kant escribía: "Ilustración del pueblo es aquella instrucción suya en lo que se refiere a las obligaciones y derechos que le competen respecto al Estado a que pertenece". Vemos como Ilustración e Instrucción son prácticamente sinónimos. La educación del estado llano sería el primer paso necesario para que a través del conocimiento se llegue a alcanzar la capacidad de ser ciudadanos.

Otras ideas fundamentales son las de tolerancia, cosmopolitismo y pedagogía, rasgos inseparables del ideal reformista.

Siguiendo el ideal platónico, los ilustrados aspiraban a hallar en el soberano el brazo ejecutor de sus ideas, eso era el despotismo ilustrado, un sistema absolutista inspirado en el ideario de las Luces, que deberían ejecutar la política de modernización cultural, social y económica. Sin embargo, los soberanos estaban más interesados en el robustecimiento de su autoridad, en el perfeccionamiento de la maquinaria administrativa y el engrandecimiento de sus territorios que en la felicidad de sus súbditos.

A pesar de ese individualismo radical, la organicidad del orden estamental no desaparece totalmente. Será una ilustración que impacte en los círculos aristocráticos y terratenientes, tónica general en toda la Corona. Pero la composición social del movimiento ilustrado fue interclasista, aunque limitada a las clases acomodadas que eran las que tenían acceso al a cultura. El primer cometido que se adscribe a las leyes consiste en la determinación de los oficios, otros tantos vehículos que canalizan las acciones individuales "al bien general", punto de encuentro de la felicidad individual y de la social. De ahí que la sociedad sea vista no solo como ámbitos de derechos, sino también de deberes recíprocos.

La visión de Meléndez Valdés sobre las relaciones sociales y el proceso económico están en esta misma línea. Este autor deja caer alusiones, cargadas de prudencia, a un cambio político como única salida, aún cuando se sucedan las protestas de confianza en la positividad de la acción del monarca y de sus ministros. Meléndez Valdés fue lector y seguidor de Condorcet y Turgot en la teoría del progreso indefinido, y también, destacaron sus discípulos Cienfuegos y Quintana.

La poesía desde un punto de vista histórico, tuvo una gran importancia: supone la manifestación más clara de las nuevas ideas, de la nueva sensibilidad y, en sí misma, constituye un exponente de la mentalidad de aquella generación. Se trata de una poesía que en un primer momento es solamente ideológica y, después, de combate; que tenía poco que ver con la tradición poética hispánica anterior.

Pero las reformas tuvieron que detenerse ante los privilegios de las clases dominantes, la estructura del régimen absolutista y los anatemas de las autoridades eclesiásticas.

Desde la historia de Sarrailh se ha fabricado un siglo XVIII con tono intelectual exagerado, una centuria virtuosa poblada de grandes hombres, luchadores incansables en una cruzada que pretendía que todos los súbditos fueran beneficiados por las Luces. Muchos historiadores parecen militantes sucesores del ejército ilustrado vencido, que aún mantienen nostálgicos la España posible que más real de la que hablaba Julián Marías. Y eso no fue así. El análisis profundo ha llegado a negar la ilustración hispánica. En palabras de Enrique Giménez: "el setecientos no fue un siglo de luces refulgentes, que si llegaron a brillar lo hicieron con un resplandor tenue. Sobresalieron en él más las sombras que los destellos de una ilustración modesta, que solo logró tímidos avances en su combate desigual contra los prejuicios y el fanatismo".

3. Los instrumentos: Academias, Universidades, Sociedades Económicas de Amigos del País, Consulados

Los altos funcionarios del Estado hispano en el siglo XVIII buscan la mejora de la vida de los súbditos por medio de la técnica: agronomía, ingeniería, etc. Aquí empieza y casi acaba su ilustración, sin cuestionar las estructuras sociales ni poner en duda los privilegios de la aristocracia.

Las Academias fueron un instrumento característico de la acción del despotismo ilustrado en el ámbito cultural. Nacen en general bajo impulso de la iniciativa privada antes de ser sancionadas por el monarca. Instituciones semejantes florecieron en Europa, sobre todo en Francia, para difundir la opinión oficial en los distintos ámbitos de la actividad cultural y de introducir la centralización y uniformización, mediante la tarea normativa llevada a cabo por los académicos.

La Real Academia Española de la Lengua, procedía de una tertulia particular y se convirtió en organismo oficial en 1713, aprobada definitivamente en 1714.

Años después, continuó la fundación de la Academia de la Historia (1735-1738), la Academia de Jurisprudencia de Santa Bárbara (1739), la Academia de Bellas Artes de San Fernando (1744, con estatutos definitivos en 1757).

La primera medida para la reforma universitaria fue la fundación, de nueva planta, de la Universidad de Cervera (1717).

La expulsión de los jesuitas dejó un vacío en el mundo de la enseñanza superior. En Sevilla, seis casas abandonadas por esta orden fue la ocasión para un nuevo plan de estudios para la Universidad por parte de Pablo de Olavide, una de las figuras más significativas de la ilustración hispana. Se secularizó el profesorado y los estudios que incluyeron junto a las tradicionales disciplinas de filosofía, teología, derecho, y medicina, las modernas enseñanzas de matemáticas, geometría, física, biología y ciencias naturales, todo ello acompañado de la renovación metodológica con la implantación del libro de texto.

Una nueva iniciativa fue la reforma de los colegios mayores, que habían sido fundados en siglos anteriores como centros de acogida de estudiantes pobres a los que se concedían becas, pero habían pasado a ser reducto de privilegiados que, controlando a adjudicación de becas y ocupando las principales cátedras habían puesto en marcha un sistema para monopolizar la provisión de cargos. Frente estaban los golillas o manteístas, estudiantes de extracción modesta entre los que fermentaban las ideas de cambio y reforma ilustrada.

Pablo de Olavide había lanzado una andana contra los colegios, pero la reforma fue obra de Pérez Bayer, catedrático de griego de la Universidad de Salamanca, en 1771. En 1798 se decretó la total supresión de los colegios.

La ola aperturista alcanzó a los planes de estudios de las Universidades de Valladolid, Alcalá de Henares, Santiago, Oviedo, Zaragoza, Granada e incluso Salamanca. La más importante fue la de Valencia que el rector transfirió el control del centro desde el municipio a la Corona.

La intervención gubernamental propició la renovación de las universodades que hubo de llevarse a cabo contra las resistencias del jesuitismo, de los colegios mayores y de la ciencia tradicional. Por esto, salvo excepciones, las universidades no figuraron en la vanguardia de la reforma educativa de la Ilustración.

Las Reales Sociedades Económicas de Amigos del País desde su misma fundación comenzaron a ocuparse de lo que pudiese contribuir al adelanto de la agricultura para lo que los progresos científico-técnicos eran la solución, así trataron de mejorar los instrumentos de labranza, explotaron aguas, e introdujeron nuevos cultivos. En el caso catalán parece generalizada la utilización de arados bastante perfeccionados, con los que parece abrirse paso lentamente una cierta tendencia a la experimentación agraria.

La mayor parte de las veces los experimentos fueron hechos por terratenientes mientras los campesinos mantenían una actitud incrédula cuando no reprobatoria. En este contexto entenderemos mejor que los Amigos del

País dieran clases de agricultura, donde se debatían los problemas que afectaban al sector, así como la selección de semillas, técnicas agrícolas, aperos de labranza, etc. Esto debemos ponerlo en relación con que las técnicas de cultivos empleadas eran muy antiguas y los medios disponibles eran escasos lo que incidía en bajos rendimientos. Esta institución trató de cubrir el vacío de los organismos estatales, por eso emprendieron una campaña destinada a la investigación agrícola, trataron de evitar el estancamiento en el sector, mediante ensayos continuados, cultivos alternativos y mejoras infraestructurales para adaptar la productividad agrícola a las demandas del mercado.

Las Sociedades Económicas hicieron suyas la preocupación por mejorar la producción del sector primario y secundario, convirtiéndose en un objetivo básico de casi todas ellas y también el terreno donde lograron realizaciones más palpables.

Van a criticar la falta de una enseñanza agrícola en las escuelas, en consonancia con su convicción del papel de la instrucción pública como elemento de transformación económica.

Las Sociedades Económicas trataron de solucionar los problemas de la agricultura mediante la introducción de reformas basadas en métodos científicos, mayoritariamente encaminados a superar el barbecho.

Hubo 56 Reales Sociedades Económicas de Amigos del País en España, tuvieron un resurgimiento, principalmente a partir de 1792.

Los Consulados eran corporaciones de comerciantes dotadas de jurisdicción propia en asuntos mercantiles. Los consulados de mercaderes eran una vieja institución hispana que provenía del Consolat de Mar catalán que a su vez tenía origen en el Consolato del Mare de Pisa y Génova. Reunían funciones de tribunal comercial que debía reglamentar las actividades de cada comerciante y una asociación que representaba al conjunto frente a las demás corporaciones.

A partir del siglo XVIII, la actividad consular conoce un nuevo empuje.

En el artículo 53 del Reglamento de Libre Comercio de 1778, ordena que se formen consulados de comercio en todos los puertos habilitados para dicho tráfico donde no hubiere. La llamada fue atendida en Palma de Mallorca, Alicante, Málaga, Sevilla, La Coruña, Burgos y Santander. Para ser aceptado en el consulado, el comerciante debía llenar una serie de requisitos. En juntas anuales los miembros elegían a sus jueces, un prior y dos cónsules.

Se trataba de una organización profesional con apoyo estatal cuyas funciones eran de carácter corporativo. El consulado unió el poder financiero de los grandes comerciantes y se transformó en representante y defensor de sus intereses. Los monarcas se dirigieron en más de una ocasión a ellos para pedir préstamos o "donativos".

Muchos de estos consulados fundaron Escuelas Náuticas, salvo Sevilla que ya tenía la Escuela de Mareantes de San Telmo.

4. Innovaciones en la agricultura

Con el predominio filosófico de la Ilustración, el Estado estuvo encargado de fomentar e impulsar la agricultura movido por un interés bien entendido que le llevaba a preocuparse de la situación económica y espiritual del campesinado, así como a emplear nuevos métodos para intervenir con consejos y órdenes en las obsoletas estructuras productivas.

Hallamos divulgación de obras de agronomía en la Corona hispana. Sin embargo, con posterioridad, se ha debatido acerca de la influencia efectiva en la agricultura de estos escritos, según la ironía voltairiana eran leídos por todos excepto por los agricultores, pero, en cualquier caso, esta literatura debió responder a una cierta demanda social generada por propietarios, rentistas y ciertos sectores de agricultores interesados en las mejoras y el progreso agrario, aunque con efectividad limitada. En libros y opúsculos, así como en las actas de las Reales Sociedades Económicas de Amigos del País, encontramos muchas ideas "luminosas" sobre el mejoramiento y renovación de la agricultura. Si creyéramos al pie de la letra todo lo conservado en los archivos, sacaríamos una idea falsa de la realidad porque muy pocos de estos proyectos fueron llevados a la práctica y muchos menos con resultados exitosos. Incluso, en aquellos casos en que se plasmaron de forma efectiva, se trató únicamente de experimentos a los que se dio gran difusión y formaron parte de una propaganda política grandilocuente que pronto fue olvidada.

En definitiva, lo que sucedió es que el ingenio sustituyó a la falta de tierra, simiente, ganado, herramientas. Esto se enmarca dentro del programa ilustrado, con sus mitos acerca de la ciencia y el progreso. Una parte de esos nuevos experimentos se fueron aplicando, aunque el campesinado, seguía con los métodos de sus antepasados.

Durante el Antiguo Régimen los agricultores se habían centrado en la mejora de los rendimientos económicos por unidad de superficie cultivada: en el aumento del volumen de la producción que se obtenía de ese bien escaso que es la tierra. Ahora aparecen nuevas plantas al lado de los cereales, unido a la extensión de la agricultura intensiva, que supone una mejora evidente frente a los sistemas extensivos. Estamos ante una agricultura mayoritariamente de secano, aprovechando el agua de las lluvias, lo que produjo siempre grandes desigualdades en las cosechas que se hallaban totalmente determinadas por un régimen pluviométrico irregular, por esto, las innovaciones agrarias trataban de mejorar el sistema productivo para hacer el agro menos dependiente de las inclemencias atmosféricas.

El aumento poblacional especialmente en núcleos urbanos va a generar un incremento de la demanda de productos agrícolas de consumo, lo que revalorizó sus precios con el consiguiente aumento de la renta de la tierra, es decir, los sectores sociales más pudientes estarán firmemente interesados en las mejoras en el sector agrario, así como en la instrucción de los labradores para aumentar la producción, de hecho, la mayor parte de las veces los experimentos los asumían los grandes terratenientes, los que tenían un peso considerable en esas Sociedades Económicas, ya que estaban interesados en un desarrollo agrícola sustentado en meras reformas técnicas que no afectasen a la intocable distribución de la propiedad de la tierra.

Como sabían que el desarrollo agrícola exigía cambios técnicos, discutían sobre nuevas semillas, sobre técnicas a aplicar en la agricultura, sobre los diferentes artefactos que convendría adoptar en la labranza, etc. Diversos autores intentan, a través de la observación como método cientofico, ilustrar al campesinado sobre el arte de la agricultura. Así sus obras y los debates que generaron, se convierten en una recopilación de las actividades dominantes a lo que tratan de incorporar sus conocimientos científicos.

Debemos ser ecuánimes y no menospreciar los logros aun cuando no fueron tan halagüeños como esperaban, no son despreciables, de hecho, serán pocos los cambios que veremos en los siglos posteriores, prácticamente hasta nuestros días, en lo que se denomina la "agricultura tradicional", es decir, que las iniciativas ilustradas fueron el cimiento del desarrollo agrario del siglo XIX que permitió un incremento en la superficie cultivada, para lo que fue importante las reglamentaciones de aguas, técnicas extractivas y sistemas de regadíos más eficaces, porque el conservadurismo de la gente del campo, en sus actitudes, en sus costumbres y en sus razonamientos no impidió que adoptaran novedades y que las transformaran en tradiciones. Para integrar las novedades era preciso que estuvieran convencidos de su eficacia, por lo que la observación y la experiencia resultaban condiciones necesarias y los gobernantes ilustrados fueron conscientes de esta necesidad.

Jovellanos, en 1795, publica en su Informe de ley agraria que es necesario instruir a "la clase propietaria de los principios de las ciencias útiles" que serán más beneficiosos que el conocimiento abstracto para su aprovechamiento en los cultivos y así desarrollar el país.

Al caer en desuso el barbecho y con la introducción de plantas comerciales que necesitaba un abono intenso, se planteó el problema de los fertilizantes. El desarrollo de los abonos ha sido presentado como factor explicativo para la intensificación de los cultivos en el siglo XVIII. Se desarrolló un importante comercio de abonos, especialmente estiércol de ovejas y de palomas. Al lado del estiércol de establo se empezó a utilizar excrementos humanos, basuras y desperdicios de las ciudades. Además, se utilizaba cenizas de madera y de turba. Los ilustrados van a diferenciar dos tipos de abonos: los mecánicos, que se reducen a mezclar las tierras gredosas con las calizas y las areniscas con las gredosas, y un segundo tipo que son los abonos que sirven de alimento a las plantas, como estiércol, basuras, despojos de vegetales, cenizas, hollín, materias fecales, cierro y musgos. El abonado fue cada vez más intenso en Galicia debido a la "domesticación" progresiva del vacuno y al empleo del monte bajo. En Asturias el incremento en las cantidades de estiércol hizo posible abonar más intensamente las tierras de labor.

El suelo debía regenerarse por medio de una secuencia de cultivos, cada uno con un consumo peculiar, a distintas profundidades, de varias sustancias químicas del suelo; por la introducción de plantas que poseían un efecto regenerativo; y, sobre todo, por un mayor abonado de tierras, facilitado por la expansión del abono animal. Así se reducen los barbechos y como consecuencia tendremos un cultivo más intensivo que consume más trabajo y capital y una parte mayor de la producción es destinada al mercado por lo que es necesario unos buenos medios de transporte. El avance del proceso de la reducción de los barbechos depende de diversos factores. El cultivo más intensivo consume más trabajo y capital, una parte más voluminosa de la producción se destina al mercado, por lo que se necesitan buenos medios de transporte.

5. Inquisición contra ilustración

Las críticas de los ilustrados a la Inquisición mezclaron los argumentos regalistas y los ideológicos.

Las comunidades religiosas a medida que avanza el siglo XVIII iban acrecentando el deterioro en sus estructuras, así como en la vida religiosa en general, ya fuera en algunas órdenes y conventos o en los círculos de clérigos más próximos a la jerarquía eclesiástica, donde predominaban los lujos.

La Inquisición cada vez había ido persiguiendo más a personas por temas relacionados con las costumbres y la ideología y había quedado atrás la herejía y las minorías religiosas. La Corona hallaba un obstáculo en su política modernizadora en esa institución.

La pérdida de prestigio y autoridad del Santo Oficio se hace cada vez más evidente, los miembros del tribunal se vieron impotentes para guardar sus más preciadas prendas como las del secreto de sus actividades.

El Santo Oficio de la Inquisición fue uno de los instrumentos de la defensa de los grupos más papistas, contra el laicismo estatal y contra la modernización de la Iglesia católica. La iglesia era uno de los pilares del Antiguo Régimen, como institución mostró una oposición frontal a los ilustrados, aunque algunos de sus miembros apostaron por algunas reformas modernizadoras, incluso en materia eclesiástica.

Es comúnmente aceptado por la historiografía actual que la actitud y dureza del Santo Oficio se fue tornando más benigna y menos rigurosa con los casos que juzgaba a partir de la segunda mitad del siglo XVIII, y más concretamente desde la entronización de Carlos III en 1759. Pero el gran éxito de la inquisición estuvo en provocar miedo, generaba la autocensura, la sospecha basada en que siempre podía haber un delator cerca. En la segunda mitad del siglo XVIII para conseguir paralizar la sociedad hispana a través del miedo, no hacían falta grandes exhibiciones públicas, ni muchos muertos.

Las publicaciones en libros siguen estos mismos derroteros. Los libros eran una línea de vanguardia en la difusión del pensamiento ilustrado. Las ideas económicas y la obra de Adam Smith se publicaron con la oposición de la Inquisición y tuvo repercusiones en el pensamiento económico hispánico. En enero de 1798, una circular real avisó a las casas editoriales que no publicasen libros sin licencia real y mandó a los libreros que entregasen todas las obras prohibidas.

Debemos matizar que los sujetos procesados eran mayoritariamente gente sencilla, marginal o de escasa prudencia en sus manifestaciones. Pero también hubo altos cargos de la administración o miembros del clero regular o secular, que cada vez mostraban más libertad de conciencia, cuestionando dogmas o preceptos de la Iglesia.

La respuesta inquisitorial todavía hizo estragos en el siglo XVIII. A raíz de una pretendida reforma inquisitorial en 1714, fue procesado el ministro Melchor de Macanaz por criticar a la Inquisición y poner al rey por encima de la Iglesia tuvo que salir de los territorios hispánicos; hasta Feijoo fue denunciado ante la inquisición; años más tarde, serían procesadas otras figuras de la ilustración como Olavide (1776), dos años en la cárcel de la inquisición y un par de conventos hasta su fuga, poco después procesaron al fabulista Iriarte (1779). La inquisición aprovechó la conspiración de Grimaldi y Ventura Figueroa contra Olavide con la anuencia del rey y así reforzó y demostró que todavía tenía poder.

Este ambiente afectó también a los hombres del gobierno. Cabarrús fue denunciado ante la Inquisición y encarcelado, Jovellanos fue desterrado a Asturias y Campomanes fue cesado en la presidencia del Consejo de Castilla. En 1798, el obispo francés de Blois, escribía al Inquisidor General precisando los abusos históricos del tribunal y acababa proponiendo a Godoy la supresión del Santo Oficio.

En la segunda mitad del siglo XVIII, podemos observar a través de esos procesos inquisitoriales que aparecen diversos cuestionamientos a la autoridad del papa para reforzar la del monarca como cabeza del nuevo Estado ilustrado borbónico.

Después de la Revolución francesa hubo una intensa labor de propaganda contrarrevolucionaria y también de freno del pensamiento ilustrado, mediante la delación o el proceso inquisitorial, donde llega al máximo grado la participación eclesiástica contra los infectados por las nuevas ideas.

La Paz de Basilea supuso una mayor relajación de las medidas tomadas contra las publicaciones francesas, lo que motivó el escándalo para la Inquisición por la introducción de adornos revolucionarios y paganos, así como la Constitución francesa y otras obras.

6. Impulso del movimiento ilustrado

Había una mayoría social (hidalgos, bajo clero, campesinos) impermeables a las nuevas ideas y una minoría que se abre al espíritu del siglo, pero con moderación. Estas clases ilustradas no minan el poder real; atacan el poderío material del clero, hacen que se expulse a los jesuitas, se mofan de las costumbres devotas, pero respetan la religión. El pensamiento baja del cielo a la tierra.

A la muerte de Carlos III, la Ilustración se difundía rápidamente por el reino. Se ha hablado muchas veces de fracaso de la Ilustración hispana, supuestamente motivado por los acontecimientos económicos y políticos de la década final del siglo, pero debemos matizarlo, ya que en 1808 existe un sector con toda una tradición preliberal, con una relativa fuerza que no podría haberse producido por "generación espontánea". Los problemas abordados en el periodo de las Cortes de Cádiz pertenecen, en gran medida, a la etapa histórica precedente, aunque es verdad que la Ilustración no había sabido resolverlos.

Estas aparentes contradicciones tienen su explicación en la existencia de una triple división en el pensamiento hispánico: los antirreformistas, los ilustrados o reformistas y los críticos o pre-liberales.

La reacción de 1791 fue un episodio efímero, pero revelador y bien explotado por quienes estaban convencidos de las nefastas consecuencias de la "moderna filosofía" de la Ilustración, que, desde sus inicios, tuvo que debatirse con el otro frente, agresivo, y que, por definirlo de alguna manera, puede llamarse tradicionalista. Integrada por sectores sociales aristocráticos que, reflexiva o instintivamente, perciben la amenaza al régimen señorial. Describen la Revolución como encarnación del mal sobre los países monárquicos.

La política de silencio preside la actitud defensiva de los ministros de Carlos IV frente a los acontecimientos de Francia.

Pero si la aspiración al silencio es constante, en medidas concretas, cabe observar variaciones. De 1789 a 1791, prevalece el carácter de respuesta puntual a la aparición de símbolos revolucionarios o de folletos de propaganda ideológica. Aún no se fija un procedimiento sistemático de control y represión.

La conversión, a veces temporal, de ilustrados en voceros de la contrarrevolución es un fenómeno bastante amplio, que abarca incluso un sector de la obra de Jovellanos —recordemos sus condenas de la Revolución en carta a Hardings y en la Memoria sobre la educación, de 1802— y a representantes en su día fogosos del cristianismo ilustrado, como el obispo Pedro Díaz de Valdés, quien pasa de heraldo de la educación ilustrada a partir de las parroquias, a delator de la introducción de las nuevas ideas entre los estudiantes de Cervera.

Los reformistas ocuparon el poder a partir de 1792. Durante los 9 meses en que Aranda presidió el gobierno, se volvió a abrir temporalmente las puertas a la prensa francesa y a la hispana que había sido clausurada por Floridablanca.

De este modo, aumenta la importancia de la prensa que pronto volvió a retomar la línea anterior, con alabanzas a la ciencia, a la educación de la juventud en un oficio y a la "filosofía moderna", entendida como compendio de las ciencias experimentales.

Los reyes y Godoy favorecieron una insólita perspectiva de monopolio ideológico en favor de las ideas ilustradas, las cuales fueron forjadas por una minoría en la década de los años 80 y mantenidas entre luz y sombra en las dos décadas siguientes.

Editores de periódicos, «Amigos del País», escritores dedicados a la ciencia o a la economía política, todos recibían aliento en sus tareas entre 1792 y 1795; en los mismos años en que la guerra contra la Revolución produjo una cruzada en la Corona española y convirtió el odio contra la libertad y la filosofía en deber patriótico.

El periodo de tranquilidad relativa hasta 1798 se debió a que la guerra contra Inglaterra desató pocas pasiones y Godoy pudo realizar con un mínimo de oposición su defensa de las Luces. La Corona apoyó principalmente los adelantos en la educación superior, fueron creadas nuevas escuelas de cosmografía, medicina y otras ciencias.

No solo se permitieron estos temas, sino que hubo una relativa intervención oficial en favor de la educación y de la ciencia. Resulta indicativo de esta actitud la fundación del Real Instituto Asturiano de Gijón con apoyo de Jovellanos o, la ayuda prestada al astrónomo francés Pierre Méchain aún al comenzar la guerra contra Francia en 1793.

En un tercer grupo debemos incluir a algunos ilustrados que abrieron caminos al liberalismo posterior erosionando el complejo absolutista, pero sin destruirlo. Sin embargo, hablar de elemento preliberales no debe llevar a asegurar que el pensamiento político liberal está configurado; lo que existía eran algunas ideas vagas y muchas inquietudes. Debemos ver a la generación de 1808 como resultante de un conflicto medular que durante más de cien años se estuvo gestando en la conciencia de los súbditos españoles. Se dará un ambiente pre-liberal o pre-constitucional.

Tras 1789 se advierte más claramente la lucha de pensamiento. Los cafés sustituyeron a las tertulias de élite, al tiempo que alcanzaban un carácter tan político o más que literario. Se trata de Academias literarias en que se reúnen o exponen sus trabajos hombres como Antillón, Blanco White, Alberto Lista y en donde se va más allá del antigodoyismo.

Al comenzar el reinado de Carlos IV, toda la crítica al régimen estaba ya planteada y desde entonces la operación crítica se contrastó con el proceso revolucionario desarrollado en Francia.

Jovellanos o Cabarrús ilustran la idea de una reforma gradual de las instituciones, ahora con la doble orientación, que se deriva del ejemplo inglés y de la Constitución francesa de 1791.

El rechazo de la Revolución, como el del igualitarismo de Godwin, no supone eliminar la perspectiva de un nuevo sistema político, expresión del

"Progreso de las Luces", dirigido a institucionalizar en imperio del interés individual, sino que las reformas deben ser abordadas desde una perspectiva gradualista.

Diversos estudios demuestran que algunos grupos ilustrados que se conectarían más tarde con la Cortes de Cádiz, escribían, hablaban e intrigaban contra el absolutismo.

Resulta difícil establecer, como ha afirmado R. Herr, el límite donde acaban las obras apologéticas católicas y empiezan las intrigas antiprogresivas alrededor del gobierno. Godoy favorecía las primeras, pero no las segundas. Pero Godoy nunca tuvo autoridad suficiente para dominar a los enemigos de la Ilustración, cosa que sí pasaba en el reinado de Carlos III.

Estos mismos años se distinguieron por el desarrollo de una oposición ilustrada en las mayores ciudades y universidades, dirigida principalmente contra Godoy. Esta corriente debemos encuadrarla dentro de esa tercera corriente que hemos denominado pre-liberal. Una vez que la paz con Francia hubo calmado la atmósfera, la oposición perdió virulencia, pero los monarcas y Godoy no recuperaron el prestigio que habían tenido Carlos III y sus secretarios. La Revolución francesa tuvo efecto en el espíritu de los ilustrados. El rechazo a Godoy venía por sus supuestos romances con la reina María Luisa de Parma, pero más porque lo creían incompetente para seguir la política de los ministros anteriores que abría la Corona hispánica a las «luces». Lo que pasaba es que los principios de la Revolución hacían cambiar la creencia de que toda mejora debía venir desde arriba.

TEMA 13: APOGEO DEL REFORMISMO BORBÓNICO: FERNANDO VI Y CARLOS III

1. Fernando VI y los hombres del gobierno

A la muerte de Campillo las cuatro secretarías fueron confiadas a Zenón de Somodevilla, posteriormente, marqués de la Ensenada, hidalgo de carrera pública, que había ocupado diversos cargos en la administración militar y en la intendencia del ejército de Italia. En su periodo de gobierno, de 1743 a 1754 desarrolló un amplio programa de reformas, que abarcaron múltiples ámbitos de la actividad del Estado.

Hasta el inicio del reinado de Fernando VI todas las energías del Estado se encaminaban hacia las confrontaciones bélicas.

Llega al poder José de Carvajal, con una línea política distinta a Ensenada y de extracción social alta, era hijo de un grande, había estudiado en el colegio mayor de San Bartolomé de Salamanca y su carrera política no la había hecho en la administración ejecutiva de las intendencias, sino en el sistema judicial y colegiado de audiencias y consejos.

Carvajal desconfiaba de Francia y creía preciso resolver pacíficamente las diferencias con Inglaterra. En 1750 logró firmar un tratado con ese país en el que renunciaba a los privilegios comerciales concedidos en el tratado de Utrecht. Esto se completaba con el mantenimiento de buenas relaciones con el vecino ibérico. En el tratado de Madrid de 1750 la Corona española y Portugal firman un acuerdo cuyo objetivo es establecer la paz en sus dominios americanos; canjeaban siete reducciones en territorios de Paraguay a cambio del fuerte de Nova Colônia do Sacramento. Se trata de una base de intenso contrabando, donde portugueses e ingleses sacan una buena parte de la plata del Perú. Por otro lado, las misiones constituían una amenaza para los colonizadores encomenderos centrados en el núcleo de Asunción, que veían en los indígenas, bajo la tutela de los jesuitas, una importante mano de obra barata.

La Compañía de Jesús tuvo que esperar hasta 1566 para que el Consejo de Indias les autorizase a establecerse en América, tras haber sido rechazadas sus solicitudes de 1555 y 1558. Para llegar a los indígenas aprendieron las lenguas vernáculas. Los jesuitas impulsaron las misiones en Paraguay y les confirieron características particulares. Sus misiones estuvieron ubicadas más lejos de Asunción que lo que habían estado las de los franciscanos, primeramente, al este del Alto Paraná, en el bosque de Guaira, después, al sur de Asunción y, finalmente, llegaron al Gran Chaco.

Ensenada impulsó una política de fomento de la economía, dando especial importancia a las comunicaciones. El camino de Guadarrama y la apertura de comunicaciones entre Castilla y Santander por Reinosa se enmarca en esa política. El establecimiento del Real Giro perseguía dar a la Hacienda un instrumento financiero eficaz, que la hiciese menos dependiente de asentistas privados. El eje de esa política económica fue el intento de poner en la Corona de Castilla una contribución única, planeada según modelos de la Corona de Aragón.

El proyecto de contribución única había sido discutido en el reinado de Felipe V, ahora Ensenada realizó unos ensayos generales en determinadas provincias y en 1749 ordenó que se hiciera en Castilla la evaluación de la propiedad, conocida como Catastro. El Estado asumía la administración directa de los impuestos denominados rentas provinciales. Se potenciaba la figura de los intendentes a los que se les encomendaban la dirección de la política económica del Estado, especialmente las operaciones del Catastro.

El Catastro fue exitoso desde la recogida de datos, pero sus efectos prácticos fueron nulos.

El fortalecimiento del absolutismo creó desavenencias entre el rey y el papa. El tratado más importante del reinado fue el Concordato con la Santa Sede, de 1753, que no lo negoció Carvajal que era el ministro de Estado, sino Ensenada, obligaba al pontífice a reconocer el derecho del monarca a sustituir la mayor parte de cargos eclesiásticos, así, en la Corona hispana las bulas pontificias entrarán en vigor solo después de contar con la aprobación real. Este Concordato se comenzaba a aplicar en 1754, tan regalista que justificaba la amortización de ciertas propiedades de la Iglesia y la reducción de muchos de sus privilegios.

Carvajal falleció en 1754 y, poco después, Ensenada fue destituido y encarcelado; tiempo después también fue cesado el confesor real padre Rávago, jesuita y afecto al ministro depuesto. Tras esa destitución las secretarías volvieron a quedar divididas entre varios ministros.

En 1758 murió la reina Bárbara de Braganza y el rey quedó en una situación de verdadera locura hasta su muerte al año siguiente.

2. Carlos III y sus ministros

Carlos III, hijo de la segunda esposa de Felipe V, la influyente Isabel de Farnesio, hasta ese momento rey de Nápoles y Sicilia, hereda el trono a la muerte de su hermano Fernando VI, en 1759.

Con Carlos III el absolutismo real llegó a su apogeo. De 1700 a 1788, las Cortes se reunieron solo 5 veces. La reforma administrativa puso fin a la autocracia de los señores feudales locales: el territorio quedó dividido en circunscripciones militares, cada una encabezada por un capitán general. El poder político y judicial pertenecía a los funcionarios gubernamentales.

Carlos III quiere reconstruir y modernizar el país con la ayuda de sus ministros. Limitó el nepotismo y la corrupción, pero los medios provinciales y coloniales, el bajo clero y la nobleza rural continúan apegados a las costumbres antiguas y a las viejas prerrogativas.

En el inicio del reinado de Carlos III predominaron los ministros Italianos traídos por él: Leopoldo de Gregorio Esquilache y Pablo Jerónimo Grimaldi.

Grimaldi sucedería a Wall en 1763, el poder quedaba en manos de los italianos.

El marqués de Esquilache fue secretario de Hacienda y de Guerra, presidente de la Real Junta General de Comercio y otros cargos.

Campomanes, un togado golilla, Roda, Múzquiz, Aranda y un peruano, viajado y libertino, como Pablo de Olavide: reforzaron la autoridad regia al máximo, sacralizando los símbolos de la omnipotencia de la monarquía, confundiéndola con el Estado.

Para estas reformas necesitaban contar con un monarca al que hacían ilustrado y reformador. Estos ministros le fabricaron la imagen del hombre bueno, apacible, discreto, prudente y avispado. Floridablanca fue redondeando la fama del rey: el mejor alcalde de Madrid, las disposiciones de carácter social, la pragmática a favor de los gitanos de 1783, la legalización de todas las profesiones, del mismo año, la creación de la policía para mejorar la seguridad en las ciudades.

La legislación la emprende con las aduanas interiores, los derechos sobre la producción y la importación de máquinas, los excesos de la reglamentación; prohíbe a los gremios la prueba de limpieza de sangre; en la agricultura, favorece el cercado de bienes comunales, la venta de tierras reales, la desamortización de bienes de la Iglesia. Esas medidas fracasaron ante la extensión de la reforma a realizar.

Aunque las reformas del conde de Aranda no afectaban a los privilegios de la nobleza, pero fueron mal recibidas por elementos feudales e incluso la Inquisición le acusó de herejía. Y Aranda fue destituido.

Otro ilustrado reformador, conde de Campomanes, de 1763 a 1781 dirigió la secretaría de Hacienda, hizo mucho para divulgar los conocimientos económicos. Por iniciativa del conde se fundó un banco para financiar la industria y las artes y oficios. El gobierno compraba maquinaria en Inglaterra, invitaba especialistas extranjeros y creaba escuelas técnicas. Los privilegios gremiales fueron abolidos, a los industriales se les otorgaban premios. Se prohibía a los súbditos llevar trajes de telas importadas, lo que contribuyó al fomento de la industria textil. A su iniciativa se debieron la construcción de carreteras y canales, la reglamentación del transporte y aumento de las inversiones en la agricultura. Consiguió el cierre de muchos monasterios y luchó en favor de la enseñanza laica.

Las reformas del siglo XVIII contribuyeron a aumentar la influencia económica de la burguesía, aunque en política no desempeñaba ningún papel.

El impacto de las reformas económicas de Carlos III, el neoproteccionismo combinado con un liberalismo intraimperial tuvo como resultado la revitalización de la prosperidad de España, pero la situación fue "completamente invertida" entre 1797 y 1814.

Una vez expulsado Esquilache en 1766, el hombre del rey fue Grimaldi y a la caída del abate italiano en 1776, el papel le correspondió a Floridablanca.

En 1787 Floridablanca había centralizado la gestión gubernamental creando una Junta Suprema de Estado que actuó como un Consejo de ministros.

Floridablanca creó durante el reinado de Carlos III la fórmula más acabada del sistema, organizado en siete secretarías: Estado, Guerra, Hacienda, Marina, Gracia y Justicia de España, Gracia y Justicia de Indias, y Comercio y Navegación de Indias.

El conde de Aranda fue el sustituto como primer ministro, de las personas más cultas del país, consideraba que el Estado debía ser gobernado por un monarca ilustrado, que prestase oído a los filósofos. Emprendió el reparto de tierras comunales entre campesinos, estimuló la industria, la artesanía y el comercio.

En 1783 un decreto permitía a los nobles dedicarse al trabajo. Aunque la nobleza seguía prefiriendo el ocio, el decreto aumentó el prestigio de los trabajadores.

Las provincias más desarrolladas económicamente fueron Cataluña, Asturias y País Vasco. Entre 1759 y 1789, Barcelona duplicó su población. La Corona española seguía siendo un territorio agrario atrasado, con agricultura extensiva de escaso rendimiento e industria poco desarrollada.

3. Dos partidos en la lucha por el poder y las reformas

Las reformas se debían hacer desde dentro del sistema y por aquellos "que pueden mandar y proteger". Todos los ilustrados hispánicos fueron gente de ordeno y mando cuando llegaron al poder.

Los reyes deciden con la ayuda de personajes que ocupan un lugar determinado en la burocracia de los consejos y las secretarías. Fernando VI con Carvajal y Ensenada y en sus últimos años con Ricardo Wall y Carlos III con Grimaldi, Esquilache, el conde de Aranda, Floridablanca y Campomanes.

Hay una línea que separa a dos partidos políticos: el de los manteístas, formado por los constructores del Estado y el de los golillas o colegiales, al que Teófanes Egido llamó el partido español o también denominado partido castizo, dominado por los grandes.

El primero estaba compuesto por ministros de baja extracción social, nacido en las secretarías de despacho borbónicas ocupadas por ministros plebeyos, como el partido vizcaíno (porque contaba con Goyeneche, Arizaga o Sebastián de la Cuadra) o partido ensenadista, también le llamaban el partido de los ensinadas, más tarde continuado por personajes como Grimaldi y Floridablanca, basada en el servicio al monarca y lo que intuían que era el Estado, al que a veces por incluir al pueblo, llamaban nación. Estos "hidalguillos medrados" fueron odiados por la nobleza, pero tuvieron que apoyarse en ella hasta que llegaron al poder.

También aquí podemos incluir a Feijoo, Padre Nuestro que estás en Oviedo (como lo llamó jocosamente el padre Isla) que siempre fue partidario de las reformas y de los reformistas.

Para algunos como Campomanes o Ensenada, Dios era prescindible en la praxis política.

A la marginación que había sufrido la nobleza en los reinados de Felipe V y Fernando VI, se sumó al comienzo del reinado de Carlos III, la que provocaba la nube de italianos que rodeaba al rey. El partido español se afianzó con la caída de Ensenada por la conspiración urdida por el duque de Alba en 1754 y rebrotó, más tarde, con el conde de Aranda contra los manteístas. Este grupo de aristócratas cada vez se hizo más xenófobo. Este partido se presentó como partido aragonés dirigido por el conde de Aranda con ayuda de su primo el conde de Ricla y el marqués de Villahermosa. Reaparecerán en 1808 en la conspiración de El Escorial con Fernando VII. Entre sus líderes destacan el ilustrado duque de Alba y el universitario Carvajal (que se jactaba de hablar solo en castellano). Y, finalmente, el duque del Infantado y los últimos restos de aquella nobleza arcaica y militar.

El partido aragonés estaba formado por aristócratas, clérigos, camaristas, consejeros, covachuelistas, empleados de la administración y miembros de embajadas seguidores del conde de Aranda, que recuperaban las esencias del españolismo. Al otro lado, los manteístas (llamados así por sus ropas, con el traje de talar y encima el manteo, capa con cuello) eran abogados, intelectuales y ministros extranjeros, en palabras de sus oponentes "el grupo de plebeyos que llevaban al monarca y a la Corona al desastre".

El régimen de los señoríos tenía más importancia económica que política para los nobles que controlaban esas jurisdicciones, les aseguraba beneficios y poder local jurídico y administrativo.

Desde mediados de siglo en adelante hubo un reflujo de la alta nobleza hacia puestos ministeriales, mientras las facciones "civil" y "militar" luchaban por el poder en Madrid: el gobierno del aristócrata aragonés conde de Aranda correspondió al punto más alto de la influencia directa de la gran nobleza.

La administración del Estado no era numéricamente muy amplia, pero plagada de empleomanía, con la búsqueda de cargos de una nobleza empobrecida.

La crítica a la nobleza y el elogio al trabajo empezó desde que los monarcas se rodearon de abogados (cagatintas los llamaba el conde de Aranda) y los elevó a los principales puestos ejecutivos.

La llegada al poder en 1746 de José de Carvajal, noble por los cuatro costados, relacionado con la casa de Alba, despertó los sueños de los grandes que, por primera vez en el siglo XVIII, se veían en el gobierno.

Ensenada iba desarrollando sus planes: reforma de las casas reales, reducción del ejército de tierra, catastro, concordato, Real Giro, arsenales; en todos había algo que molestaba a la nobleza y con Carvajal, cada vez más distanciado de él, más notorio a partir de 1750.

El programa reformista del marqués de la Ensenada se centraba en hacienda, marina y administración. Finalmente, sufrió una conjura promovida por Ricardo Wall y el duque de Huéscar (luego de Alba) con la colaboración del embajador inglés Keene que acabo con su destierro a Granada. Posteriormente su presunta implicación en el motín de Esquilache le llevó a un nuevo destierro a Medina del Campo.

Algunos se habían hecho ilusiones con la muerte de Fernando VI, pero Carlos III se apoyó en Grimaldi, Esquilache, Roda, Campomanes y Floridablanca, dio al traste con las expectativas del conde de Aranda, alejado a la Embajada de Varsovia, aumentó el rechazo de los grandes.

Los grandes se sintieron de nuevo marginados por "orgullosos extranjeros" que anunciaban grandes reformas ilustradas. El duque de Alba relegado de la mayordomía, cada día más resentido, en 1764 suprimieron algunos de sus privilegios.

4. La política exterior: neutralidad y III Pacto de Familia

El tratado de Aquisgrán, en 1748, concedió al infante don Felipe, el segundo hijo de Isabel de Farnesio, el ducado de Parma, fundando una nueva dinastía borbónica en la Península Itálica. Así llegaba a un cierto equilibrio entre las casas de Austria y de Borbón, consolidado por diversos enlaces matrimoniales. Desde este tratado, la Corona hispana está plenamente convertida al sistema europeo de equilibrio.

La política estaba dedicada a mantener una buena administración de las tierras americanas. Se concretó una diplomacia de neutralidad, que no significó aislamiento internacional. París y Londres procuraron atraer a Fernando VI a su respectivo bando.

El pacifismo de Ensenada fue la base necesaria para la reorganización de la Hacienda. Propugnó la formación de una escuadra potente para proteger las posesiones americanas y su comercio.

Esta neutralidad exigía mantener contingentes militares importantes. Carvajal, principal responsable de las relaciones exteriores era anglófilo, pero era compensado por la francofilia de Ensenada. Incluso, a pesar de las presiones con el estallido de la guerra de los Siete Años (1756), la Corona hispana se mantuvo al margen. En 1756 Francia invadió Menorca y la ofreció a la Corona hispana a cambio de que entrase en guerra contra Gran Bretaña, pero el mantenimiento de la neutralidad hizo que fuese devuelta a los ingleses en 1763.

El objetivo de la neutralidad está en dos escenarios: el mantenimiento del Atlántico americano y el equilibrio italiano en el Mediterráneo, con la reivindicación de Gibraltar y Menorca.

La defensa fue acrecentada, se creó un ejército regular para reforzar las milicias urbanas y se protegieron fronteras y lugares estratégicos.

La Corona española había planteado a Inglaterra tres asuntos de los que no recibía satisfacción:

— Las perturbaciones en el comercio marítimo hispano por ataque de corsarios ingleses, que no respetaban los pabellones neutrales.
— Apresamiento de pesqueros que desde el Cantábrico iban hasta Terranova en busca de bacalao desde el siglo XV, pero el tratado de Utrecht había dejado a la Corona Española privada del derecho a faenar en Terranova y otras áreas tradicionales pesqueras, como Nueva Escocia y Acadia. Hubo permanentes reclamaciones del derecho a faenar en esos caladeros, reconocidos en el papel, pero rehusados en la práctica por Inglaterra, con la consiguiente denuncia sistemática de las cláusulas mercantiles impuestas por el mencionado tratado de Utrecht, dado que el artículo 15 reconocía el derecho que tenían los vascos de pescar en esas aguas. Los presuntos derechos nunca pudieron tener plasmación práctica, tanto por las dificultades técnicas que presentaba como por la sistemática violación por parte de Inglaterra de los acuerdos firmados.
— Infiltraciones británicas en Costa de Mosquitos y en Belice, donde se recogía el palo de Campeche. Desde los últimos años del siglo XVII, piratas y contrabandistas europeos, sobre todo ingleses, ocuparon cayos, islas y tierras de la mayor parte de la costa atlántica de Honduras y Nicaragua. La zona en su conjunto no estaba demasiado poblada por los españoles y se le prestaba poca atención, lo que la hacía vulnerable y propicia para ser convertida en refugio de piratas y filibusteros. A pesar de las reiteradas protestas hispanas, los ingleses continuaron su ocupación.

Esa pérdida por parte de la Corona española de territorios en Costa de Mosquitos, bajo la jurisdicción de la Real Audiencia de Guatemala, a manos de los ingleses, obligó a las autoridades hispanas a intentar recuperarlas por dos medios: primero, por acciones bélicas, y segundo, intentando ganar la confianza de los indígenas.

Por tanto, en la segunda mitad del siglo XVIII había habido cambios en la política interior y la exterior volvió a ser profrancesa. El tratado de 1734 confirmado en 1761, pasó como Pacto de Familia. La fórmula de "Quien ataca a un país, ataca al otro". La Corona hispana entró en la guerra de los Siete Años, pero no tomó parte activa en las operaciones. Debido a la derrota de Francia, los ingleses se apoderaron de Florida.

La firma del Tercer Pacto de Familia por Carlos III, en 1761, suponía el fin de la neutralidad fernandina, porque era una alianza defensiva y ofensiva. El pacto no estaba fundamentado en motivos dinásticos o familiares, sino en la razón de Estado. El autor del giro hacia Francia, fue Grimaldi que rectificó el rumbo de Wall y del duque de Alba. Esta alianza con Francia buscaba frenar el poderío naval británico. Había que proteger y conservar la integridad territorial de la monarquía y de sus colonias americanas, al tiempo que aseguraba sus vías de comunicación.

Automáticamente la Corona hispana entraba en guerra al lado de Francia en la guerra de los Siete Años (1756-1763). Al conde de Aranda se le encargó la misión de comandar el ejército que había invadido Portugal. En el sitio de Almeida (1762) fue nombrado comandante en jefe. La guerra continuó unos meses en la frontera lusitana, pero no se logró llegar a Lisboa y el ejército se empantanó en Almeida.

En 1762, Inglaterra, tras 65 días de asedio a La Habana, logró la rendición de la ciudad por decisión de una junta de jefes civiles y militares que hubo de presidir honoríficamente el conde de Superunda. También conquistaron ese mismo año Manila.

Tras el final de la Guerra de los Siete Años, Francia fue prácticamente eliminada en la situación colonial americana, por lo que la Corona española quedó sola frente a la amenaza inglesa.

En 1763 se firmó la paz de París, con la devolución de La Habana y Manila. Además, Luis XV de Francia le da parte de la Luisiana a la Corona española, para compensar que había tenido que abandonar Florida, pero pierde en favor de Portugal la colonia de Sacramento.

En la guerra de independencia de las Trece Colonias, Francia intervino contra Inglaterra y exigió a Carlos III que hiciese lo mismo. En 1779, la Corona hispánica entró directamente en la guerra contra Inglaterra, una escuadra franco-hispana intentó un desembarco en Irlanda, aunque fracasó. También falló el intento de recuperar Gibraltar. En 1782 España y Francia organizaron una expedición naval a Menorca al mando del duque de Crillon, desembarcó en agosto de 1781 y el 6 enero de 1782 comenzó el ataque que finalizó con la capitulación británica el 4 de febrero. Los hispanos expulsaron a los partidarios de Inglaterra, implantaron la uniformidad religiosa, aunque no aplicaron la nueva planta, respetaron el régimen municipal.

Gracias a la victoria de Estados Unidos, las condiciones del tratado de Versalles de 1783 resultaron favorables para la Corona española, los ingleses se vieron obligados a devolver Florida y el puerto de Mahón. También se mandaron dos expediciones para tomar Argel, pero fracasaron.

La guerra de independencia de Norteamérica permitió recuperar Menorca, la Florida y diversas ventajas coloniales. La atención concedida a la Marina por Patiño y Ensenada había dado sus frutos. Los éxitos facilitaron la unidad interior.

El más duradero y persistente intento de reconquistar Gibraltar tuvo lugar desde 24 de abril 1779 hasta el 7 de febrero de 1783, conocido como el Gran Asedio, el más importante de los realizados, 4 años duró el bloqueo naval y se utilizó como novedad baterías flotantes, pero Gibraltar resistió una vez más.

5. Reformas y Nuevas poblaciones

El primer gran plan de reforma de calado político y el más ilustrado de la centuria, fue la creación de las Nuevas Poblaciones en 1767. El proyecto era la puesta en práctica de las ideas de Campomanes, Aranda y Olavide, en el marco global de la reforma agraria que empezaba a plantearse junto con la regalía de la amortización. El rey debía recuperar sus regalías contra los poderes tradicionales, la nobleza y la Iglesia.

Ustáriz, Pedro de Valencia o Bernardo Ward habían teorizado sobre la necesidad de repoblar, confiaban en la máxima ensenadista, llevada al catastro: "Más súbditos, más contribuyentes".

Además, los ensayos de asentamientos de colonizadores masivos efectuados por algunos países europeos, las doctrinas poblacionistas, acorde con las teorías fisiocráticas, predispuso a Carlos III para llevarlas a efecto en la Península Ibérica.

La fundación de las Nuevas Poblaciones tuvo especial significado por su intención y desarrollo. La idea de traer colonos de otros países europeos, con tal que fuesen católicos, había sido ya avanzada por proyectistas anteriores.

La característica de ser católicos, quedaba asegurado en el proyecto presentado al rey, en mayo de 1766, por el bávaro Gaspar de Thurriegel.

Olavide fue nombrado en junio de 1767 superintendente de las Nuevas Poblaciones e intendente del ejército de Andalucía. Nadie había tenido más poder sobre una vasta región peninsular. Escribía un "fuero de las poblaciones" junto a su protector Campomanes, mientras recibía bienes de los jesuitas expulsos de Andalucía, Extremadura y La Mancha.

Los colonos instalados no hablaban castellano y no podían entender a los párrocos hispanos, para ello vinieron frailes alemanes, aunque no podían constituir comunidad.

El objetivo de estas Nuevas Poblaciones no era solo demográfico, se trataba de edificar una sociedad rural modelo, concebida a la luz de la Razón, libre de lacras que los ilustrados querían extirpar de la sociedad: los señoríos y los bienes amortizados en manos de la Iglesia.

Se quería hacer accesible a la posesión de la tierra a un número de cultivadores, para conseguir el asentamiento de una clase media rural. Se proponía multiplicar las fuentes de riqueza agraria, removiendo obstáculos y mejorando las condiciones técnicas de la explotación agropecuaria, para enriquecer a un Estado poderoso.

El espacio de instalación fue Sierra Morena y Baja Andalucía. Su capital fue La Carolina, en la provincia de Jaén, del que Olavide se ocupó personalmente. En Sierra Morena también se crearon las poblaciones de Aldeaquemada, Arquillo, Carboneros, Guarromán, Miranda del Rey, Motizón, Navas de Tolosa, El Rumblar y Santa Elena; en La Mancha hicieron La Concepción de Almuradiel. La Baja Andalucía tenía su capital en La Carlota, al frente un subdelegado, los otros núcleos: La Luisiana, Fuente Palmera, San Sebastián de los Ballesteros, Cañada Rosal, Campillo y San Calixto, aquí las cosas fueron algo peor que en Sierra Morena. De este modo, se custodiaba la principal carretera del Reino, la ruta Madrid-Cádiz, protegiéndola del bandolerismo endémico.

En el suroeste de Gran Canaria el obispo Juan Bautista Servera en 1773 propuso establecer 400 familias entre el barranco de la Aldea y el de Arguineguín. La idea fue recogida por la Sociedad Económica de Amigos del País y el cabildo de la isla, que no lo elevó al rey hasta 1782. Sin embargo, el proyecto fue paralizado en 1786, fue retomado años más tarde, pero nunca se hizo realidad.

Las colonias comenzaban a darle alegrías a Olavide, podía presentar resultados y emprender nuevos proyectos: riegos, plantaciones, nuevos sistemas de cultivos, fábricas e ingenios proyectados, telares. Incluso instalaron nuevos colonos de Valencia y Cataluña, que, a diferencia de los germanos, eran más trabajadores y buenos agricultores. Además, Capmany, amigo de Olavide fue nombrado director de agricultura y se instalaba en La Carolina. Pero Capmany se fue distanciando y a mediados de 1775 se marchó a Madrid, donde Grimaldi le dio ocupación. Más tarde, Capmany declaró contra Olavide, lo acusó de favorecer el vicio y la lujuria.

Como política de repoblación fue una experiencia exitosa, atestiguado por la continuidad de las poblaciones fundadas. Como establecimiento de un centro piloto que pudiese ayudar a transformar la realidad agraria andaluza fue un fracaso.

La víctima de la deriva errática del proyecto de las poblaciones, fuertemente censurado por el visitador Pedro Pérez Valiente, fue Pablo de Olavide, extranjero y sin valedores, el experimento estaba muy ligado a él, por eso al ser procesado por la Inquisición, perdió el proyecto buena parte de su significado inicial.

6. La crisis de 1766: el Motín de Esquilache y la expulsión de los jesuitas

Aumentó la carestía por malas cosechas. Esquilache decretó la liberalización de granos en 1765, siguiendo ideas del fiscal Campomanes. El marqués de Esquilache, de origen italiano, poco conocedor del pueblo hispano, se encargó de imponer unas medidas que, aunque convenientes, resultaron impopulares. La percepción del pueblo fue que provocaba almacenamiento con fines especulativos y desabastecimiento de pósitos y panaderías. Los efectos se notaron más en Madrid y Esquilache, consciente del peligro se empleó en su abastecimiento, pero la importación de trigo no dio resultado. Entre los aspectos inmediatos del motín está que la Junta de Abastos tuvo que subir el precio del pan debido a la sequía, lo que es causa de indignación popular.

Aparte de causas económicas, el motín tuvo aspectos políticos. El choque entre el privilegio nobiliario monopolizador y la modernidad del mercado provocaba malestar ante la "crisis del pan", los ministros veían que los monopolios agarrotaban la economía y causaban hambre. En acción dos grandes ideas ilustradas: la libertad del mercado de granos y la solución a la amortización de la tierra.

El descontento popular siempre había estimulado a los grandes contra los gobiernos de los hidalguillos medrados.

Esquilache, primer ministro, publicó en marzo de 1766 un decreto para evitar la delincuencia, ordenaba cambiar la indumentaria que, según él, favorecía la impunidad de los malhechores: el embozo con capa larga y sombrero gacho por la capa corta y el sombrero de tres picos de alas anchas. Esa medida colmó el vaso de la antipatía popular.

El clero, descontento de la vigorización del absolutismo real, manejó ese decreto para proclamar que iba contra las tradiciones de sus pobladores y llamó a los madrileños a que se amotinaran. Las premisas de la rebelión habían madurado desde hacía tiempo: la población moría de hambre y la agitación clerical encontró terreno abonado. El 23 de marzo, un altercado entre un embozado y los guardias de la plaza de Antón Martín se convierte en la espoleta. Se van juntando amotinados en calles y plazas hasta desembocar en la Plaza Mayor, donde llegó a haber varios miles voceando "Viva el rey y abajo el mal gobierno" y también "Viva el rey y muera Esquilache", porque la excusa era el decreto del ministro, como forma de control y evitar la delincuencia.

Los madrileños indignados asaltaron los palacios de los ministros italianos. Se dijo que había embozados que distribuían dinero e invitaban a beber en las tabernas, donde hacían discursos enardecidos. Colocaban pasquines sobre el bando de las capas y sombreros.

Unos 7.000 amotinados se concentraron frente al palacio real. Por la noche hubo asaltos a los cuarteles y robo de armas. La guardia real valona protegía el Palacio Real y disparó contra la multitud, produciéndose enfrentamientos, con una veintena de muertos por ambos lados y un centenar de heridos. Esa guardia valona era odiada por el pueblo por haber producido muchos muertos inocentes en una represión, años atrás, con motivo de la bulla en unas bodas reales.

Un soldado valón fue atacado gravemente, el herido no hablaba castellano, no pudo entender al cura que intentó confesarlo, por lo que se divulgó que había rechazado el sacramento, es decir, que, a su condición de extranjero, se unía la de hereje. Esquilache y Grimaldi aparecían, además, como malos cristianos.

Los enfrentamientos continuaron al día siguiente con choques con la guardia valona que dejaron muchos muertos y heridos.

El motín duró tres días, Carlos III se mostró al pueblo desde el balcón del palacio real y se vio obligado a desterrar a Esquilache. La rebaja de precios figuraba en quinto lugar, tras la exigencia de que los ministros fuesen hispanos y se disolviera la guardia valona. Después venía la derogación del decreto de las capas y sombreros.

En apariencia, regresó la calma, pero bastó el conocimiento de que el rey había huido a Aranjuez para que, los amotinados volviesen. Exigieron que todos los que formaran el cuerpo que protegiera al monarca llevasen rosario y que al que no lo tenga se le compre, so pena de "20 palos al que se halle sin él en la revista".

El País Vasco, Zaragoza, Valencia, Murcia, Cartagena, Valladolid, Salamanca, Barcelona, La Coruña y Alicante, también se levantaron, aunque donde único adquirió repercusiones considerables fue en el País Vasco, no obstante, la represión fue igualmente dura. La extensión del conflicto se produjo cuando la paz se restableció en Madrid. En todas las ciudades, la línea argumental contra la que se levantaban las clases populares fue la carestía, la falta de productos de primera necesidad y el encarecimiento de los que había, fundamentalmente el pan, otra nota común a todos los levantamientos es la forma de inicio: las ciudades amanecían plagadas de pasquines en contra de la actuación del gobierno.

Los orígenes inmediatos del motín llegaron de la mano de las reformas realizadas por el rey, cuando le llegó el turno al embellecimiento de la capital, El arquitecto italiano Sabatini, quería hacer en Madrid, la capital más bella de Europa, diseña la Cibeles, el Neptuno, la Puerta de Alcalá, etc. También el alumbrado público y la necesidad de cambiar el traje popular de los madrileños, esa fue la chispa o el pretexto que hizo saltar el motín.

Carlos III consideró el motín como una afrenta que nunca perdonó. Quedó aterrado y comenzó a dejar los asuntos a un solo ministro, a Roda.

La publicación en la Gaceta de una Real Orden accediendo a las demandas puso fin al motín. Esquilache fue sustituido rápidamente por el Conde de Aranda. Finalmente, se restituyó el orden, durante cuatro días, la corte había sido sacudida, la Corona había cedido y el primer ministro había sido fulminado.

Los jesuitas habían sido expulsados de Portugal en 1759 por Pombal y de Francia en 1762 por Choiseul, en la Corona española se les observaba con recelo. En 1767 fueron arrestados y expulsados más de 2.600 jesuitas.

Había mucha rivalidad entre las distintas órdenes eclesiásticas. La novela del jesuita, padre Isla: Fray Gerundio de Campazas era un retrato descarnado de las otras órdenes religiosas. La cruzada antijesuítica se recrudecía incluso en el seno de la Iglesia, al haber perdido la orden el confesionario regio por primera vez en el siglo XVIII y sufrir la humillación de la beatificación del obispo Palafox, odiado por los jesuitas (a los que el obispo de Puebla había insultado).

En enero de 1767 el rey firma la pragmática sanción que condenaba al exilio a unos 6.000 jesuitas. La medida había sido consultada con varios obispos. Los bienes de la orden jesuítica pasaban a ser propiedad del Estado. Los Borbones hispanos y franceses presionaban al papa para que disolviera la Compañía de Jesús. Finalmente, el papa dio por extinguida la Compañía en 1773.

LA CRISIS DEL ABSOLUTISMO ESPAÑOL: CARLOS IV

TEMA 14: LA CRISIS DEL ABSOLUTISMO ESPAÑOL: CARLOS IV

1. Los gobiernos heredados

El reinado de Carlos IV supone el principio del final del Antiguo Régimen en la Corona hispánica, lo que da a este tema unas características propias que lo hacen especialmente atractivo, con grandes contradicciones, que van a evidenciar la crisis de ese Antiguo Régimen. La monarquía absoluta entró en un largo periodo de crisis, que tuvo como resultado un colapso político en el gobierno central.

Diversos estudios sobre este periodo buscan las razones explicativas de los fenómenos en motivaciones personalizadas, en lugar de indagar en factores socioeconómicos. Probablemente esas tendencias fueron creadas por los propios coetáneos opositores a la política de Carlos IV y sus ministros, particularmente a Godoy. En cualquier caso, desde un punto de vista científico esto carece de mayor interés que el de satisfacer la curiosidad.

Carlos IV, heredero desde 1759, sube al trono a la muerte de su padre en diciembre de 1788, a los 40 años de edad, y abdicará en favor de su hijo en marzo de 1808, es decir, que reinará durante 20 años incompletos porque su coronación formal fue en 1789 y no llega a finalizar 1808. Muere en Roma en 1819.

Probablemente influidos por cuadros de Goya y sátiras de la época, algunos trabajos que hablan del monarca señalan que le interesaba más la caza, la carpintería y coleccionar relojes que su "cometido real", con una benevolencia débil y ausente y una esposa dominante.

Por otro lado, este periodo va a estar marcado por el triunfo de la Revolución francesa, lo que condicionará totalmente la política hispana, afectó entre otros aspectos a la política exterior, con determinantes consecuencias hacendísticas e incidiendo en el desarrollo de las ideas ilustradas, unido a un cambio generacional en la sociedad. De este modo, el repliegue ideológico de 1790 a 1808 prueba tanto la debilidad de la presunta clase revolucionaria como la intensidad de la hegemonía ejercida por los estamentos privilegiados, que, por vez primera, ensayarán su capacidad de respuesta al posible cambio, traduciendo en términos de poder político y de represión (favorecida por el control ideológico ejercido por el clero) el abrumador dominio económico de los propietarios agrarios.

Cuando sube al trono Carlos IV, ocupaban puestos rectores aquellos manteístas de Carlos III partidarios de reformas de tipo popular y social. Se nutrían de doctrinas filoenciplopedistas, bien conocidas en la Universidad de Salamanca.

El reinado de Carlos IV se inicia con pocos cambios respecto al periodo anterior. Floridablanca continuó como primer secretario de Estado manteniendo la política reformadora y asegurando la estabilidad ministerial.

Las Cortes de Castilla fueron reunidas en 1789 a puertas cerradas bajo la presidencia de Campomanes. Se reconoció como heredero al futuro Fernando VII (que tenía menos de 5 años de edad), se pidió y aprobó la supresión de la ley sálica de sucesión introducida en el reinado de Felipe V, pero esas cortes fueron clausuradas rápidamente sin que fuera publicada su derogación por miedo por lo que estaba pasando en Francia. También se discutieron, aunque con poco entusiasmo, propuestas para impedir la acumulación de propiedades vinculadas y la creación de nuevos mayorazgos. Sin embargo, las Cortes fueron clausuradas sin que se tomara ninguna decisión sobre cambios agrarios, hubo una resistencia pasiva a las ideas reformadoras.

Floridablanca fue sustituido en febrero de 1792 por Aranda, quien a su vez fue cesado en 9 meses, relevado por Godoy. Estos cambios en tan poco tiempo responden al desconcierto en los planteamientos de la Monarquía hispana frente al nuevo panorama internacional, especialmente con los acontecimientos que se suceden en Francia. Sin embargo, parte de la historiografía tradicional, ha querido interpretar estos cambios en relación a los deseos de la reina de encumbrar a Godoy.

No podemos saber con certeza los motivos exactos de la caída de Floridablanca, pero sí podemos afirmar que las causas fueron múltiples. Además de las señaladas, debemos tener en cuenta las intrigas palaciegas de los seguidores de Aranda, las presiones francesas en contra de su declarado enemigo, el desgaste de 15 años en el poder; unido al descontento popular fomentado y manifestado en sátiras y pasquines políticos.

Con la caída de Floridablanca se disolvió la Junta, creándose en su lugar un Consejo de Estado, que actuó como un gobierno colegiado. La ampliación del número de miembros permitió el acceso de Godoy al centro del poder, y las actas de las sesiones del Consejo ponen de manifiesto la notable influencia que tenía en él.

El nombramiento de Aranda, por tanto, perseguía mejorar las deterioradas relaciones hispanofrancesas, puesto que, además de tener mucha experiencia y un gran prestigio, había sido embajador en París y se había relacionado con algunos filósofos franceses.

Si bien Aranda apoyaba una participación más directa de la nobleza de primera clase en el gobierno durante el breve tiempo en que desempeñó el cargo, de ninguna manera contribuyó a lograr ese fin.

En su labor gubernamental, poco pudo superar la política funcionarial de Floridablanca; un paso en este camino fue la supresión de la Junta Suprema de Estado y el restablecimiento del Consejo.

2. La Corona hispana ante la revolución francesa

Toda la tradición internacional del siglo XVIII, articulada en los Pactos de Familia, quiebra desde 1790 y desemboca en la guerra hispanofrancesa de 1793 a 1795.

Existen diversos estudios que coinciden en establecer una relación directa entre la evolución política, social y económica de la Corona española y la Revolución francesa.

Este suceso tuvo una importancia crucial para la vida de fines del siglo XVIII e inicios del XIX, del mismo modo que para todo el mundo occidental.

Aquí, al contrario que en Francia, se producirá una reacción a nivel político e ideológico. De hecho, existió una explícita vocación exportadora del ideario político de 1789; los clubs jacobinos de Mont-Louis y Barèges, al borde de los Pirineos, se propusieron la tarea de llevar la revolución a la Península Ibérica. Este ideal de transmisión del proyecto revolucionario era el lógico corolario del programa universalista de los ilustrados.

La Revolución francesa condicionó de manera significativa la política española, especialmente la actitud de su primer ministro. Floridablanca había sido considerado un reformador progresista, pero a pesar de ello, llamaba a la Revolución "rabia francesa", y tras desencadenarse ese proceso hizo algunas afirmaciones en los siguientes términos: "Nosotros no deseamos aquí tantas luces, ni lo que de ellas resulta: la insolencia de los actos, de las palabras y de los escritos contra los poderes legítimos".

La Corona hispana rompió las relaciones diplomáticas con Francia y mandaba cartas amenazadoras a la Asamblea Constituyente. Había que salvar al reino de un posible contagio revolucionario con las medidas que fueran precisas, tratando de impedir que llegasen noticias de los acontecimientos en el país vecino. En octubre de 1789 se incrementó el número de tropas en la frontera de los Pirineos, lo que Floridablanca denominó "cordón sanitario".

Sin embargo, los personajes más avanzados aceptaron las ideas de los revolucionarios franceses. En el país se difundían libelos y otras publicaciones sobre problemas centrales: los derechos del hombre y del ciudadano, la soberanía del pueblo y la necesidad de transformaciones radicales. Parte de la clase media y de la aristocracia cortesana asumieron este espíritu parejo con la difusión de libros.

Hubo muestras de simpatías y profunda impresión que, por lo menos hasta 1792, produjo la Revolución.

La literatura francesa siguió entrando, en 1791 Floridablanca trató de intervenir en esta cuestión por medio de la Inquisición: sus funcionarios fueron colocados en puestos aduaneros, al tiempo que era reforzado el cordón de tropas en la frontera y con equipos de espías en el interior. La Inquisición prohibió introducir y guardar libros, revistas y periódicos "heréticos". Todos los súbditos hispanos tenían el deber de delatar a las personas que tuviesen o difundiesen semejante literatura.

Los franceses que vivían en territorios hispánicos fueron perseguidos y vigilados; en muchos lugares se elaboró un censo de este grupo para su mayor control.

Probablemente debido al miedo al proceso revolucionario que se vivía en Francia, en 1791, fueron suspendidas las clases de Historia y de Derecho Natural en las universidades y el 24 de febrero de 1791 se ordenó la suspensión de todas las publicaciones privadas hispánicas quedando solo la prensa oficial. Es decir, se restringió la libertad de pensamiento y se actuó contra los exponentes de la Ilustración.

Al radicalizarse la Revolución, a partir de 1792, se produjo el pánico, casi todos dieron un paso atrás. Los viejos ilustrados se verán desbordados por el torrente ideológico que ya no pueden contener.

La Revolución francesa era considerada una amenaza para la Monarquía, Carlos IV quería salvar el trono de su primo Luis XVI. Floridablanca tomó una postura de dureza hacia Francia, ponía en peligro las relaciones entre ambos

Estados, por eso fue cesado el 28 de febrero de 1792, es decir, que era "sacrificado" por las relaciones exteriores.

Aunque en un primer momento percibimos un cambio de actitud en Aranda, los acontecimientos exigían respuestas que no podían variar mucho entre un primer secretario de Estado y otro; aunque siempre se mostró contrario al enfrentamiento armado, sabedor de que con ello facilitaría a los ingleses la posibilidad de actuar en las colonias americanas.

Aranda fracasó en su intento de salvar la alianza con Francia, pero resistió cuanto pudo al realineamiento por medio de su "neutralidad armada", esa política dejó aislada a la Corona hispana.

Aranda fue sustituido por Godoy, ascenso que debemos ver más allá de intrigas palaciegas, porque el fracaso de los intentos de pacificación en una coyuntura de avance de la contrarrevolución, hizo que Carlos IV buscase consejeros fuera de los políticos golillas y colegiales, cuyas rivalidades desestabilizaban al gobierno. El ascenso de Godoy ilustró un dilema de política: cada una de las dos facciones reformistas había caído.

Godoy formaba parte, desde años atrás, del pequeño círculo de amistades que constituía la tertulia de Carlos y María Luisa cuando eran príncipes de Asturias. Inició una política distinta respecto a Francia, pronunciaba discursos amenazadores y cuando la Convención decidió enjuiciar a Luis XVI, el Gobierno hispano envió a París una nota exigiendo que se revocara esta decisión. Danton propuso declarar la guerra a España, lo que fue aceptado.

3. El predominio de Godoy

A partir de 1793 asistiremos a un despotismo ministerial que llega hasta alterar la propia constitución de la Monarquía.

Godoy no contaba con una base de poder. El comienzo de su mandato coincidió con un rebrote del "nacionalismo hispánico", que, en un primer momento, le benefició con cierta popularidad entre el clero y la población general. Además, era foco de esperanza por parte de un grupo de jóvenes intelectuales. Posteriormente, fue objeto de la crítica del estamento eclesiástico y llegó a ser acusado ante la Inquisición de ateísmo e inmoralidad.

La agresiva política eclesiástica llevada a cabo por Godoy le proporcionó el apoyo de la burocracia real que deseaba eliminar el control que le quedaba al Papa sobre la Iglesia hispánica y reforzar el poder de los obispos. El nuevo regalismo de los 90 reflejaba la creciente influencia en los círculos oficiales del programa de reforma eclesiástica desarrollado en el Sínodo de Pistoia, en 1786.

El gobierno de Godoy siguió la política de reformas en enseñanza, economía y administración religiosa; progresista en lo económico y cultural, pero estabilizador en lo político y social. Se fomentaron proyectos nuevos en materias económicas, administrativas y judiciales con respeto inviolable al rey y a la religión.

Godoy remodeló el gobierno a finales de 1797, pero dimitió cuatro meses más tarde, se veía sometido a presiones: la oposición del grupo de cortesanos conservadores encabezados por José Antonio Caballero, así como desacuerdos con Jovellanos y Saavedra, unido a la petulancia temporal de la reina. Era un momento crítico para la hacienda real, que afrontaba un déficit de 800 millones de reales. Sin embargo, debemos ver la causa inmediata de la salida de Godoy del gobierno en la presión de Francia porque el Directorio sospechaba que su cliente empezaba a dar marcha atrás en la alianza y veía con desagrado sus intrigas con los realistas y emigrados franceses.

Los desastres militares y diplomáticos fueron tan grandes que produjeron un eclipse temporal de Godoy y el ascenso de representantes de la Ilustración posterior, Jovellanos como ministro de Gracia y Justicia, Francisco de Saavedra como ministro de Hacienda y Mariano Luis de Urquijo como responsable del ministerio de Asuntos Exteriores. En ellos recayó la tarea de reorganizar las finanzas, girando la problemática alrededor de las reformas a la estructura impositiva. Saavedra sustituyó a Godoy como primer ministro el 28 de marzo de 1798.

Entre las primeras actividades de Jovellanos en el ministerio figura la creación de una Superintendencia General de Temporalidades de España, e Indias y una Dirección General que pusiese actividad en la administración de los bienes de la extinguida compañía de Jesús.

Por su parte Saavedra se encontró en Hacienda con un importante déficit, consecuencia de los gastos de la guerra y la abusiva creación de los vales reales.

Nueve meses después, víctima de la reacción conservadora y la hostilidad papal y del clero Jovellanos fue sustituido en el Ministerio de Gracia y Justicia por José Antonio Caballero, conservador y clerical. Saavedra dimitió como consecuencia de su mala salud, aunque en su decisión influyó también el fracaso financiero. Mariano Luis Urquijo ascendió al cargo de primer secretario de Estado, iniciando una rivalidad política con Caballero, Urquijo permaneció 2 años en su cargo. Saavedra, Jovellanos y Urquijo encabezaron en este breve periodo el gobierno más ilustrado del Antiguo Régimen del siglo XVIII hispano.

Lo realmente determinante en la destitución de Urquijo fue la decisión de Napoleón cuando afirmó que Mariano Luis de Urquijo era demasiado independiente, fue cesado en diciembre de 1800 y, como otros antes, enviado a prisión.

Los monarcas dirigieron otra vez su mirada a Godoy. Durante los años que había permanecido apartado del poder su posición política se había modificado, adoptó una postura más prudente. Aunque no se convirtió en primer secretario —el cargo recayó en un pariente suyo, Pedro Cevallos— tenía, incluso, más poder que antes.

4. Las guerras contra Francia e Inglaterra

El conjunto de guerras amenazó, gravemente, al Imperio hispánico, desequilibraron su hacienda, obligaron a un aumento de la presión fiscal y a incrementar expedientes financieros. La guerra obligó a alterar los principios básicos por los que se regía el comercio con América desde el siglo XVI. La contracción comercial incidió negativamente en las manufacturas con el consiguiente paro industrial.

Al igual que en el resto de la Europa continental, las guerras napoleónicas van a precipitar el derrumbe del absolutismo y de la vieja sociedad feudal.

La Corona española concertó una alianza militar con Inglaterra y obtuvo algunos éxitos en un primer momento porque el ejército francés tenía que prestar mayor atención a otros frentes, descuidando el de los Pirineos.

La guerra contra la Convención presenta como características que a nivel ideológico será una guerra en defensa de la religión, de la monarquía y de los valores y principios tradicionales, fomentada por la nobleza y el clero.

Cuando las tropas francesas pasaron a la contraofensiva, penetraron en territorio y ocuparon Navarra, parte de Vascongadas y varias fortalezas de Cataluña. Estos fracasos militares acentuaron la crisis política y financiera. La Corona se vio obligada a buscar la paz, que no fue tan desventajosa porque en Francia había tenido lugar la reacción termidoriana, así en la paz de Basilea (22 de julio de 1795), recuperaba los territorios perdidos en la Península y a cambio, debía concertar una alianza militar con Francia con lo que entraba en la coalición antibritánica y, además, tenía que ceder la parte este de la isla de Santo Domingo. De aquí salió fortalecido Godoy a quien se le otorgó el título de Príncipe de la Paz.

El gobierno de Godoy supuso un cambio en materia de política exterior tras la paz de Basilea. El 18 de agosto de 1796 se firmó el Tratado de San Ildefonso, se intenta reproducir los Pactos de Familia, no obstante, más bien era una alianza defensiva y ofensiva contra Gran Bretaña, pero también en muchos aspectos una capitulación ante Francia. A través del Tratado de San Ildefonso, la Corona abandona definitivamente Luisiana a favor de Francia. La población hispana era, en esta zona, de unas 50.000 personas; una parte se traslada a otras colonias españolas. Una de las condiciones impuestas por la Corona hispana fue la imposibilidad de traspasar Luisiana a los Estados Unidos. Pero cuando se inicia la guerra entre Francia e Inglaterra, Napoleón se la vende a los Estados Unidos, provocando las quejas del gobierno hispano.

El 5 de octubre de 1796 la Corona española, cumpliendo con el pacto señalado, declaró la guerra a Gran Bretaña. La Corona hispana había quedado convertida en una especie de satélite de Francia.

La declaración de guerra de octubre de 1796 tuvo como efecto una evacuación británica en el Mediterráneo occidental y una reagrupación de su flota en el Atlántico. La Corona hispana sufrió un doble golpe en febrero de 1797: la derrota naval en el cabo de San Vicente y, en América, la pérdida de la isla de Trinidad. El bloqueo británico de Cádiz y el ataque contra los barcos hispanos cortaron las comunicaciones con las colonias y perturbaron el comercio; se aflojaron los vínculos entre la metrópoli y los dominios y se retrasó la llegada del dinero colonial. El gobierno se vio obligado en noviembre de 1797 a permitir que los neutrales comerciaran directamente con los territorios de su imperio. Los ingleses pudieron también recuperar su posición en el Mediterráneo occidental. Dentro de estos acontecimientos debemos inscribir el intento de invasión de Canarias por parte de los ingleses comandados por el almirante Nelson.

En 1798 se produjo la tercera invasión británica de Menorca que, en esta ocasión, duró pocos años. Los ingleses reformaron el sistema de gobierno municipal y llenaron la isla de torres defensivas, sobre todo en torno al puerto de Mahón, donde desde 1793 se estaba construyendo el primer lazareto en territorios de la Corona.

En 1801, Napoleón impuso a Carlos IV entrar en guerra contra Portugal (la Guerra de las Naranjas), aliado histórico de Inglaterra. El ejército lusitano era inferior al hispano y no opuso resistencia, España obtuvo la plaza de Olivenza. La victoria fue presentada como una gran hazaña y Godoy fue nombrado generalísimo.

Francia e Inglaterra firmaron la paz de Amiens (1802), los británicos restituyeron a España Menorca, pero solo fue una breve tregua, al poco tiempo se reanudaron las hostilidades, por los ataques sin previa provocación contra las embarcaciones hispánicas por parte de barcos de guerra ingleses.

La "neutralidad" hispana de 1802-1804 fue de servilismo hacia Francia, que permitió a Napoleón explotar la situación y obligar a la Corona a comprar el derecho a permanecer neutral mediante el pago a Francia de un subsidio de 6 millones de livres mensuales.

La alianza francesa hundió al gobierno hispano dentro del sistema napoleónico: el 19 de febrero de 1807 se adhirió formalmente al Sistema Continental establecido en noviembre de 1806.

Dado que Portugal seguía constituyendo un canal por el cual las mercancías inglesas penetraban en Europa, Napoleón decidió apoderarse de toda la Península Ibérica. Godoy, que mantenía conversaciones secretas con Napoleón, se vio forzado a firmar un convenio sobre la guerra conjunta contra Portugal; las tropas francesas podían penetrar en territorio hispano en su tránsito hacia Portugal. Este país quedaría dividido en tres partes, una de las cuales, el principado del Algarve, sería adjudicado a Godoy. Este conflicto terminó muy pronto. Portugal fue ocupado por las tropas franco-españolas. Ya no había nada que justificase la presencia de tropas francesas en España.

5. Las relaciones Iglesia-Estado

El entendimiento de las relaciones Iglesia-Estado es importante para comprender diversas actitudes populares instigadas por el clero en los últimos años del Antiguo Régimen y que se prolongarán hasta la etapa contemporánea.

A partir de comienzos del siglo XVIII, nos encontraremos con una serie de trasformaciones que irán marcando el proceso de secularización de la vida social, política y económica, acelerado en el último tercio de la centuria.

La pretensión de los Borbones fue formar un episcopado nacional con poder suficiente para resolver a favor del monarca algunos aspectos jurisdiccionales. De esta forma, podríamos ver el regalismo como un intento de subordinar la jerarquía episcopal al poder del rey y convertir al obispo en una especie de funcionario al servicio de la política reformista.

Durante el reinado de Carlos IV la Iglesia española sufrió la erosión de sus recursos financieros, al tiempo que se iba deteriorando su cómoda relación con la Monarquía absoluta.

En los primeros años de continuidad ministerial, todo parecía indicar que la política del Estado hacia la Iglesia continuaría con el patrón establecido por

Carlos III. La prudencia del reinado anterior había permitido convertir a la Iglesia en un instrumento eficaz de la política real; ahora quedaría sometida a presiones más directas.

El equilibrio en las relaciones Iglesia-Estado también se vio alterado en la última década de la centuria por exigencias de la Hacienda real sobre las rentas eclesiásticas. La arcaica estructura impositiva del reino, insuficiente incluso en las mejores circunstancias, no podía aportar los fondos requeridos para sostener el pesado gasto militar ocasionado por la guerra contra Francia, en los primeros años del reinado de Carlos IV.

El inicio de la guerra contra Francia produjo una oleada de contribuciones del clero. En un primer momento, las instituciones eclesiásticas hicieron donaciones importantes, en una explosión de fervor patriótico, puesto que era la guerra contra el laicismo revolucionario. Pero cuando la guerra dejó de ser tan favorable como se presumió en un primer momento y las finanzas estatales iban empeorando, hacia 1795, el monarca ordenó que los cabildos catedralicios enviasen a las casas de la moneda de Sevilla y Madrid los ornamentos de oro y plata que no se utilizaran en los servicios litúrgicos, para mejorar los recursos de la Hacienda real.

Tras la firma de la paz de Basilea se había apaciguado la crisis financiera, pero en 1798, en la guerra contra Inglaterra, de nuevo el Estado se vio obligado a recurrir a la Iglesia. Esta vez el clero prestó menos entusiasmo.

Las crecientes necesidades de la Hacienda real no amenazaban directamente a las propiedades de la Iglesia, pero los clérigos más conservadores comenzaron a inquietarse ante las intenciones del Estado. El Informe sobre la Ley Agraria, publicado en 1795 por Jovellanos con apoyo de Godoy, propugnaba directamente actuar contra la acumulación de la propiedad en la Iglesia mediante la vinculación. Aunque estas propuestas nunca fueron llevadas a cabo, despertaron las sospechas de la Inquisición.

La desconfianza experimentada por algunos eclesiásticos hacia la política estatal estaba vinculada a las serias divisiones surgidas dentro de la Iglesia en relación con el carácter y dirección del movimiento en favor de la reforma eclesiástica. Durante los años 90, los reformadores, apoyados por parte de la burocracia estatal, comenzaron a insistir más vigorosamente en sus demandas. Por primera vez, los clérigos progresistas se encontraban en buena situación para propagar sus puntos de vista e influir en la política del gobierno.

Durante la década de los 90 surgió por primera vez una oposición decidida al movimiento reformista. La reforma institucional era concebida como el único medio para transformar a la Iglesia a fin de que pudiera realizar su misión espiritual de forma más eficaz.

Las autoridades hispanas contaron con el apoyo de la Iglesia en el periodo de Floridablanca, en que se habían afanado por impedir la penetración de las obras subversivas y frustrar las acciones que pudieran llevar a cabo los residentes franceses en la Península Ibérica.

Los tradicionalistas constituían la mayor parte, pero los reformadores contaron con el apoyo de la administración del Estado debido a sus ideas sobre el cambio y su aceptación del intervencionismo secular en asuntos eclesiásticos.

Los prelados que cuestionaban el creciente dominio del Estado, particularmente en el terreno de las finanzas eclesiásticas, provocaron una violenta reacción en Madrid, que prueba el carácter cambiante de la relación entre el Trono y el Altar.

La intensificación de la controversia entre 1793 y 1808 revelaba que las divisiones dentro de la Iglesia estaban plenamente extendidas. Para los tradicionalistas, la supervivencia de una sociedad católica dependía de la conservación de las instituciones y privilegios de la Iglesia ante las amenazas de sus enemigos internos y externos. Para los reformadores, que dudaban incluso de la capacidad de España para sobrevivir, la Iglesia necesitaba adaptar su organización y métodos a las nuevas realidades. Sin embargo, no había diferencias doctrinales que separasen a las fuerzas contendientes: aunque los reformadores adoptaban una actitud más moderada con respecto a la cuestión de la censura, por ejemplo, mantenían firmemente su compromiso con el catolicismo como religión oficial del Estado.

Cuando Godoy deja de ser primer ministro, con el nuevo equipo ministerial, el más progresista del siglo, aumentaron los intentos del Estado por extender su autoridad sobre la Iglesia. El nuevo gabinete con Jovellanos, Saavedra y, más tarde, Urquijo, no pretendía quitarle a la Iglesia su situación privilegiada, pero querían hacer algunos cambios en política eclesiástica. La posición del clero conservador impidió que se pudiesen llevar a cabo reformas importantes, si bien el nuevo gobierno se enfrentó a la Inquisición.

La actitud decididamente "projansenista" del nuevo gobierno iba a atacar al ultramontanismo en sus puntos neurálgicos: el regalismo, la educación y la Inquisición.

La muerte del papa Pío VI en 1799 proporcionó a Urquijo la ocasión para devolver a los obispos las dispensas matrimoniales que solían elevarse a Roma. Este nuevo conflicto entre el Estado y la Iglesia, unido al choque de Urquijo con Azara (el embajador en Roma) al que destituyó, produjo la caída del ministro.

Por otra parte, un incidente de la Inquisición contra intereses diplomáticos que implicaban a Francia y Holanda proporcionó el pretexto para atacar de frente a la más significativa institución ultramontana. Pero el decreto previsto para la supresión de la Inquisición no llegó a firmarse. Fue decisiva, sobre todo, la actitud del nuevo papa Pío VII y del nuevo nuncio Casani, en un momento en que a Carlos IV le interesaba por encima de todo, las buenas relaciones con la Iglesia para lograr su colaboración y evitar la bancarrota de la Hacienda Pública, por eso el rey accedió, finalmente, a autorizar la promulgación de la bula Auctorem fidei, exigida por el papa, por decreto de 10 de diciembre de 1800. Tres días más tarde, Urquijo era destituido y desterrado a Bilbao y otras persecuciones se iniciaron contra otros elementos reformistas o del llamado partido "Jansenista".

6. La quiebra del Antiguo Régimen

Jean Sarrailh plantea que el siglo XVIII es una cruzada de una minoría contra el despotismo, pero su visión es algo exagerada porque está basada en datos literarios que es donde había más gente avanzada en ese camino.

En 1788 el Gobierno había sido ilustrado y había contado con el apoyo de los progresistas. En 1793, 1795 o 1797, apenas si era menos ilustrado, pero había perdido ese apoyo. La Revolución francesa había traído a España los albores de una nueva era.

El antiguo partido aristócrata se unirá con una facción fernandina creada alrededor de los amigos personales del príncipe. El príncipe heredero y sus seguidores buscaron el apoyo de Napoleón. En octubre de 1807 en El Escorial, el príncipe Fernando escribió al Emperador sugiriéndole la posibilidad de contraer matrimonio con una Bonaparte.

Todo esto hay que enmarcarlo dentro de una constante de la vida política del siglo XVIII español, que es la lucha de la aristocracia por recuperar el poder perdido en manos de los "extranjeros" (en sentido literal o metafórico): Grimaldi, Esquilache, Floridablanca, Godoy.

De esta forma, el paso de 28 mil soldados franceses a través del territorio hispánico de acuerdo con el Tratado de Fontainebleau (27 de octubre de 1807) no provocó oposición, porque se pensaba que apoyarían a Fernando, al igual que pasó en marzo de 1808 con la presencia de 100 mil franceses al norte del Ebro.

Godoy, temeroso de la situación, intentó trasladar a la familia real de Aranjuez a Sevilla, probablemente para imitar a los portugueses y saltar a América. Pero hubo una oposición popular combinada con la oposición de los ministros de Justicia y de Marina para impedírselo.

Por el detallado trabajo de Martí Gilabert sabemos que en la noche del 17 de marzo de 1808 hubo un motín en Aranjuez protagonizado por una muchedumbre de soldados, campesinos y trabajadores del palacio. Godoy se escondió en la buhardilla de su casa, para aparecer el 19 de marzo, siendo detenido y maltratado por la multitud. Ahora era Fernando quien mandaba, decidía sobre el perdón y el castigo. Perdonó a Godoy y le salvó de los rebeldes. Carlos IV abdicó en favor de su hijo.

En este motín van a operar grupos que se consideraban injustamente apartados del poder, encabezados por la aristocracia. La víctima principal fue Godoy, que había sido objeto de todo tipo de sátiras, al que se trata como un traidor, avaro y ladrón que quería vender España. A su caída, el estamento eclesiástico dará gracias por el feliz acontecimiento. No fue una rebelión popular. A su frente estuvieron el príncipe de Asturias y sus seguidores, fue organizada por los grandes y por los nobles titulados, protagonizada por el ejército y por las clases populares.

El motín de Aranjuez, fraguado por el conde de Montijo (en quien había recaído la dirección del partido de Aranda) llevó al primer breve reinado de Fernando VII, que duró hasta el 5 de mayo.

Marx dijo que, en 1808, mientras el Estado en España había muerto, la sociedad hispana estaba llena de vida y cada parte de ella rebosaba capacidad de resistencia.

La crisis del Antiguo Régimen fue una crisis total que afectó al Estado y a la Iglesia, al ejército o a la marina, a la economía y a la sociedad, en las zonas del interior y a las regiones y al imperio de ultramar. El Gobierno de Carlos IV agravó la crisis, pero no la provocó.

El reinado de Carlos IV, vive un verdadero juego de equilibrios políticos y sociales entre distintas fuerzas. Esos años habían sido de desastre y de desilusión, durante los cuales el Antiguo Régimen se internó por un camino de autodestrucción acelerado por los conflictos externos.

Como ha señalado Richard Herr la destrucción del estado de ánimo necesario para continuar el Antiguo Régimen supuso una verdadera revolución en España que no fue el producto del reinado de Carlos III y del advenimiento de la Ilustración, sino principalmente de los conflictos ideológicos e internacionales acarreados por la Revolución francesa.

BIBLIOGRAFÍA

BRAUDEL, Fernand (1993): *El Mediterráneo y el mundo mediterráneo en la época de Felipe II*. Madrid: Fondo de Cultura Económica.

DOMÍNGUEZ ORTIZ, Antonio (1988): *El Antiguo Régimen: los Reyes Católicos y los Austrias*. Madrid: Alianza.

DELGADO BARRADO, José Miguel (2009): *Quimeras de la ilustración 1701-1808. Estudios en torno a proyectos de hacienda y comercio colonial*. Castelló de la Plana: Universitat Jaume I.

ELLIOTT, John Huxtable (1998): *La España Imperial, 1469-1716*. Barcelona: Vicens-Vives.

FERNÁNDEZ DÍAZ, Roberto (Ed) (1985): *España en el siglo XVIII. Homenaje a Pierre Vilar*. Barcelona: Crítica, 1985.

FERNÁNDEZ DÍAZ, Roberto (1993): *La España moderna. Siglo XVIII*. Madrid: Historia 16.

FLORISTÁN, Alfredo (ed.) (2015): *Historia de España en la Edad Moderna*. Barcelona: Ariel.

GÓMEZ URDÁÑEZ, José Luis (2020): *Víctimas del absolutismo. Paradojas del poder en la España del siglo XVIII*, Madrid, Punto de Vista.

LYNCH, John (1993): *Los Austrias*, 2 Vols. Barcelona: Crítica.

MARTÍNEZ RUIZ, Enrique, GIMÉNEZ, Enrique, ARMILLAS, José Antonio (1995*): La España Moderna*. Madrid: Istmo.

MARTÍNEZ SHAW, Carlos (2020): *Breve historia de la España moderna (1474-1808)*. Madrid: Alianza.

MOLAS RIBALTA, Pere (1988): *La monarquía española (Siglo XVI-XVIII)*. Madrid: Espasa-Calpe.

PÉREZ SAMPER, María de los Ángeles (1993): *Historia de España. Baja Edad Moderna (1665-1808)*. Barcelona: Océano. Instituto Gallach.

REY CASTELAO, Ofelia y MATECÓN MOVELLÁN, Tomás A. (2015): *Identidades urbanas en la monarquía hispánica (siglos XVI-XVIII)*. Santiago de Compostela: Universidad de Santiago de Compostela.

VILAR, Pierre (1983): *Crecimiento y desarrollo, economía e historia. Reflexiones sobre el caso español*. Barcelona: Ariel.